SENDAI DESIGN LEAGUE 2023

卒業設計日本一決定戦
Official Book

CONTENTS

せんだいデザインリーグ2023
卒業設計日本一決定戦
Official Book

Cover, pp.1-3, 8-30: Photos by Toru Ito, Izuru Echigoya.
＊本書に掲載の出展作品の作品名は、登録時のものから出展時のものに変更した。

大会趣旨

本江 正茂 Masashige Motoe

仙台建築都市学生会議
アドバイザリーボード*1、予選審査員

smtを離れた初の展覧会、3年ぶりに観覧者を迎えた公開審査

▪ 卒業設計は自分で作る

建築学科のカリキュラムのユニークなところは、ほとんど何も知らない初学者の段階から、いきなり設計の課題が始まることである。

最初はバスの待合所のような、ごく小さくて簡単なものからだ。構造力学、建築計画、環境工学、法規、意匠、建築史などなど、多岐にわたる建築学を徐々に学びながら、そこで得た知識を総動員して、繰り返し設計課題に取り組み続ける。住宅、小学校、図書館、都市複合施設などなど、回を重ねるたびに課題の要求は、より大規模に、より複雑になっていく。

そして、最後の課題が卒業設計だ。それまでの課題とは異なり、敷地も、用途も、規模も、テーマも、表現方法も、学生がすべて自分で決める。建築を通じて世界とわたり合う建築家として、はじめて投げかける問いが卒業設計なのだ。

▪ 卒業設計を集めて日本一を決める

だから卒業設計は、その1つ1つが唯一無二であり、途方もないエネルギーを投入して作られている。しかし、20年前には、卒業設計はそのエネルギーに見合う評価を受けておらず、それぞれの学校で成績がつけられるだけだった。卒業設計を集めた展覧会もあるにはあったけれど、出品できるのは学校推薦を得た作品だけだった。

そこで、「せんだいメディアテーク」(以下、smt)という、竣工したばかりの求心力を持った建築を会場に、学校推薦なしで公平に、誰でも参

加できる形で、全国の建築学生の卒業設計を集めた展覧会を開き、当代一流の建築家たちによる公開審査を行なって、卒業設計の日本一を決めよう、と始めたのが「せんだいデザインリーグ　卒業設計日本一決定戦」(以下、SDL)である。

もとより、テーマもビルディング・タイプ(建物類型)もバラバラの卒業設計を一列に並べて、順位をつけようというのには無理がある。が、無理は承知で、審査員と学生が対話を重ね、これからの建築について考え、建築の新たな価値を見出そうとしていく場として、SDLは機能してきたのだ。

▪21年めのチャレンジ

2003年の第1回大会から数えて、今年は21回めのSDLである。この間、東日本大震災(3.11)があり、COVID-19の世界的大流行があった。開催が危ぶまれる事態も幾度もあった。しかし、それぞれの課題に応じて、主催メンバーの創意と周囲の協力、何よりも参加者の熱意によって、困難を乗り切ってきた。

21年めとなる今年の課題は、例年、出展作品の展覧会会場としてきたsmt5-6階のギャラリーが、改修で使えないことだった。これほど大規模な展示空間をどこに見出せばいいのか……。

しかし、生命は道を見出す。思いがけない解決案として、目抜通りに面したショッピングセンター「仙台フォーラス」の店舗フロアを使えることになったのだ。しゃれたアパレルや雑貨にまざって、たくさんの建築模型とパネルが並び、行き交う人々の目に触れた。SDLにとっても、仙台の街にとっても、楽しく新しい景色だった。

そして、smt1階のオープンスクエアでのファイナル(公開審査)には、4年ぶりに観客を迎えることができた。人数は限定的であったとは言え、真剣勝負を固唾を飲んで見守る観客の圧は、日本一を決める場に不可欠なものだと改めて感じられた。

2024年のSDLは、展示も審査もフルセットで行ないたい。準備を万端に整えて、来るべき卒業設計を受け止めよう。

編註
*1　仙台建築都市学生会議アドバイザリーボード：仙台建築都市学生会議*2と定期的に情報交換を行なう。また、仙台建築都市学生会議の関係する企画事業の運営に関して必要なアドバイスを行なう。
秋田公立美術大学の小杉栄次郎教授、近畿大学の堀口徹准教授、神戸大学大学院の槻橋修教授、東北大学大学院の五十嵐太郎教授、小野田泰明教授、佃悠准教授、本江正茂教授(宮城大学教授)、市川紘司助教、東北学院大学の櫻井一弥教授、恒松良純教授、東北芸術工科大学の佐藤充准教授、東北工業大学の福屋粧子教授、宮城大学の中田千彦教授、友渕貴之助教、山形大学の濱定史助教、建築家の齋藤和哉、西澤高男から構成される。
*2　仙台建築都市学生会議：SDLをせんだいメディアテークと共催し、運営する学生団体(本書162〜163ページ参照)。

Photos by Toru Ito, Izuru Echigoya.

2 0 0 3

Photo by Yui Fushimi.

2 0 1 2

Photo by SF-NEKOTALO.

2 0 2 3

総評

塚本 由晴 Yoshiharu Tsukamoto

審査員長

予期せぬものが動的に、建築を変える

▪ ほぼ10年おきの「せんだい」

「せんだいデザインリーグ　卒業設計日本一決定戦」(以下、SDL)の審査は3回めになる。初回はアメリカ合衆国、ニューヨークでの飛行機乗っ取り同時多発テロ(9.11)への報復として始まったイラク戦争直前の2003年、2回めは東日本大震災(3.11)後の2012年、そして、3回めがコロナ禍(COVID-19)を経た2023年である。

私が学生だった1980年代に、各大学から選ばれた卒業設計を集めた展覧会はあったが、建築家が審査してグランプリを決めるような会はなかった。2003年に発足したSDLのように、建築家の審査員による卒業設計発表の舞台が各地に用意されたことにより、「建築とは何か」「設計とは何か」「自分とは何か」といった、建築家が好む問いを重視する作品化の傾向は、卒業設計界隈でも、一時期、強まっていった。建築空間の新しい可能性や方法論を、まずは優先するのが卒業設計の本分、という考え方が、審査員の間にも共有されていたように思う。学生と実務者の間にあらかじめ壁を設けるのは好きではない私も、感受性あふれる作品であれば、未熟で非現実的であっても魅力を感じてしまう。そんな卒業設計に私たちは慣らされてしまったが、世の一般からすれば、奇怪に映るものも多いはずだ。

▪ 方法論の領域から出て、課題と向き合う

2011年の東日本大震災と大津波、原発事故の後には、復興の計画など具体的な場所や、他者に向き合う卒業設計が出てきた。審査する側の建築家たちも、未曾有の大災害を前に無力感に苛まれ、何ができるのか必死に考え、行動していた時期なので、学生と実務者の間の壁はなくなり、不思議な一体感があった。被災地にボランティアとして飛び込んで、当事者になっていく学生の姿が眩しかった。それに対して、今年、卒業設計に取り組んだ学生たちは、コロナ禍という世界的厄災のせいで、大学2年生にあたる年齢から、学校生活において人と直に触れ合うことを制限され、現場に飛び込んでいけない、人に会えない、という状況の中で卒業設計に臨んだ。

その影響かどうかはわからないが、ファイナリストである上位10選の作品に、課題を解決しようというものは少ない。ウクライナ侵攻[006]、海岸線後退[241]、サンゴ石の石垣の持続[260]、死から弔われるまでの過程[286]、香港の中国化[414]など、地政学的、生態学的課題を呼び込んでいるものはあるが、いずれも課題に触発された途端に、設計の方法論の領域に引きこもってしまい、課題と十分に向き合えていないように感じた。

手法論が勝っているという意味では、日本一になった『建築家のパラドクス』[490]も同じである。失踪した建築家の残したスケッチを読み解くという、ひねりが悪目立ちする作品ではあるが、フィクション(空想)を導入することで、手が届く範囲の「事物連関*1」について想像力を発揮しやすい枠をつくり、さらにその枠を建築の表記法の問題につなげているところは、日本一にふさわしい、初源的かつ複雑な問いかけとなっている。

ほとんどのファイナリストの作品に言えることだが、課題に紐付いた具体的な材料を見つけて空間を造形するものの、材料を含む「事物連関」については、都合のいいところだけを切り取って満足している。空間的想像力の中では、課題は交換可能で、いくらでも作品の味付けに利用することができてしまう。20世紀後半の拡大成長をドライブさせた空間的想像力が、建築学生にまで支配的なのだ。

▪ 建築の価値を組み立て直す

建築家、磯崎新は1970年代に『建築の解体』(美術出版社刊、1975年)を書いた。それから50年近くになるが、建築家たちは、ずっと街はこうなったほうがいい、建築はこういうふうに作られたほうがいいと思ってきた。けれど、今の建築は、時間内、予算内に収めることばかりを求められるようになり、建築家は何も挑戦しない内に想像力を狭められることも多い。これは建築の生み出す価値が社会に認められていない、つまり、建築が解体されてしまった、ということである。

SDL2023に出展した学生たちには、その中でどうやったら建築の価値を組み立て直せるかにチャレンジしてほしい。きっかけはいくつかある。1つは、建築を議論する時に当たり前となっている「空間」という概念を疑い、「事物連関」の側から批判すること。そして、物が作られる不変のプロセスや、物の適材性、適所性など、「事物連関」を真摯に追うこと。そうすれば、その中にある建築が見えてくるはずだ。

編註
*1 事物連関：いかなる事物も、そのものだけで存在できるわけではなく、それ以外の何かとの関わりによって成立している。事物連関とは、その総体。たとえば、今、食べようとしているものから発して、どこで、誰によって、どのように作られ、運ばれ、調理されたものか、どのような土壌と気候風土の中で繰り返され、文化の一部になったか、といったことまでつなげて考えること。

*文中の[ ]内の3桁数字は、出展作品のID番号。
*文中の出展作品名はサブタイトルを省略。

Photos except as noted by Toru Ito.

FINALIST 日本一

490
土居 亮太　Ryota Doi
明治大学　理工学部　建築学科

建築家のパラドクス──制御不能な野性の面影

ある建築家D氏が理性に則して独創的な建築を探求するが、そこには、建築に備わる野性的な自律性が面影として表れてしまう。建築家が制御することのできない建築の野性の面影こそ、建築の本質的な姿と言えるのではないか。

審査講評　図面による建築表現を疑う

失踪した建築家の残したスケッチを読み解くという、ひねりが悪目立ちするこの作品、よく見ると家の正面に取り付いた下屋の作業場にテーブルソー(丸鋸盤)が設らえられていたり、その軒先に取り付いた雨樋はトイレ脇のタンクにつながっていたり、2階の狭いテラスにはコーヒーカップの置かれた丸テーブルと椅子1脚があったり、と身近な資源を利用し、その時間を豊かにしようとする建築家の1人暮らしをできる限り想像しようとしている。
空間的想像力では峻別されてしまう小屋の要素と伝統建築の要素とを「事物連関＊1」からとらえることで、自在に組み合わせているところには説得力がある。また、完成図ではなくスケッチによる検討を中心に据えているところは、常に動いている建築のプロセスを幾何学と寸法の秩序で静的に表現された図面では表現できないことに対する挑戦と受け取った。
（塚本 由晴）

編註
＊1　事物連関：本書7ページ編註1参照。

建築家のパラドクス
～制御不能な野性の面影～

（2×23年4月1日） 第1688号　横法計画新聞 (1)

発見された名建築、D邸

発見された当時のD邸の外観写真（南側正面）

建築家D氏、行方不明

失踪の謎明らかにならず

D邸再発見

神奈川県横須賀市の山奥に発見された名建築の、この「D邸」という建築家宅の旧邸が昨年再発見された、このD邸は建築家宅氏の旧邸であり、独立したオフグリッド建築を完成しており、地域に現存する建築の少ない横法の導入や地域の材料を用いることで、歴史の継承を重んじた意匠が読み取れる過去の惨みな人間が積みあげてきた集団的記憶をみることができる。最後に確認されたのは同市内の住宅街であり、遅報の様子を見たという情報が確認されているが、現在は行方不明であり、身元も確認されていない。

D氏行方不明

専門家「歴史的価値の高い建築」

D邸の詳細の伝承が高く、当たり高まっている実態を残されている点も貴統。

T町廃村地域にて発見
近隣住民「話したことない」

発見された当時のD邸の外観写真（北側）

場所は、駅から徒歩で三十分の八里離れた森の中で発見された。T町は横須賀市東北部の村であり、現在は限界集落となっている。現在T町の中心地から山道を三十分ほど進むとD町で、旧集落があり、過疎化と中心に移住人口減少、過疎化により知られる廃村集落として知られる。D邸の場所にあり、周囲には長ら…

発見当時の状況
土地再開発の確認調査に訪

▲配置図

発見された当時のD邸の外観写真（南側）

T町地域の北側に変電所がある。氏は好きにった廃材や木の点でD氏が過去以年前に活発な人と思惟されるる、再開発は断念されく住民があった形跡を確認された、近隣住民は「変な人がいた住宅を作っていることは知っていたが、会話したことは無い」と発言している。また気が付いた…

発見された当時のD邸の内観写真（作業場）

伝統継承への尊重

D邸は平面形が方形で、神奈川県内で珍しい意匠である。最大の特徴である杮葺きの屋根は竹による表現を重んじている。構造体は現代の住宅調の屋根を採用している。一層に分けられるような風貌を有している。最大の立ち姿は社寺建築のようなモチーフ調の色味を重ねている。イク風完全な色合いながらも独自の伝統継承を目指している現代の住宅である。構造形式が見られる稀有な建築である。

発見された当時のD邸の写真（テラス）

保存活動引き続き

再び注目を浴びたD邸だが、神奈川県庁は五月の市議会定例会、一般質問にて解体を表明。反対意見もあるが、所有者が屋なため再開発が優先される。これに対しD邸の建築的価値を保存させるよう専門家は保存を訴える。しかし、廃材やインフラを完全に利用して一人でつくられた素晴らしい建築と評価し、後世に引き継ぐべきであると訴えている。歴史的に保存が活発される、"継続"を目指すべきであると訴えている。今後の展開が注目される。（W）

建築史家に聞く
日本建築の伝統や地域性を重んじた建築

民家のような立ち振る舞い。今回発見された横須賀の廃屋は、日本の伝統家屋によく似た外観であった。一見、非常に開放的な印象を受ける中心部に画が真がそれぞれを囲むように各諸室へ行くことができる循環可能な動線も見られ、必要な諸室には適切な温熱管理がなされている。

また、非常に面白いのがこの建築は日々増改築を繰り返しおこなっていたという点である。最初は必要最低限だったであろう空間から、放射状に少しずつ空間を広げていっている。より良い空間にするため準備する作業スペースや、生活に余裕を得て日々の暮らしを楽しむため作り始めた書斎など建築からD氏の考えや生活などが読み取れるようなそんな作品だ。

勝手口から収納を覗く

南側書斎入口

東側作業場

書斎

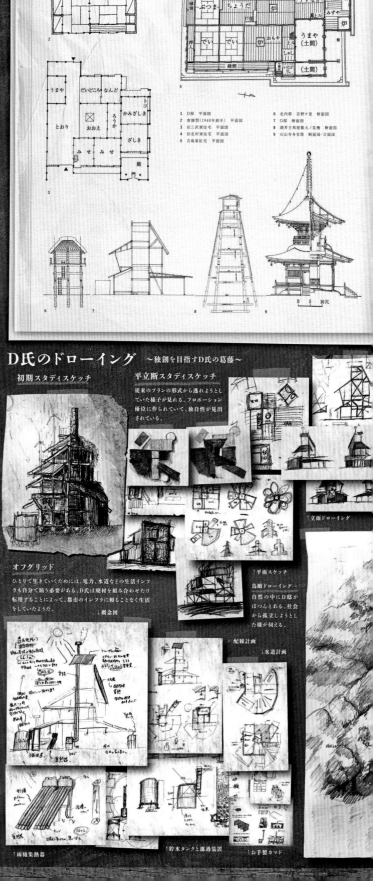

12 | 中心型の建築1

貯水庫　小便器　茶室　納戸　白湯　とこ　いま　おく　なんど　ちゃのま　ぶつだん　なかのま　かみ　にわ(たたき)　げんかん　土間

0　5m

1　D邸　平面図
2　食寝型(1940年前半)　平面図
3　旧三沢家住宅　平面図
4　旧北村家住宅　平面図
5　吉島家住宅　平面図
6　北内部　吉野ケ里　断面図
7　D邸　断面図
8　酒井主馬屋敷火ノ見櫓　断面図
9　石山寺多宝塔　断面図・立面図

0　5　10尺

D氏のドローイング　～独創を目指すD氏の葛藤～

初期スタディスケッチ

平立断スタディスケッチ
従来のプランの形式からも逃れようとしていた様子が見られる。形式やプロポーション優位に作られていて、独自性が見出されている。

オフグリッド
ひとりで生きていくためには、電力、水道などの生活インフラも自分で賄う必要がある。D氏は廃材を組み合わせたり転用することによって、都市のインフラに頼ることなく生活をしていたようだ。│概念図

│立面ドローイング

│平面スケッチ

鳥瞰ドローイング
自然の中にD邸がぽつんとある。社会から孤立しようとした様子が伺える。

│配線計画

│給水計画

│雨樋集熱器

│貯水タンクと濾過装置

│お手製カマド

1 D邸 立面図　2 金剛峯寺多宝塔 全景
3 D邸 全景　4 石山寺多宝塔 全景

5 D邸 北側　6 三徳山三佛寺投入堂 全景
7 D邸 内部　8 新潟県南魚沼郡土樽

全体●建築

1 D邸 北側屋根　2 手前3屋根古民
3 D邸 南側屋根　4 柿葺き屋根古民

5 D邸茶室　6 養庵
7 D邸茶室 展開図
8 西教院 観音堂

全体●細部意匠

D邸と伝統建築の類似性に関する図集（左：D邸 右：伝統建築）

構造体
書斎の構造体のデザインは、
D氏が限られた材料と技術の
下、構造的な耐力を考
慮したために考えられた。

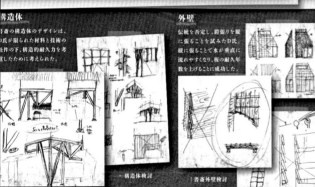

一構造体検討　書斎外壁検討

外壁
伝統を否定し、鎧張りを縦
に張ることを試みたD氏。縦
に張ることで水が垂直に
流れやすくなり、板の耐久年
数を上げることに成功した。

屋根
一人で作ることを考慮して、竹
の構造体と小さな木の板を積
層することが考案された。

板の配色検討

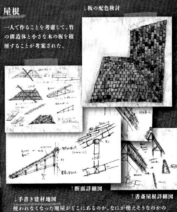

断面詳細図　書斎屋根詳細図

細部
数々の詳細図のスケッチが記載されている。
この建物を全てひとりで制御するというD氏の意志が伺える

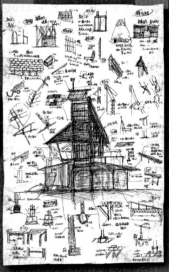

手書き建材地図
使われなくなった廃屋がどこにあるのか、なにが使えそうなのかの
写真とメモが残されている。

ひとり製作のための検討　足場の個数の検討

結論

・D氏の失踪理由
　D氏は思うままに建築を制御しようとした
　自分の意図とは異なる野性の面影を感じた

・建築家の抱えるパラドクス
　手なづけることの出来ない建築の自律性
　制御不能な野性の面影こそが、建築の本質的姿

建築家はこの大きな矛盾に立ち向かわなければいけない。
この野性の面影に耳を傾けることが、
人とモノが自由に振る舞う建築へと繋がるのではないか。

大岩案には模型がなく、パネル、ポートフォリオ、QRコードのみだったが、かえって映像が前面に出て、主張することは伝わった。また、物語的な手法が多い100選の作品群の中で、シンプルに空間の魅力を訴え、審査員の想像力を掻き立てた。私にとってこの作品は、人々が行き交う日常風景の中に、複数の画角と焦点をもたらすカメラのような空間装置だ。アーチの幅、配列、視点場*²の速度、の組合せは、レンズの画角、絞り値、シャッター幕の速度に対応する。電車やエスカレータの可動床が、建築の床と等しく扱われる機械的な空間構造は、動き続ける駅構内にいくつかの特異点を生み出し、その点と向き合う領域と瞬間も同時に生成する。ファイナルでは、「刹那の『見る』『見られる』関係が、新たな演目を必要とする」という作者の劇場観が語られたが、この作品の射程はさらに遠くにあるだろう。劇場研究の展開として作られた卒業設計が、もはや劇場というビルディング・タイプ（建物類型）を超え、日常を劇化して見せる装置へと昇華したのだ。その舞台として、人流の象徴的中心である東京駅が選ばれたことにも共感する。　　　（藤野　高志）

編註
*2　視点場：対象を眺める人の視点が存在する場所のこと。位置やその周囲の空間状況。

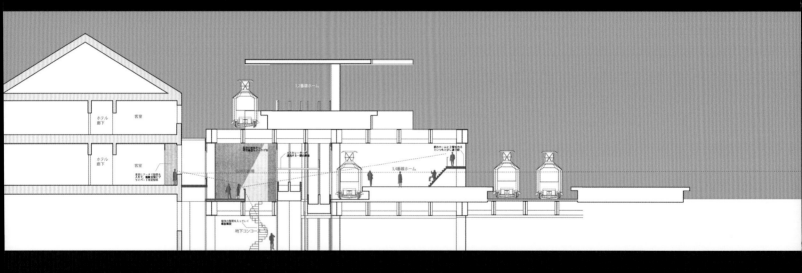

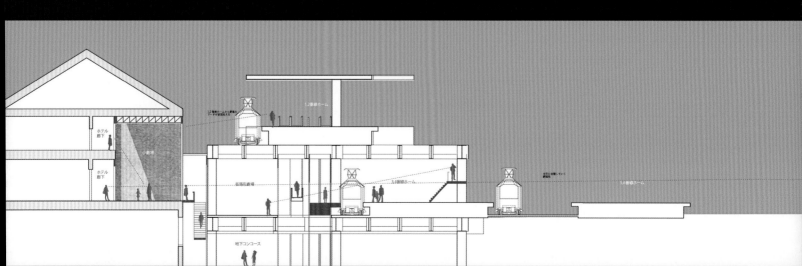

地下に落ちるエントランスの螺旋階段　　エスカレーターとホームの隙間に劇場　　ホテルの吹き抜けに劇場　　演劇と電車を待ちながら

ホテルの窓の中に
見られている場所を作るアーチ

小劇場　　　　　　　　　　　　　　　　　　　　　　　　　小劇場

ホテルの窓と等価に開くアーチ

エスカレーターの交点を基点として貫くアーチ

エスカレーターから望む　　躯体をずり抜けていく螺旋階段の
一瞬の回遊劇場　　　　　　エントランス

ホームと同じレベルにある
エントランス

都市の再生速度
現代的な鑑賞から考える東京駅の劇場

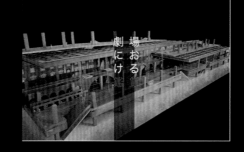

劇場における

箱型の鑑賞空間　鑑賞者には一律な体験が用意されている

劇場都市の

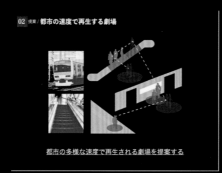

都市の多様な速度で再生される劇場を提案する

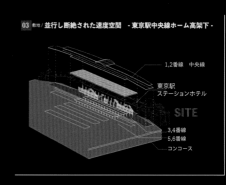

1,2番線　中央線

東京駅
ステーションホテル

SITE

3,4番線
5,6番線
コンコース

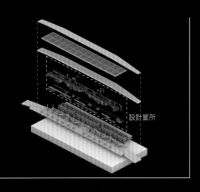

設計箇所

コンバージョンされた劇場の演者と観客の2領域を
色分けして変化を把握する

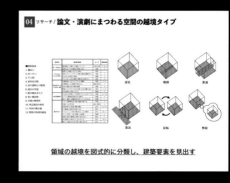

領域の越境を図式的に分類し、建築要素を見出す

断面図　scale 1/200

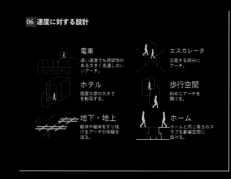

電車
遠い速度でも視認性の
ある大きく見通しのい
いアーチ。

エスカレータ
交差する部分に
アーチ。

ホテル
個室の窓の大きさ
を転写する。

歩行空間
斜めにアーチを
開ける。

地下・地上
躯体や躯体をすり抜
けるアーチが体験を
及ぶ。

ホーム
ホームと同じ高さのス
ラブを劇場空間に
設ける。

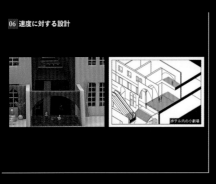

ホテル内の小劇場

地下・地上
躯体や躯体をすり抜
けるアーチが体験を
及ぶ。

01 背景 / **倍速再生される鑑賞** - 身体化する劇場 -

サブスクの鑑賞空間 倍速再生や10秒飛ばしなど、
鑑賞者は速度を持って作品にアプローチできるようになった

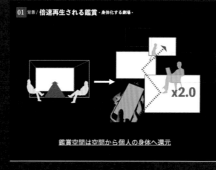

01 背景 / **倍速再生される鑑賞** - 身体化する劇場 -

鑑賞空間は空間から個人の身体へ還元

都市経験を作る多様な速度

03 敷地 / **並行し断絶された速度空間** - 東京駅中央線ホーム高架下 -

異なる速度が奥行きを持って平行して並ぶ特異な空間

引用 上写真 日経新聞「東京ふしぎ探検隊」(2014/5/14) 右写真 東京ステーションホテル公式サイト

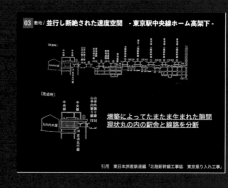

03 敷地 / **並行し断絶された速度空間** - 東京駅中央線ホーム高架下 -

増築によってたまたま生まれた隙間
現状丸の内の駅舎と線路を分断

引用 東日本旅客鉄道編「北陸新幹線工事誌 東京乗り入れ工事」

二色のアクソメドローイングや動画を用いて検証
動きのある空間を把握する手法

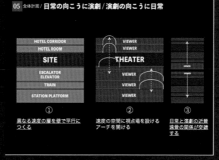

05 全体計画 / **日常の向こうに演劇 / 演劇の向こうに日常**

① 異なる速度の層を壁で平行につくる
② 速度の空間に視点場を設けるアーチを開ける
③ 日常と演劇の近景遠景の関係が交錯する

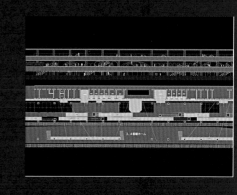

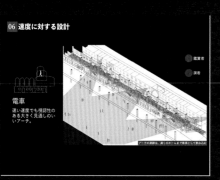

06 **速度に対する設計**

電車
速い速度でも視認性のある大きく見通しのいいアーチ。

06 **速度に対する設計**

06 **速度に対する設計**

エスカレータ
交差する部分にアーチ。

海への「おくりもの」

ダムは水だけでなく土砂をも堰き止めている。土砂供給の減った河口部の海岸線は減退し、消波ブロックが並んだ風景へと姿を変えた。長野県のダムを敷地とし、約70km先の海へ砂を送り届けるための建築を提案する。

審査講評　海岸線の後退に関わる、見えない関係性を可視化

土砂供給量を主たる原因として、海岸浸食が進行する天竜川の流域を対象に、ダムに堆積する土砂を「おくりもの」と呼び、それに刹那の形を与えながら川から海へと美しく送り出す作品である。

我々の生活を裏から支える土木インフラのメカニズム（置き土）をあえて「姿」として立ち上げることで、「河口」と「ダム」という遠く離れて因果の見えない関係性を知覚可能なものにしようとするユニークな提案は、局所的な感覚と大きな風景との連動を見出すことが難しい現代社会の中における我々の想像力を大いに喚起する。土砂堆積量に対するプラント（工場）の規模や必要性など、非現実的な部分はあるものの、川の流れと土砂が自ら作り出す安息角*3など、自然の摂理にゆだねながら形を導くオープンな（開かれた）思考法や、変化そのものを受け入れながらそれ自体が美しいと宣言する潔さよさも含めて、今、我々が考えるべき思考の種を多分に含んだ示唆的な作品である。

（岩瀬 諒子）

編註
*3　安息角：土砂が滑り出さないで安定している時の斜面の角度。

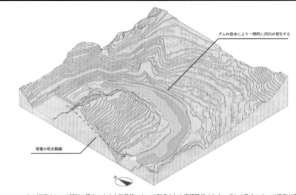

この地域はかつて河川の働きによる土砂供給によって形成された堆積段丘である。ダムの放水によって様相が変化する河川沿いに置き土を行う。傾斜地に広がる集落であるため置き土の山の様子は、集落の様々な高さの視点場で日常的に観察される対象物となる。

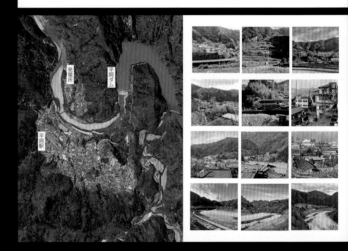

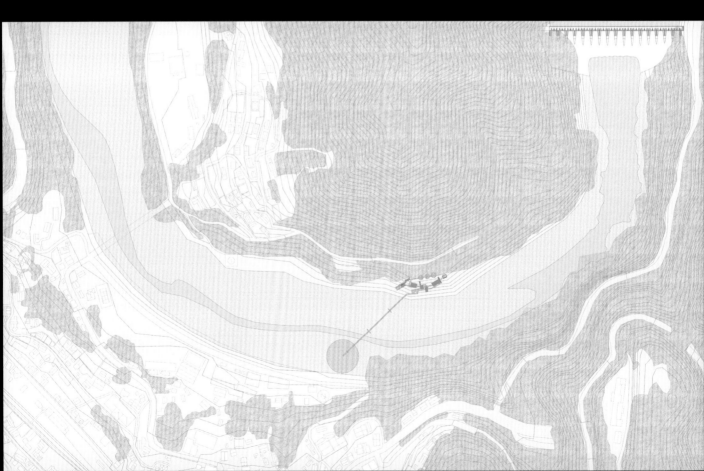

FINALIST 特別賞

113

平松 那奈子 Nanako Hiramatsu
京都大学　工学部　建築学科

元町オリフィス──分裂派の都市を解く・つくる

神戸の三宮、元町エリアを歩いた時の、自然と足が街に引き込まれていくような感覚、時間。その体験から、オリフィスというこのエリアの1単位を導いた。このエリアに現れる一点透視図のようなシーン（場面）の消失点とその周囲を囲む「枠」をもとに街を分析し、オリフィスを活かす場所のつくり方を考える。

審査講評　街を分析する新たな視点

大規模な再開発で急速に変化していく神戸、三宮の街に対して、現在、失われつつあるアングラな商店街の魅力を引き継ぎつつ街を更新していくためのオルタナティブ（新基軸）を提示した意欲作である。
「商店街の再考」という誰もが一度は考えたことのある普遍性の高いテーマを掲げ、モトコー商店街という対象と深く対峙する中で、アイレベルの空間体験を基軸に、平面考察や立面記述ではない「オリフィス*4」というユニークな街の見方を表明している。そして、その仮説を実証するように、導き出したエリアの秩序と店主の個性とが持続性をもって両立する設計手法を見出し、鮮やかに描き切ることで、その構想に説得力を宿している。通常、部分の論理から構築する手法が、大きな全体を構成する段階で遭遇する「スケール（規模）を横断する難しさ」をもろとも感じさせず、街区全体を軽やかに設計し切るパワフルな作品に、作者の非凡な才能を見る。

（岩瀬 諒子）

脚註
*4　オリフィス：街を見る上で、作者の定義した単位。1単位は、見ていると吸い込まれそうになる「引力が集中する点＝消失点」と、消失点を囲む「枠＝門構え」から成る。本書68ページ参照。

4

1区

4区

2区

5区

3区

6区

ひろば

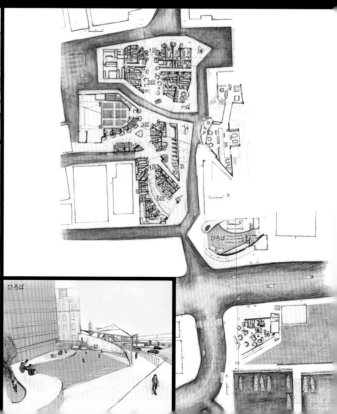

2区

3区

5区

ひろば

FINALIST 特別賞

365

石川 航士朗 ＋ 糸賀 大介 ＋ 大竹 平雅**1
Koshiro Ishikawa　Daisuke Itoga　Taiga Otake

早稲田大学　創造理工学部　建築学科　　**1：ファイナル不参加。

生活景の結い
──駅圏を超えた共空間における都心周縁の生活景の維持

東京都心の周縁を走る都電荒川線の沿線では、線路を「共空間」として、駅圏を超えて
人々の関わり合う姿が見られる。これらの生活景の維持と発展を目的とした拠点として、
王子駅前停留所のプラットホームを再定義する。

審査講評　多種多様な次元の情報を統合する力

建築設計の醍醐味は、個人の思想や理念を空間として表現することのみならず、
大きさのスケール（規模）と時間軸を横断すること、分断されたさまざまな世界の
断片をつなぎ合わせ、1つのまとまりとして、現実の中に定着させることにある。
ゆえに、時に矛盾を孕みながらも、それら（多種多様な要件）を絶妙なバランスの
下で共存させていくための総合的な思考と統合力が求められる。本作品は建築が
本来的に持つ、こうした総合性を高いレベルで実現していた。
駅単体ではない沿線全体のポテンシャル（潜在力）を可視化し、貨客混載など、こ
れからの社会的動向も踏まえた都市スケールの動きと、従来とは異なる方向へ利用
者を導く動線計画や自然エネルギーを活用した設備などの建築スケールの動きの
両方を設計に取り入れていた点が評価できた。極めて情報量が多い提案でありな
がら、それらをわかりやすく整理した「伝えるプレゼンテーション」も印象に残った。

（川勝 真一）

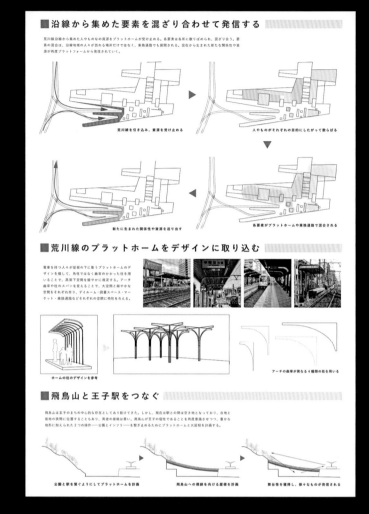

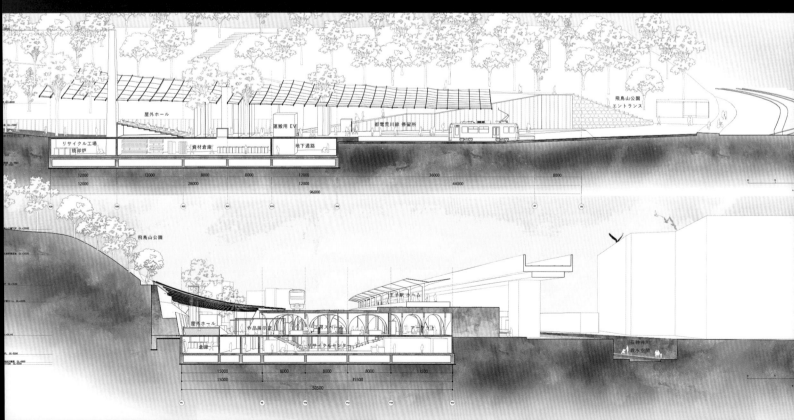

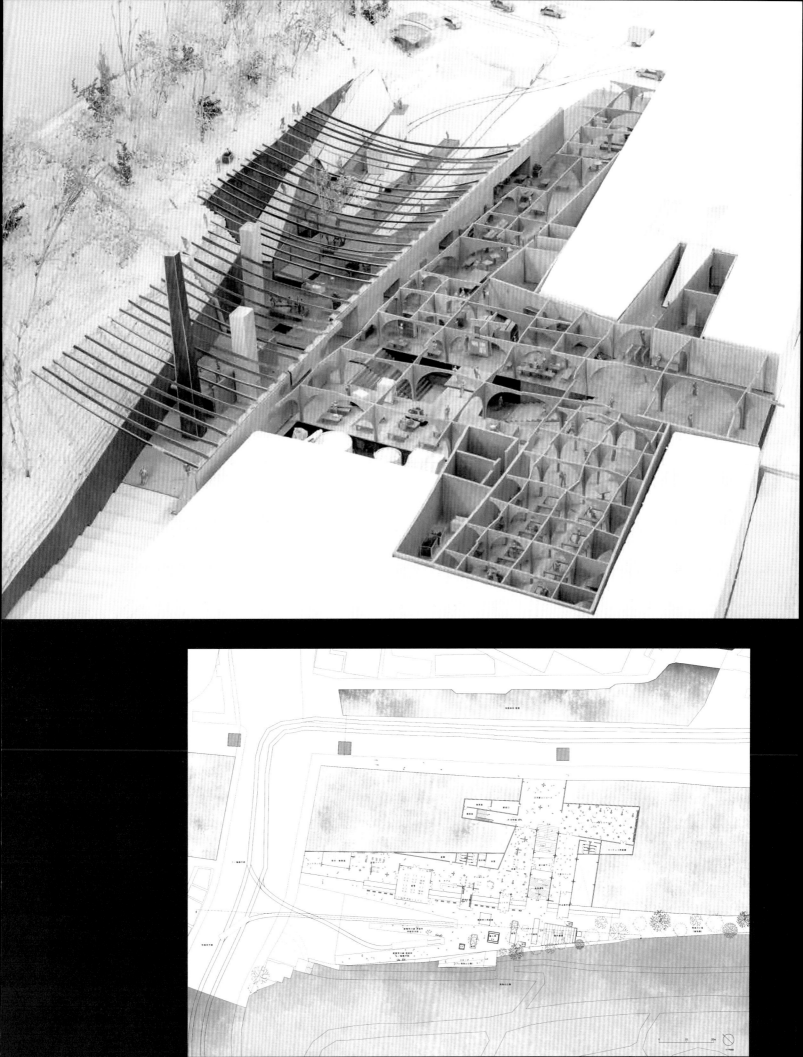

FINALIST

006 村井 琴音 Kotone Murai

京都芸術大学　芸術学部　環境デザイン学科

Leaving traces of their reverb

2022年のロシアによるウクライナ侵攻で、爆撃されたスポーツ施設に関する257件のSNS（Social Networking Service）上の口コミ、写真、動画をもとに施設を再現した上で、さらに新たな施設を計画した。消滅した建築が人々に残した経験を、建築を介して継承する方法を提案する。

審査講評　失われた建築が引き受けてきたコミュニティの再構築

2023年3月5日現在、1年前は早期収束の見方が強かったロシアによるウクライナへの軍事侵攻は、諸国の介入と交渉の決裂により終わりが見えなくなっている。ニュース映像では易々と破壊される都市の様子が映し出され、私たちの生活が都市の耐久性により担保されているという当たり前過ぎる事実を突き付けられる。

この作品は、軍事侵攻初期のミサイル攻撃により失われたアイススケート場を舞台に、ミサイル攻撃以前に投稿されたSNSの動画を手掛かりとして、破壊された施設を再構築していくものである。忠実に再現することよりも、一人称による投稿への共感をベースに、これまでこの建築が受け止めていたコミュニティの再解釈をめざし、不完全な復元を試みている。

都市の破壊が続いている中で、復興計画を提案することはできなかったのかもしれない。失われた建築を取り戻せないのであれば、せめて建築を通して人々の記憶を取り戻したい。そんな切実な想いが感じられる提案だった。　　　（サリー 楓）

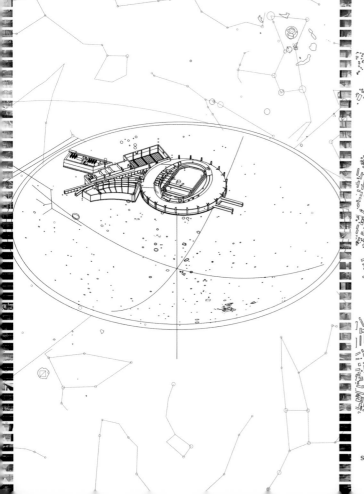

Site & Roof plan

0　　　500m

S= 1:5000

FINALIST

260　柴田 達乃助 ＋ 山崎 麗 ＋ 村上 きこ
Tatsunosuke Shibata　Rei Yamazaki　Kiko Murakami

早稲田大学　創造理工学部　建築学科

サンゴヤマ計画——石保管のための石積み指南書

隆起珊瑚礁によって形成された島、鹿児島県の喜界島。人々は台風の度に、浜に打ち上げられるサンゴ石で石垣を積んだ。時は移ろい、サンゴ石は打ち上げられなくなった……。これはサンゴ石の石垣を伝承していくための建築である。

審査講評　開発主義的な建築に対抗し得るか

鹿児島県喜界島のサンゴ石とそれを用いた石垣の持続性について考える計画。石の由来、形状、サイズ、積み方などをリサーチし、建築学と民族誌の境を越えて、成長、拡大を是とする開発主義的な建築に対抗する領域をつくる挑戦と言える。しかし、珊瑚の生成過程をメタファ(隠喩)にした円形の構造体と、その間に充填されるサンゴ石の関係、村内からサンゴ石をサルベージ(回収)し、この場所に集めて保管するマテリアル・ヤード(資材置き場)としての組立てが、さらに踏み込んで考えられていたら、より説得力のあるものになっただろう。断面図や平面図にサンゴ石の質感までが詳細に書き込まれたドローイングは、今回の「せんだいデザインリーグ2023　卒業設計日本一決定戦」の出展作品の中で最も美しいものだった。

（塚本 由晴）

FINALIST

286

川岸 美伊 Mii Kawagishi

東京理科大学　工学部　建築学科

私の弔われかた

弔いが作業と化し、画一的な儀式となっている今。人生の終わりをどのように飾るか。本来、「弔われかた」には、人それぞれの形があるのではないだろうか。これは、私が私のために考える「私の弔われかた」の設計。

審査講評　私のために弔いやがれ、という清々しい独白さ

「死について考える」という観点からは、作者に共感できる点を見つけられなかった。苦言を呈すが、「生と死」というテーマは、論じるには普遍的過ぎ、評価するには独白的過ぎる。どれほど独白的かというと、高額の延命治療を求める者もいれば、高額な安楽死を選ぶ者もいるほどである。唯一共通するのは、彼らは弔われ、葬られるということである。弔われるということにおいて、死へのプロセスは重要ではなく、弔われるという事実だけがそこにある。

「死があるからこそ生への渇望が生まれ、今この瞬間が際立つ」というのは、「生き残された」人の意見に過ぎない。弔いとは、「生き残された」者が死者を追憶し、気持ちを整えるための儀式である。換言すれば、弔いとは死の消費である。ふざけんじゃねえ、私の弔いだ、私のために弔いやがれ。そんな作者の清々しい独白さにエールを送りたい。

（サリー 楓）

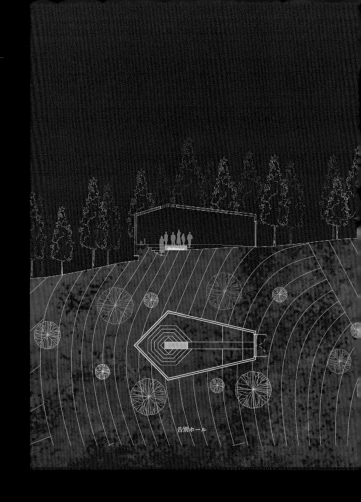

告別ホール

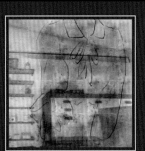

Scene 3

Scene 2

Scene 1

8:13　　　　　　　　　　　　8:05　　　　　　　　　　　　8:01

第一章　目覚め

ノックの音がした。そうだ、本を読んで休憩していた今。ステレオから映画のサウンドトラックを流したままで眠ってしまっていたのだ。ああ、映画は後半に差し掛かるところか。荒れ狂う波に揉まれながら敵を圧する巨大な基地、風化しつつも何とか原型はとどめている。舞台はかつて敵軍の計画していた巨大な墓地、ここで敵が、昔亡くなった父と再会を果たすのが非常に印象的な、この世界で、死者が念のような力を使うと、現実に姿を現すことができる。現れた父は青白く光っている、とても美しい。良いシーンで目を覚ました。どれくらい眠っていただろうか。外は明るい。時計の針は八時を指している……昼目見当がつかない。沈み込んだひとりがけソファ。膝にかかったブランケットはそのままに、重い腰をあげようと試みる。……と立ち上がれない。力が入らないのである。びくりともしない。どういうことだ。こんな感覚、初めてだ。どうしたら、私も老いたものだ。三十年ほど前の老眼に始まり、髪が白くなり、ひとつひとつ受け入れてきた。これからは足腰の衰えとも仲良くやらなきゃいけないのか。それは少し面倒かもしれない。日常生活に制限がかかるのは喜べることではない。これからの生活を考えなくては。

とりあえず、客に顔を出そう。ゆっくりなら立ち上がれるだろう。まずは上体を起こして……動かない。

身体が動かない。どういうか力の入れ方がよくわからない。どういうことだ。力が入らないのである。ゆっくりと試みる。いや、まずは冷静になろう。客を待たせている。立ち上がることは一旦諦めて、大きな声を出すか。もしスペアキーを持っている客であれば、入ってきてくれるだろう。そうでないなら、今日のところは帰っていただくしかないか。

「すみません。どなたでしょうか。スペアの鍵は持っていますか。持っているなら、わたしは今ちょうど手が離せないので勝手にお入りください」。ここからエントランスまでは五メートルほど。できるだけ大きな声を出した。ドア越しでも聞こえるはずである。

しかし、一分ほど経っても返答がない。どうしたものか。何の用かくらいは返事をくれても良いのに。

すると再度ノックの音がした。少し荒ぶったノック。私の声が届かなかったのか。もう一度大きな声を出す。またも返答はない。今度は、すぐ横のサイドテーブルから音がした。スマホが鳴って振動している。娘の名前が表示されている。もしや、今ドアの向こうにいるのだろうか。スペアキーを忘れてドアを開けられずに、電話を彼らにしているのだろうか。しかし、私は今、自分の体を動かせないのだ。スマホの画面を左から右にスワイプすることもできない。

＊

着信音はしばらく鳴り止まなかったが、娘は諦めたようだ。部屋に映画のテーマだけが響く。またノック音だ。

「お母さん、入るよ」

やはり娘だ。なんだかいつもより芯のある声、語気が強い。先から勝手に入れと言っているのに。間もなく鍵が開けられ、ドアがあいた。首は動かず、玄関の方を向くこともできない。

「お母さん、いるの?」

「いるよ」

「お母さん、悪いね。今なぜか体に力が入らなくて。動けないんだよ」

「どうしたの、そんな怖い顔しないでよ」

すぐに私の視界に現れた娘の表情には焦りが見られた。

「お母さん、お母さん」

娘は唐突に、激しく私を揺する。

「え、なんだい……」

三秒ほど強くゆすられたあと、手が離れる。娘の表情から血色が失われていく。ゆっくりと、微かに震える指先、彼女の顔は何かを恐れながらも真っ直ぐに私を見つめ、しっかりと据わっている。

「ねえ、聞いてるの?」

娘の手はついに私の頬に触れた。まるで何かを確信したかのように。彼女の言葉をよそに、娘はこちらに手を伸ばす。ゆっくりと。微かに震える指先。

8:13　　　　　　　　　　　　　　8:05　　　　　　　　　　　　　　8:01

FINALIST

414　川本 航佑 Kosuke Kawamoto

工学院大学　建築学部　建築デザイン学科

MADE IN HONG KONG

香港をフィールド・サーヴェイ（現地調査）し、採取した建築的モチーフをカタログ化する。敷地を実測調査する中で発見した「ギャップ空間」に、カタログの要素を複数組み合わせた構築物を挿入することで、「香港的遺伝子」を持った建築装置を設計する。

審査 講評　揺れ動く香港で分断されて建つ集合住宅を結合

幼い時に過ごした香港を舞台とし、そこで生きる人々の暮らしを支え、励ますように小さな建築的介入を試みた作品である。

そもそも、限られた狭い土地の中で発展してきた香港では、1人当たりの居住空間が狭いため、屋外へはみ出すインフォーマルな増築や改造が市民によって行なわれてきた。その一方で、2019年から始まった香港民主化デモとその後の「国家安全法」の導入などによる政治的締め付けは、こうした屋外に表出する個の表現を可能にする暮らしを脅かしかねない。

川本案は、すでにある香港の街に見られる人々の振舞いをリサーチし、それをもとにボトムアップ型の空間実践の可能性を示すものでありながら、個々の敷地に分断されて建つ集合住宅の間にある段差やすき間などのギャップを埋め、相互の接続（連帯）を志向していた点が興味深い。時に、単なる記号的な装飾に陥ってしまいがちな既存空間の改修の手法化ではあるが、人々の暮らしや政治的状況と結び付くことで、揺れ動く香港という街へのリアリズムを感じさせる。

（川勝 真一）

FINALIST

568　河本 一樹 Kazuki Kawamoto

芝浦工業大学　建築学部　建築学科

中心について──天下普請の反転による対自空間の導出

自己とは曖昧で、不確かなものである。戦後あるいは学生運動以後、日本人は無意識の内に、「中心」について議論したり、「中心」を認知したりできなくなった。そこで、かつて天下普請により日本の中心に作られ、人々の「即自」を生み出した皇居を反転する。

審査講評　皇居反転の社会的意義

河本案の皇居反転は、濃密に描き込まれたパネルと模型が飾られる一方、資料から読み取れる設計意図は理解不能で、作者本人の説明を直接聞いてみたいという審査員の声によって、セミファイナルで最高得票を集めた。しかし、ファイナルの議論を経ても作品への理解は消化不良のままで、トリックスターの印象を拭えなかった。皇居内の木々や土を外へ持ち出すのはいいとして、後に残ったカルデラになぜ礼拝堂や防空壕が必要なのか？　反転というが、凸を凹にする空間操作以上の社会的意義は曖昧なままだ。

例年、皇居は卒業設計の対象として人気だが、そろそろ過去の卒業設計のさまざまな思考実験を総括してもいい時期だと思う。河本案は期待を抱かせる壮大さや造形力、物語を備えていたのだから、それを成立させる仕組みや運動をもっと冷静に真剣に論じたらいいのに。

説明過多は怖れの裏返しだ。過去の思考実験の束を参照しながら、必要最小限の言葉で自作の独自性を語ったらいい。今でも私は、あの案の中に可能性が埋まっていると思う。　　　　　　　　　　　　　　　　　　　　　　（藤野 高志）

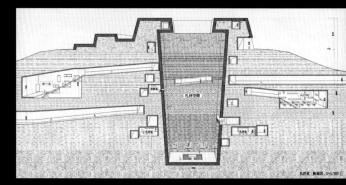

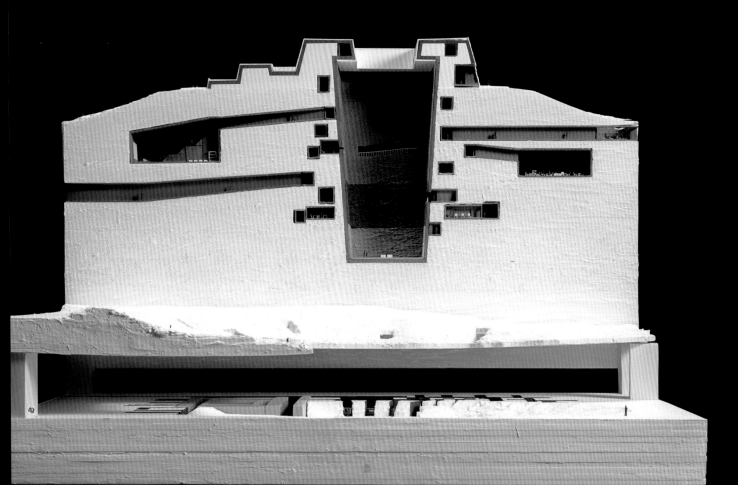

EXHIBITOR
SDL2023

431
↓
100

PROCESS_1

Preliminary Round
予選

01_個別審査投票
02_100選選出審査

PROCESS_2

10

Semi-Final Round
セミファイナル

01_個別審査投票
02_10選選出審査

PROCESS_3

1

Final Round
ファイナル（公開審査）

01_プレゼンテーションと質疑応答
02_ファイナル・ディスカッション

審査
過程

＊出展作品の概要については、本書105〜149ページ参照。
Photos except as noted by Toru Ito, Izuru Echigoya.
Drawings and models by the exhibitors.

01
個別審査投票
2023.02.11-2.13
各審査員の所在地(オンライン)
02
100選選出審査
2023.02.15.AM
東北大学青葉山キャンパス建築棟
102号教室

予選

Preliminary Round

予選審査員(アドバイザリーボード)
小野田 泰明、小杉 栄次郎[*1]、
齋藤 和哉、佐藤 充[*1]、恒松 良純[*2]、
中田 千彦、本江 正茂

*1:「01_個別審査投票」のみ参加。
*2:「02_100選選出審査」のみ参加。
*アドバイザリーボード:本書5ページ編註1参照。

予選では、全431の出展作品から、セミファイナルの審査対象となる100作品を選出する。これらの予選通過作品が、通称「100選」だ。例年、出展作品を展示する展覧会の会場として使用しているせんだいメディアテーク(smt)のギャラリーが、大規模修繕工事で使用できなかったため、今年はSDL史上はじめて、展覧会が別会場に移された。残念ながらスペースの都合上、会場に全出展作品を展示できず、予選を通過した100作品のみの展示となった。そのため、予選は、全出展作品のパネルとポートフォリオの電子データ(PDFファイル)での審査になった。

予選審査は昨年同様、2段階方式で、公開審査の約3週間前から開始した。まず、インターネット回線を利用したオンライン方式で予選審査員6人それぞれが個別に、全出展作品から100作品を選んで投票する「01_個別審査投票」。後日、予選審査員の内5人が投票集計結果を参考に協議し100作品を選出する「02_100選選出審査」は、会場を例年のsmtから東北大学に移しての実施となった。続くセミファイナル、ファイナルでは展示作品(実物のパネルとポートフォリオ、模型)をもとに審査するため、「模型を見たい作品」という視点も予選の1つの審査基準となった。今年は予選の当落選上にある作品の質が高く、審査は難航を極め、激戦の末、予選通過100作品が選出された。

*smt=せんだいメディアテーク
*SDL=せんだいデザインリーグ　卒業設計日本一決定戦

表 1　予選の投票集計結果と選出結果

合計	ID	氏名	学校名	小野田	小杉	齋藤	佐藤	中田	本江
6	168	平野 和代	慶應義塾大学	●	●	●	●	●	●
6	386	芝 麻由香／林 泰地／竹田 雄紀	早稲田大学	●	●	●	●	●	●
5	007	大竹 平	京都大学			●	●	●	●
5	020	酒井 良多	京都大学			●	●	●	●
5	067	本多 響	日本大学			●	●	●	●
5	130	針生 智也	金沢工業大学	●		●	●	●	●
5	153	寺山 宇洋	関東学院大学	●		●	●	●	●
5	189	鷺森 拓夢	明治大学	●		●	●	●	●
5	237	佐藤 直喜	名古屋工業大学	●		●	●	●	●
5	241	奥田 涼太郎	武蔵野美術大学	●		●	●	●	●
5	260	柴田 達乃助／山崎 麗／村上 きこ	早稲田大学	●		●	●	●	●
5	276	大橋 萌子	芝浦工業大学	●		●	●	●	●
5	296	荒牧 甲登	工学院大学	●		●	●	●	●
5	414	川本 航佑	工学院大学	●		●	●	●	●
5	490	土居 亮太	明治大学	●		●	●	●	●
5	501	大岩 樹生	法政大学	●		●	●	●	●
4	002	戸田 巽	東北芸術工科大学	●			●	●	●
4	013	飯田 竜太朗	島根大学	●		●		●	●
4	014	杉原 康大	大阪産業大学	●		●		●	●
4	021	千葉 祐希	京都大学	●		●		●	●
4	035	青山 健生	大阪工業大学	●		●		●	●
4	052	宮崎 博志	慶應義塾大学	●		●		●	●
4	068	小川 隆成	東京理科大学	●		●		●	●
4	098	植松 駿	関東学院大学	●		●		●	●
4	101	宮地 凌央	武蔵野美術大学	●		●		●	●
4	108	杉山 太一／梶谷 菜々美／宮下 敬伍	早稲田大学	●		●		●	●
4	124	須藤 寛天	東北工業大学	●		●		●	●
4	151	漆畑 昂明	明治大学	●		●		●	●
4	165	葛谷 寧鵬	滋賀県立大学	●		●		●	●
4	190	川口 颯汰	京都精華大学	●		●		●	●
4	196	小瀬木 駿	法政大学	●		●		●	●
4	209	關戸 麻結	芝浦工業大学	●		●		●	●
4	233	市花 恵麻	明治大学	●		●		●	●
4	243	森本 爽平	法政大学	●		●		●	●
4	275	林 飛良	長岡造形大学	●		●		●	●
4	286	川岸 美伊	東京理科大学	●		●		●	●
4	300	江尻 龍馬／伊藤 真優／小林 明日香	早稲田大学	●	●	●			●
4	311	越智 恒成	金沢工業大学	●		●		●	●
4	336	番屋 愛香里	大同大学	●		●		●	●
4	359	伊藤 幹也	日本大学	●				●	●
4	365	石川 航士朗／糸賀 大介／大竹 平雅	早稲田大学		●	●		●	●
4	418	小玉 京佳	広島工業大学	●		●		●	●
4	503	梅澤 達紀	神奈川大学	●		●		●	●
4	515	北林 栞	工学院大学	●		●		●	●
4	550	池田 穂香	近畿大学	●		●		●	●
4	568	河本 一樹	芝浦工業大学	●		●		●	●
3	006	村井 琴音	京都芸術大学			●		●	●
3	017	矢野 泉和	熊本大学			●		●	●
3	019	船越 卓	京都工芸繊維大学	●		●			●
3	027	吉田 周和	東京理科大学	●		●			●
3	032	岩崎 維斗	信州大学			●		●	●
3	043	鈴木 貴緒子	芝浦工業大学			●		●	●
3	045	成枝 大地	九州大学			●		●	●
3	054	白川 英康	近畿大学			●		●	●
3	056	劉 亦軒	神戸大学			●		●	●
3	073	酒見 助	京都工芸繊維大学			●		●	●
3	084	松野 駿平	日本大学			●		●	●
3	106	宮原 すみれ	東京理科大学				●	●	●
3	113	平松 那奈子	京都大学			●		●	●
3	136	岡野 麦穂	東京理科大学	●		●		●	
3	144	羽賀 仁紀	山形大学	●		●		●	
3	148	田内 丈登	大阪大学	●		●		●	
3	154	三木 竣平	大阪大学			●		●	●
3	160	櫛引 翔太	芝浦工業大学		●	●		●	
3	167	藤村 雪野	芝浦工業大学	●		●			●
3	187	若井 咲樹	京都大学	●				●	●
3	201	田中 栄治	明星大学	●	●	●			
3	210	三谷 翼空	日本大学	●		●			●
3	215	佐田野 透	慶應義塾大学	●		●			●
3	222	井上 真穂	大阪市立大学			●	●	●	

合計	ID	氏名	学校名	小野田	小杉	齋藤	佐藤	中田	本江
3	223	名雪 佑	工学院大学	●		●			●
3	236	井筒 悠斗	芝浦工業大学	●		●		●	
3	255	青木 皓史	広島工業大学			●		●	●
3	281	藤本 泰弥	近畿大学			●		●	●
3	308	伊藤 那央也	武蔵野美術大学	●				●	●
3	313	梅澤 秀太	日本大学			●		●	●
3	315	櫻井 詞音	長岡造形大学			●		●	●
3	325	宮本 莉奈	神戸大学				●	●	●
3	333	大久保 芽依	名古屋工業大学			●		●	●
3	363	大槻 瑞巴	日本大学			●		●	●
3	366	土井 絵理香	日本女子大学	●		●		●	
3	425	中野 宏道	近畿大学			●		●	●
3	427	工藤 楽香	慶應義塾大学	●		●		●	
3	435	土居 将洋	東京理科大学			●		●	●
3	446	佐藤 奈々惠／牧野 優希／伊藤 光乃	早稲田大学	●	●	●			
3	453	房野 広太郎	明治大学	●	●	●			
3	457	片岡 俊太	日本工業大学	●		●		●	
3	468	三井 昂太	神奈川大学	●		●		●	
3	489	立川 凪穂	法政大学			●		●	●
3	521	山口 有覇	東北大学			●			●
3	595	並木 佑磨	芝浦工業大学			●		●	●
2	005	須田 真理	名古屋工業大学			●			●
2	015	竹内 勇真	日本福祉大学			●		●	
2	016	我如古 和樹	琉球大学			●			●
2	023	石原 大雅	信州大学			●			●
2	028	北野 湧也	京都工芸繊維大学			●			●
2	030	奥野 和迪／矢野 滉希／長島 怜生	早稲田大学			●			●
2	042	柳町 一輝	信州大学			●	●		
2	049	坂井 ゆき	札幌市立大学			●			●
2	051	川北 隼大	福井大学			●			●
2	064	中村 光汰	大阪工業大学			●		●	
2	065	野田 理縅	日本女子大学	●				●	
2	071	松本 茜	日本女子大学			●		●	
2	076	田中 彩英子	関西大学			●			●
2	077	池田 桃果	日本大学			●		●	
2	080	中山 亘	九州大学					●	●
2	081	渡邊 未悠	東京理科大学			●			●
2	087	尾沢 圭太	日本大学			●			●
2	088	佐久間 はるか	工学院大学			●			●
2	094	徐 徳天	筑波大学					●	●
2	096	中村 安美香	芝浦工業大学			●		●	
2	097	古川 翔	九州大学			●			●
2	099	小師 大輝	東海大学			●			●
2	100	楊井 愛唯	日本大学			●		●	
2	111	法橋 礼歩	日本大学			●		●	
2	119	相原 健都	日本大学			●		●	
2	122	佐々木 迅	日本大学			●			●
2	123	堀田 隆斗	近畿大学			●		●	
2	131	前田 彩花	立命館大学			●		●	
2	134	都丸 優也	東海大学	●		●			
2	141	森 聖雅	大阪大学			●		●	
2	147	出崎 貴仁	九州大学			●			●
2	150	熊本 亮斗	九州産業大学			●	●		
2	152	奥井 温大	大阪工業大学			●		●	
2	156	楠本 まこと	東京理科大学					●	●
2	169	大橋 真色	明治大学	●		●			
2	175	佐倉 園実	芝浦工業大学	●		●			
2	195	﨑田 真一朗	福井大学			●		●	
2	212	山口 暖花	佐賀大学			●			●
2	214	毛 弘奕	京都精華大学			●			●
2	216	高尾 耕太朗	広島大学			●		●	
2	242	佐藤 天衣	長岡造形大学			●			●
2	244	斎藤 詩織	法政大学			●		●	
2	273	秋山 真緩	日本大学			●		●	
2	274	金澤 紗弥	茨城大学	●		●			
2	309	勝海 凱斗	新潟工科大学			●		●	
2	312	半田 海斗	金沢工業大学			●		●	
2	328	杉山 陽祐	日本大学	●		●			
2	332	渡邉 一貴	大阪工業大学			●		●	
2	334	阿部 泰征	工学院大学			●		●	

合計	ID	氏名	学校名	小野田	小杉	齋藤	佐藤	中田	本江
2	347	清水 知徳	法政大学	●			●		
2	353	平岡 丈	京都大学					●	●
2	354	小林 優希	滋賀県立大学			●	●		
2	356	マータース 桃音／加賀谷 唯／廣川 光	早稲田大学	●	●				
2	360	東條 巧巳	工学院大学			●		●	
2	372	長谷川 奈菜	芝浦工業大学			●	●		
2	374	佐野 桃子	関西学院大学			●	●		
2	378	日下部 春花	東京理科大学	●					●
2	380	馬場 琉斗	工学院大学			●	●		
2	413	平原 朱莉	日本女子大学			●			●
2	449	田中 杏	東京理科大学	●	●				
2	460	酒井 裕太	東京理科大学	●			●		
2	466	中村 桜子	芝浦工業大学	●	●				
2	472	荒島 淳二	京都芸術大学	●					●
2	476	重松 希等璃	東京都市大学	●					●
2	484	徳枡 謙輔	神戸大学			●		●	
2	494	渡邉 純平	日本大学	●					●
2	508	山田 楽々	芝浦工業大学	●	●				
2	523	落合 洸介	神戸大学	●			●		
2	543	一原 林平	近畿大学	●					●
2	544	東 尚生	芝浦工業大学	●					●
2	555	岩崎 航	芝浦工業大学	●					●
2	577	金井 凌雅	東北大学	●					●
2	581	黒田 大翔	日本大学	●	●				
2	590	秋山 想太	大阪産業大学	●					●
2	598	菱川 陽香	武庫川女子大学			●	●		
2	599	片岡 晃太朗	岡山理科大学			●	●		
1	003	吉田 紅葉	東北芸術工科大学	●					
1	008	近藤 誠之介	京都工芸繊維大学	●					
1	009	岡田 梨々花	島根大学			●			
1	010	袋谷 拓央	大阪工業大学					●	
1	022	岡部 志保	信州大学	●					
1	025	加藤 龍	工学院大学			●			
1	026	中尾 啓太	信州大学			●			
1	033	西本 帆乃加	名城大学	●					
1	034	吉出 紀治	明治大学	●					
1	039	遠藤 あかり	金城学院大学	●					
1	040	俣野 将磨	摂南大学				●		
1	044	田代 麻華	武蔵野大学			●			
1	047	田崎 真理菜	日本女子大学			●			
1	048	小宮田 麻理	近畿大学			●			
1	057	長央 尚真	神戸大学				●		
1	061	城崎 真弥	大阪工業大学				●		
1	062	神田 晋大朗	広島大学				●		
1	063	鷲尾 圭	大阪市立大学		●				
1	070	潮田 龍諒	立命館大学				●		
1	078	若山 新太郎	筑波大学				●		
1	079	大石 真輝	東海大学			●			
1	085	井田 雅治	大阪工業大学			●			
1	089	佐藤 海翔	秋田県立大学		●				
1	092	谷敷 広太	室蘭工業大学				●		
1	093	高田 奈緒子	関東学院大学				●		
1	102	飯濱 由樹	関東学院大学					●	
1	104	浅田 一成	愛知工業大学				●		
1	110	鈴木 蒼都	愛知工業大学		●				
1	116	石井 陸生	法政大学			●			
1	117	赤木 里菜	東京理科大学						●
1	118	大塚 達哉	日本大学		●				
1	125	保田 真菜美	愛知工業大学				●		
1	137	鈴木 ひかり	日本女子大学	●					
1	139	芝 輝斗	九州大学				●		
1	157	川畑 奨太	福井大学		●				
1	161	岡本 侑也	立命館大学					●	
1	162	大木 貴裕	日本大学		●				
1	163	田邊 千代香	明星大学				●		
1	173	山川 凜花	東北工業大学		●				
1	180	山際 凜	福井大学		●				
1	182	津田 智	東北工業大学				●		
1	184	新井 花奈	名城大学						●
1	194	舘 衿花	明治大学						●

合計	ID	氏名	学校名	小野田	小杉	齋藤	佐藤	中田	本江
1	198	上間 涼太郎	琉球大学						●
1	204	山川 蒼生	佐賀大学						●
1	205	一ノ瀬 晃	九州産業大学		●				
1	207	岩佐 一輝	佐賀大学				●		
1	211	池戸 美羽	東京理科大学	●					
1	213	樋口 詩織	法政大学	●					
1	221	西方 理奈	明治大学	●					
1	227	恒川 奈菜	名古屋造形大学					●	
1	228	髙橋 明弓	大阪市立大学					●	
1	229	青木 優花	愛知工業大学				●		
1	231	大澤 葵	名古屋工業大学				●		
1	235	田村 哲也	東海大学				●		
1	238	勝山 奈央	大阪市立大学				●		
1	245	岸野 翔	愛知産業大学				●		
1	249	片岡 充希	大同大学				●		
1	251	宮村 知音	大阪大学				●		
1	265	田中 大智	豊橋技術科学大学				●		
1	267	丘 晴通	日本大学	●					
1	270	駒場 友菜	東京理科大学				●		
1	272	大長 武志	九州大学				●		
1	277	長森 勇輔	明治大学				●		
1	292	宮澤 楠子	立命館大学					●	
1	293	杉本 春佳	京都大学				●		
1	305	三品 美侑	名古屋市立大学				●		
1	306	竹村 草洋	芝浦工業大学				●		
1	314	酒井 彩華	神戸芸術工科大学				●		
1	321	住吉 祥季	東洋大学				●		
1	326	太古 尚稀	東京電機大学				●		
1	327	神谷 尚輝	名城大学				●		
1	341	伊藤 香音	関東学院大学				●		
1	349	大野 紗英	筑波大学						●
1	355	宮脇 由奈	名古屋市立大学					●	
1	364	島田 梨香	関西学院大学					●	
1	375	山本 幸恵	京都芸術大学			●			
1	381	金子 豪太	京都工芸繊維大学	●					
1	392	橋村 遼太朗	愛知工業大学			●			
1	397	宮本 理沙	京都工芸繊維大学			●			
1	399	筒井 翔大	京都大学	●					
1	406	福島 拓隆／寺澤 尚己／髙橋 遼真	早稲田大学				●		
1	409	岩田 理紗子	芝浦工業大学				●		
1	423	岡 千颯	大阪大学					●	
1	432	草川 雄斗	芝浦工業大学				●		
1	439	大津 洋	芝浦工業大学	●					
1	443	有田 俊介	芝浦工業大学				●		
1	456	土江 祐歌／大塩 輝／嶋岡 諒眞	早稲田大学				●		
1	461	岡 祐太朗	芝浦工業大学	●					
1	462	久野 祐璃	日本大学						●
1	463	富張 颯斗	東海大学				●		
1	467	重留 里咲	京都芸術大学						●
1	474	谷口 颯一郎	千葉大学						●
1	480	山本 勇斗	近畿大学				●		
1	486	口石 直道／野見山 祐作／横倉 央樹	早稲田大学	●					
1	500	池谷 琳花	東海大学				●		
1	504	楢崎 有祐	九州工業大学				●		
1	510	千本 瑞穂	立命館大学					●	
1	513	青木 花蓮	新潟工科大学						●
1	514	岸川 みずき	崇城大学						●
1	534	猪股 萌華	崇城大学						●
1	542	藤野 正希	東北大学						●
1	547	板谷 廉	東北大学						●
1	557	磯崎 蓮	東京工芸大学						●
1	563	大崎 拓海	東京電機大学					●	
1	566	三浦 泰輔	法政大学				●		
1	572	俊成 聡太	東京電機大学					●	
1	588	菊地 健汰	東北工業大学						●
1	593	辻村 友佑	大阪工業大学	●					
1	602	小林 友喜	東京大学					●	
1	603	渡邊 悠介	東京工芸大学					●	

| 600 | | 投票総数 | | 100 | 100 | 100 | 100 | 100 | 100 |

＊■は、予選通過（100選）。
＊0票の作品は、未掲載。

予選概要

建築を表象するメディアのあり方とは

本江 正茂（予選審査員）

2023年2月11日に、エントリー全431作品のパネルとポートフォリオの電子データが各審査員に送付された。これを読み解きながら、審査員それぞれは、2月11日〜13日の短期間で、まず100作品を選ぶ（「01_個別審査投票」）。データは印刷を前提に作成しているものが多く、モニタの大画面で見ていてもズーム（拡大や縮小）やパン（フレームの移動）を繰り返す必要があり、当然、ポートフォリオの全ページを見るので、すべての作品を読み解くには十数時間かかる。例年のように、会場にパネル、ポートフォリオ、模型が並べられている時は、まず模型を一瞥して作品の主となるアイディアを掴んだ上で、パネルとポートフォリオから細部の情報を読んでいくわけだが、画面で見る時には、まずパース（透視図）などの「決め」の絵を見ることになる。今や「ゲームエンジン*1」ベースのレンダリング（画像処理）を施した精彩なCGはかなり普及し、特に目を奪うものではなくなった。むしろ、豪華なパースと貧弱な図面との落差が大きな作品も散見された。

パソコン画面での審査を前提として、データ内のリンクから動画へ誘導する作品も多くあった。動画があれば、もちろんチェックする。何だか雑な撮りっぱなしの感じで、ガッカリさせられるものもあるけれど、カラーグレーディング（色彩の調整）を含め、きっちりと編集してあるものには魅力と説得力がある。特に音声がちゃんとしていると良い。15秒から90秒ぐらいの短い動画で作品の世界観やコンセプトを表現する技法は、建築のプレゼンテーションに不可欠なものとなりつつある。今や高価な機材は不要なのだから、学生の内からトレーニングをしておくことには意義があるだろう。

100選を選び出す予選の「02_100選選出審査」は、2023年2月15日に、東北大学青葉山キャンパスの建築棟102号教室で行なわれた。投票の集計結果に即して、A3判サイズに縮小印刷されたパネルを並べ、必要に応じてポートフォリオもスクリーンに投影しながら、会場に集まった審査員たちで、得票の多い上位から順に内容を確認していく。満場一致で評価される作品もあれば、かなり下位から、審査員に特に推されて上がる作品もある。予選を通過する100作品（100選）には多様性が重要なので、何かが上がってくると、それと類似したテーマの作品が落ちることもある。

会場の都合で異例の手順となった予選だったが、そのことで建築を表象するメディアのあり方を意識させられることになった。実際の建築は全身全霊で体感される豊かなものだから、世界にまだ存在しない、来るべき「建築」を表現するためには、あらゆる表象形式が動員される。この時、さまざまな表象形式を超えた思考の一貫性が感じられることで、その先に来るべき「建築」の像も明解になるはずである。

編註
*1　ゲームエンジン：コンピュータ・ゲームにおいて、グラフィックやサウンドなどを処理するソフトウェアの総称。

・
・
・

028
雪の生きる場所
人々の生活にとって不可欠だが、排除されてしまう雪と火葬場。両者を共存させることで、それぞれの居場所を都市につくり出すという提案である。雪室の機能を持つ地域に開かれた火葬場を、新潟県上越市に計画。地形を読み込んだ造形力の高さに加え、雪を利用した施工方法や排水計画まで検討していることが評価され、100選（予選通過）となった。

071
都市のゲシュタルト崩壊と構築──東京を連続的に繋ぐ現代美術館
さまざまなインフラが集まる麻布十番の「結節点」に、連続性と断絶性を併せ持つ、東京そのものを展示物とする美術館を計画した。対象地を読み込み、建築的な流れと溜まりをつくり出すことで、ハッとさせる都市の場面を切り出そうとしている姿勢が評価され、100選（予選通過）となった。

080
落語建築──妄想から生まれる都市の滑稽噺
落語が持つ滑稽さを落とし込んだ建築を体験することで、人々の生きる喜びをいま一度呼び覚まそう、という提案である。三題噺から着想を得た4つの建築を、東京の浅草に点在させ、落語的な物語を都市に展開している。落語と浅草、それにまつわる人々を徹底的にリサーチし、建築へと昇華させた力量が評価され、100選（予選通過）となった。

081
高層性の再考──オフィスビルの解体と象徴化
高層であることを再考し、塔をモチーフにしたオフィスビルを、東京都港区にて提案している。コア（核となる部分）を再構築することで、垂直的な上下方向への連続性を持つオフィスを実現した。執務空間としての使い勝手をはじめ、構造や環境計画、ランドマークとしての建ち方など、細かなところまで検討していることが評価され、100選（予選通過）となった。

097
まちをまちあい室に──LRTの行き交うまちの未来
岡山県倉敷市を舞台に、駅や改札をなくし、LRT（軽量軌道交通）を中心とした生活にすることで、街全体を待合室化するという提案である。都市から建築まで、スケール（規模）の異なる5つのルールを適用し、案全体としては都市計画のスケールながらも、建築レベルまでしっかり検討されていることが評価され、100選（予選通過）となった。

099
不完全集落──構造による空間の共有と拡張
新潟市中央区に、一部をあえて不完全にし、不足分を住宅同士で補い合うことで、新たなコミュニティを生み出す集落を計画。複数の住宅が建ち並ぶ路地を跨ぐように、それぞれの住宅の屋根や壁などが迫り出している。道路まで取り込んで、住

ボーダーラインを浮沈した40作品

今年の「02_100選選出審査」は、近年で最少となる5人の審査員により行なわれた。当落のボーダーラインは、ほぼ半数の審査員が票を入れた、2得票と3得票の間。どの作品もレベルが高く、100選の選出は困難を極めた。ボーダーライン上の当落を分けたのは、まさに紙一重の差であったと言える。当落選上にあった作品の明暗について審査員がコメントする。

齋藤 和哉
（予選審査員）

凡例：ID番号、作品名

028

071

080

081

民の生活が滲み出す風景を、リアリティを持って描き出していることが評価され、100選（予選通過）となった。

100
日吉台地下壕博物館
太平洋戦争時に海軍が使用していた、横浜市の日吉に実存する地下壕を改修し、年表に沿って当時の人々の感情を追体験できる戦争博物館を計画している。遺構である地下壕を実際に調査し、地下壕にそもそも備わっていた空間的な特徴を、コンセプトに沿って建築的表現にまで昇華させる力量が評価され、100選（予選通過）となった。

119
安寧乃地
墓地をテーマとし、時間に形を与えることで、人と建築を近づける場を提案している。近年返還された、東京の米軍府中基地跡地に、高さの異なる4種の墓標を用いて、時間とともに人と建築の関係が変化する様を描き出した。造形力と表現力の相まった独自の世界観をまとめ上げたことが評価され、100選（予選通過）となった。

134
不協都市のリハーモナイズ──3つのアプローチにより都市個性を結う音建築の提案
作者が不協和を感じた、神奈川県川崎市の新百合ヶ丘に、自然、都市、芸術をリハーモナイズ（調和）させる文化施設を提案している。都市の持つ風景の文脈はそのままに、その骨格を建築に置き換えることをコンセプトとし、3つの設計手法を用いて設計された空間がどれも魅力的だったため、100選（予選通過）となった。

152
不沈──箱舟が繋ぐ未来
近年の水害の多発に加え、人と水の関係性の希薄化が防災意識の低下を生み出しているとし、雨水が集結する大阪市寝屋川流域の、ある1区画を水上都市にするという計画。日常と災害時とで都市のあり方が変わっていく様を、水位の変化によって魅力的に表現していることと、現実的な検討をしていることが評価され、100選（予選通過）となった。

156
スキマより愛をこめて
古くなるだけで評価が下がってしまう日本の建物の価値基準に疑問を感じ、「記憶の刻まれることこそが建築の良さである」と、人々に認識してもらうため、両者の距離を近づける建築を東京都内の4カ所に計画した。すき間から建築を覗くことで、建築はもとより、その先に都市や自然も感じられることが評価され、100選（予選通過）となった。

169
Remix
建築と映画、それぞれが持つ空間と時間の「かたさ」と「やわらかさ」を掛け合わせることで、新しい空間体験を生み出す提案である。映像を空間に投影することで得られる「やわらかさ」を実空間で実験し、その要素を取り込んだホスピスを静岡県浜松市にきっちりと設計した力量が評価され、100選（予選通過）となった。

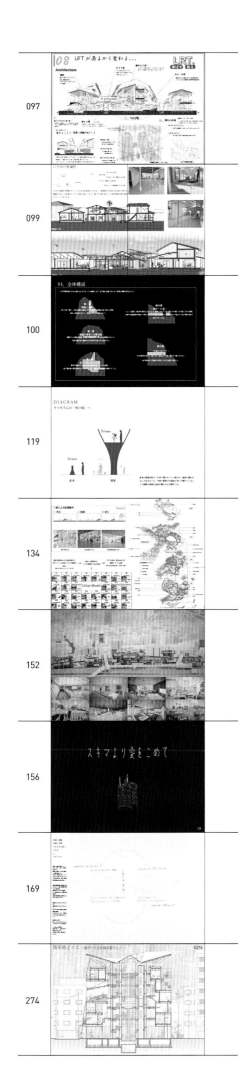

274
雨を紡ぐイエ──雨がつくる多様な暮らし

光や風と同様、自然環境である雨を建築に取り込んだ新たな集合住宅を、東京都墨田区に提案している。雨の挙動と建築部材の関係を研究し、雨を形づくることで、住戸内の距離感や住環境をコントロールしている。晴れの日と雨の日とで違った表情を見せる場面が、現実的で魅力的に描かれていたため、100選（予選通過）となった。

312
「僕」の再読

原風景を過去と今の自分から読み取り、そこから抽出した場の本質を空間化することで、誰もが共有できる「共風景」をつくり出す計画である。作者の故郷である秋田県飯田川町に設計された5つの建築は、実際にその地を見たことのない人々からも共感を得られそうな可能性を秘めているため、100選（予選通過）となった。

334
痕跡への応答──釜石鉱山選鉱場跡地における資料館の提案

岩手県の釜石鉱山跡地に残された、自然と一体化した擁壁に対し、新たな建築を重ねることで、生態系を壊さずに、これからの風景をつくり出そうという計画である。擁壁と斜面を活かし、地面と屋根を操作することで、敷地のもつ歴史の痕跡を浮き上がらせた資料館の建築的魅力が評価され、100選（予選通過）となった。

353
学びの編み場──地域と教育のからみ合う場

里山地域である大阪府能勢町の野間地区全体に、小学校の要素を分散させることで、地域の人々を巻き込んだ教育の場を提案している。地区の特性を読み込んだ上で、主要経路を整理して5つの中心的な建物を設計。それらによる効果を時間軸とともに地区全体へ波及するよう、ていねいに計画したことが評価され、100選（予選通過）となった。

374
無言のまちで綴られたもの──『コロナ禍日記』の建築化

COVID-19による緊急事態宣言がはじめて出された2020年の春。その時に書かれた日記を複数収録した『コロナ禍日記』を読み解き、当時の社会状況は日記の筆者たちに対し、どのような生活を強いたのかを記録する建築を提案している。言葉から空間を建築化し、それを社会に落とし込む力量が評価され、100選（予選通過）となった。

413
生木の風化と循環を体感する──原始の思考と現代の技術で再生する人工林

放置された人工林の増加を解消するため、人と山とを身近にする、森林を可視化した建築を提案している。埼玉県秩父市の住宅地と人工林をつなぐ道を整備し、2つの小屋を設計。林業によって発生する木の切株が、建物の基礎に使えることを実証実験で確認するなど、ていねいなリサーチ能力も評価され、100選（予選通過）となった。

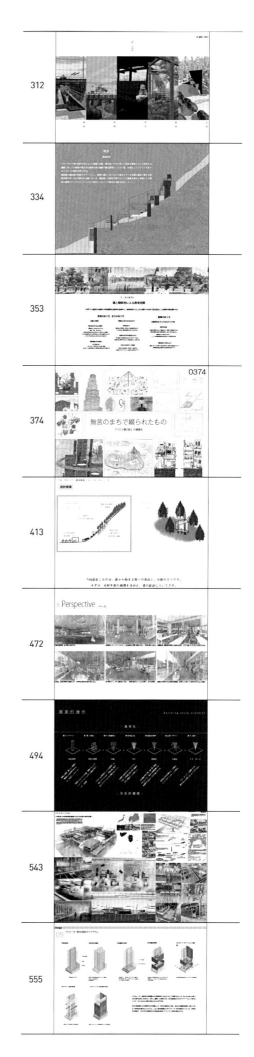

472
小学校5.0──Diversity school構想
子供を取り巻く環境が複雑化する社会において、これからの小学校のあり方と可能性を模索した作品である。京都の市立小学校に図書館の機能を持たせることで、地域の連携を積極的に図り、安全性を確保しながら、子供たちの多様な学びの空間をつくり出している設計能力の高さが評価され、100選(予選通過)となった。

494
Inspire──新都市へ拓く「東京駅・宙口」
空飛ぶ自動車やドローン(無人航空機)の開発が進む近い将来、滑走路を持たない高層型空港建築が点在する、新たな東京像を描いた作品である。東京を形作ってきたレイヤーを抽出、比較、整理することで、都市の記憶装置として「東京駅・宙口」を力強い造形力とともに提案した力量が評価され、100選(予選通過)となった。

543
ラフトターミナル──安芸津での牡蠣供給連鎖における風景の動的再編
後継者不足に陥っている、広島県東広島市安芸津町の牡蠣養殖場を再編成するプロジェクト。海上に建築することで地域住民と海との距離を近づけ、養殖への理解を深めるとともに、観光客と地域住民との接点にもなるという、祝祭性を帯びた計画が魅力的だったため、100選(予選通過)となった。

555
渋谷コモンズタワー──既存超高層ビルのコンバージョン
大規模再開発が今後も進む、東京の渋谷において、超高層建築の抱える「用途の単一化」という問題に対し、ドローンを取り込むことで、既存ビルを多用途建築へとコンバージョン(用途転換)する提案。ペリメータ・ゾーン[*1]にさまざまな要素を増築することで、建て替えずに建築そのもののあり方を変えたことが評価され、100選(予選通過)となった。

編註
*1 ペリメータ・ゾーン:日射や外気温により温度が大きく変化する、建物の窓際や壁際などのエリアのこと。

598
未来へ紡ぐトポフィリア──家島諸島男鹿島採石遺構再生計画
あと40〜50年で採石場の役目を終える、瀬戸内海に浮かぶ、兵庫県の男鹿島。採石という行為によってつくられた人工的な風景を活かした、新たな生業の拠点を計画した。採石遺構を積極的に取り込んだ建築群は、どれもこの島の特徴をていねいに読み込んで設計できている、と評価され100選(予選通過)となった。

599
おきゃくする建築──地方文化を内包した疑似家族による住まい方の提案
血縁関係だけが家族の条件ではない現代において、互いにサポートし合う「疑似家族」という概念をもとに、集まって住むことを改めて考えた作品である。既存の温泉施設のファサード(建物正面の立面)に木造の縁側空間を増築して共用部を拡張し、住民と観光客など、さまざまな世代が交流できる提案は魅力的であり、100選(予選通過)となった。

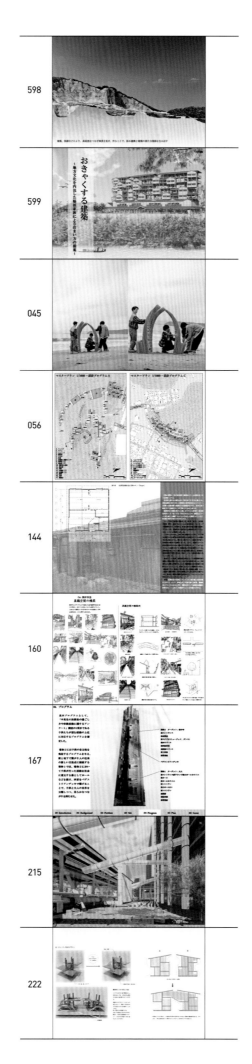

045
切り折り重なり貼り庵
クラフト紙を折り紙のように切り折りし、ハニカム構造(正六角形を組み合わせた断面形状の構造方式)とすることで、軽量でコンパクトな仮設建築を原寸大で提案している。人が乗っても十分な強度を持つベンチと寝椅子をデザインしており、票を集めたが、その形態の可能性の追求が不十分なこと、建築や都市への提案まで達していないことから落選となった。

056
海郷の架け橋──串本町中部地域における避難ネットワーク拠点
南海トラフで発生する巨大地震によって、町自体が消えてしまう可能性のある和歌山県串本町に、人々の安全を確保するための避難ネットワーク拠点を構築する提案である。それぞれの建築は敷地レベルなどを読み込んで設計できていて票を集めたものの、形態を含めた建ち方の検討がもう一歩足りなかったことから落選となった。

144
ブザイ再考──日常の多元的解釈による再構築
「モノ」を多元的に解釈することで、そこには社会的に新たな価値を見出せるのではないか、という提案である。仮設住宅の部材を、日常であたり前に存在している「モノ」と置換し、無秩序な集合をつくり出すという発想には、価値の転換の可能性が感じられて票を集めたが、実際にできた空間の「振舞い」のどこに良さを見出したのか、についての説明がなく、落選となった。

160
貫び舎──地域分散型高等学校による街並みと営みの創出
神奈川県真鶴町は、町内に高校のないこともあり、若者の流出が止まらない状況となっている。その解決策として、真鶴町が持つ美の基準を用いた、地域に分散配置した高校を提案している。真鶴の街並みの調査や、町民への聞き取りをしっかり行なっていることは評価に値し、票を集めたが、でき上がった建築のプラン(平面計画)や建ち方の検討が不十分と判断され、落選となった。

167
キツツキを知らないこどもたち
都市における教育の欠点はつながりの欠如にある、と考えた作者は子供たちに複数の共同体への参加を促し、その受け皿となる居場所を横浜市中区桜木町に計画した。テーマの設定自体は良いため、票を集めた。しかし、図面がなく、表現も足りず、設計した建築は作者の目的を本当に達成できているのか、という点で判断が付かなかったため、落選となった。

215
Post-Slum City──20XX年の新型スラムの建築
インフラによる新たな都市形態の提案
遠い将来、人口減少により東京の高層マンション

群はスラム化する、との考えから、排除するのではなく保存発展させ、新たな都市形態を形成するという提案は新たな視点で、票を集めた。東京の新豊洲、北有明を計画地とし、その様子を描いているが、地下に埋まっているインフラを建築化することに必然性を見出すことができなかったため、落選となった。

222
まちかぞく──コレクティブな暮らしでつくる地域コミュニティのカタチ

今の住宅は他者を招き入れる余地がないため、互いに助け合える住宅地を形成できていない、と考えた作者は、街が1つの家族のように機能する「まちかぞく」を、大阪市東住吉区に提案している。建築と行為がどのようなコミュニケーションを生むか、についての研究が評価され、票を集めたが、地区全体での関係性が描き切れていないため、落選となった。

255
マチに染まる藍のイエ

かつては賑わう宿場町だったが、鉄道や道路の通ったことで衰退した静岡市由比。400年間、藍染を生業としていた歴史的住居を拠点に、水路という新しいインフラを引き込むことで、街に賑わいを取り戻すという提案である。拠点をていねいに設計していることから票を集めたが、それが実現することで街全体がどうなるかまで描けていないため、落選となった。

281
惑星の庭──都市の再野生化によるアンビエンスの知覚

動物としての人間を取り戻すべく、都市の再野生化を図った提案である。東京の渋谷を巨大な植木鉢ととらえ、動植物のためのインフラを点在させ、人間中心主義を打破しようとしているコンセプトが評価され、票を集めた。しかし、個々の建築は設計されているものの、「それらが都市にどのような影響を及ぼすのか」という、一番大事なところが描けていないため、落選となった。

313
圏外建築──監視権力からの解放

社会のデジタル化により、監視の危険性が増大している現代において、監視する権力から人々を解放する場として、電波を反射する圏外空間を東京の渋谷につくり出す計画である。テーマのユニークさから票を集めた。しかし、アイロニカル(皮肉)なテーマをそのまま造形として建ち上げているだけで、建物のプログラムのあり方など、具体的な検討まで踏み込めていないため、落選となった。

325
地跡を縫う──忘れられゆく風景を再編集するフィールドキャンパス

衰退していく山間地域と、均質に広がる都市との境界にある京都市の八瀬。2つの駅をつなぐ道を空間化することで、溜まりと流れとをつくり出し、忘れられゆく風景を顕在化させ、かつての光景に出合える場を提案している。描かれたプラン(平面計画)は魅力的で票を集めたが、建物の地形とのなじませ方や、風景としての建ち方については検討が不十分と判断され、落選となった。

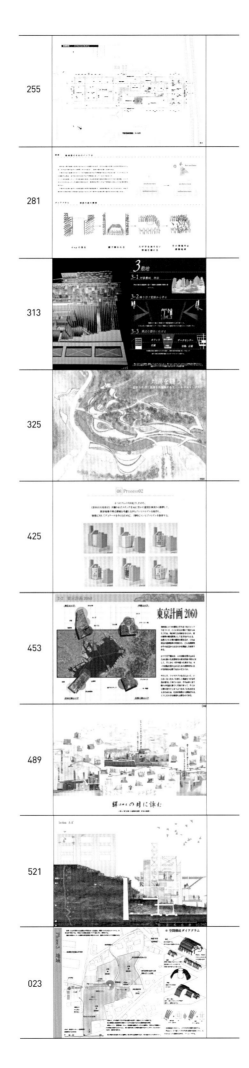

255
281
313
325
425
453
489
521
023

425
都市ガ侵略サレタトセヨ.──偏執狂的=習合的手法(パラノイア・シンクレティズム)

不可避な争いと不条理な社会において、建築を設計することを突き詰めた作品である。複数の設計者が、それぞれ建築を設計することで、立場や解釈の差異により表現されたものの間にズレの生じる現象を考察している。知的で、とてもおもしろい提案で票を集めたが、選択した建築の設定がテーマとうまく合っていないのではないか、という判断により落選となった。

453
芥建築──廃棄物転生の東京計画2060

廃棄物を資源として転用し、それで建築を作る未来を描いた作品である。廃棄物の持つ特性を再解釈しながら、1つの住宅を東京都内の住宅地に設計した。この廃棄物を再利用したシステムが都市に及ぼす影響まで言及しており、票を集めたものの、建築的な検討や表現が足りていないため、現実味を帯びた提案になっておらず、落選となった。

489
驛の月に詠む──百人一首を用いた感性的空間・手法の提案

百人一首の情緒性を用い、人間の感性に訴えかける空間を生み出すという、提案のユニークさから票を集めた。人間の自然に対する感性を取り戻し、豊かな人間の暮らしが得られるよう、東京を走る東急世田谷線の3つの駅に、百人一首から抽出したフォリー(構築物)を組み合わせた建築を設置しているが、空間が過剰気味のため、逆に情緒を削がれるのではないか、との判断から落選となった。

521
東京崖縁切開

東京都文京区の土砂災害特別警戒区域に指定された銭湯跡地である崖を、公共空間として積極的に活用、保存していく計画である。崖によって分断されていた街を、立体緑道や水路を通すことで連続的な関係にすることを実現できているため、票を集めたが、土留めとしての構造物の設計に現実味を感じられなかったため、落選となった。

少得票(2票)で予選未通過だが、
最後までボーダーライン上に残る
1作品
・
・
・

023
牛舎が繋ぐ地域の和──信濃町振興計画

長野県信濃町のアイデンティティ(主要な要素)である「ギャンブレル牛舎」を再活用した、信濃町独自の振興計画を提案している。牛舎を、人々が信濃町と関わるきっかけとなる交流拠点施設に改修し、「観光」「移住」「地域」の3つのフェーズを段階的に踏む再生手法は評価に値する。それぞれのフェーズで設計された建築はどれも魅力的で、そこで行なわれる活動の様子もていねいに表現されていた。審査員一同、最後まで100選(予選通過)に入れたがったが、この代わりに落選させる作品を見つけることができず、泣く泣く101位となった。

01
個別審査投票、
02
10選選出審査

2023.03.04.PM
仙台フォーラス
7・8階

Semi-Final Round
セミファイナル

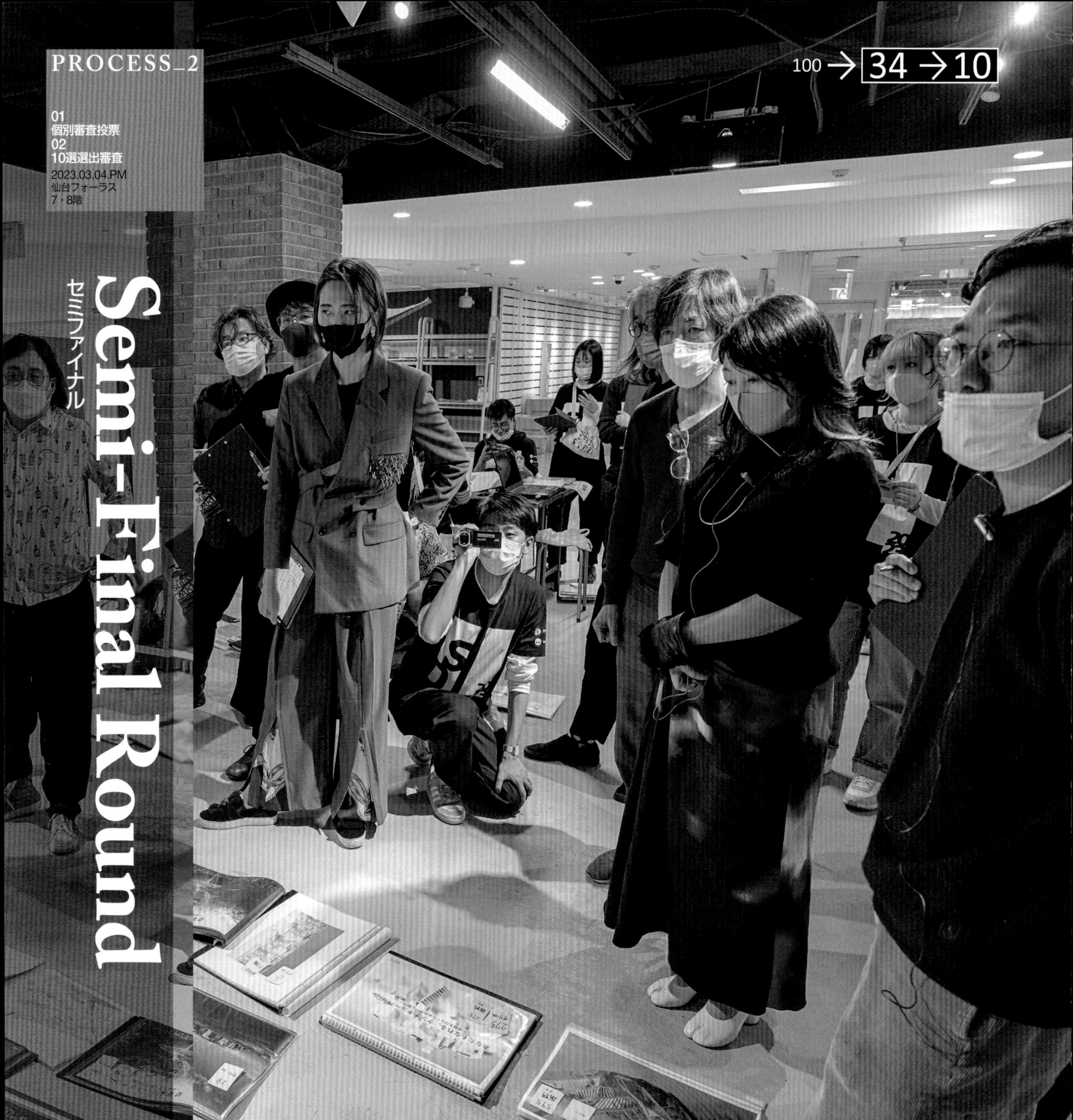

セミファイナル審査員
塚本 由晴（審査員長）、岩瀬 諒子、
藤野 高志、サリー 楓、川勝 真一

[01_個別審査投票]
アテンド：五十嵐 太郎、市川 紘司、
小野田 泰明、齋藤 和哉、佐藤 充、
恒松 良純、友渕 貴之、濱 定史、
本江 正茂

[02_10選選出審査]
司会：齋藤 和哉、濱 定史
コメンテータ：五十嵐 太郎、市川 紘司、
小野田 泰明、佐藤 充、友渕 貴之、
本江 正茂

セミファイナルの審査では、翌日のファイナル（公開審査）のステージに立つファイナリスト10組（10選）を選ぶ。今年は、せんだいメディアテーク（以下、smt）で出展作品を展示できなかったため、出展作品の展示とセミファイナルの審査を別会場（仙台フォーラス　7・8階）に移すことになり、SDL史上初、smt以外で展覧会を催す、2会場での開催となった。
展覧会はスペースの都合で、SDL2021と同様に展示を100選に絞って実施、セミファイナルも2段階で審査された。出展作品は、審査に影響を与えないよう出展者の氏名と学校名は伏せて展示された。審査員には事前に、インターネットのクラウド・サービスを利用して、予選通過作品（100選）の電子データに目を通すよう依頼していた。
まず、「01_個別審査投票」では、アテンドを務めるアドバイザリーボード（1〜2人）の案内により、5人の審査員は個別に、決められた順路で展覧会場内を巡ってそれぞれ10作品を選び、その中で特に強く推す3作品（3点票）と、推す7作品（1点票）に分けた。
続いて、全審査員が、投票集計結果を参考に、得票した34作品を審査対象として審議する「02_10選選出審査」。床に並んだポートフォリオを囲み、司会が話題に上った作品のポートフォリオを審査員たちに見せながら審査の進む様子は、市場のセリを思わせることから、「セリ」と呼ばれてきた。
今年は、扱う主題や設計手法、視点など、多彩な特徴をもつ作品群とすることに比重が置かれ、ファイナリスト10作品が選出された。

Drawings and models by the exhibitors.
Photos except as noted by Toru Ito, Izuru Echigoya.

表1　セミファイナル投票集計結果とファイナリスト選出結果

合計点	ID	氏名	学校名	作品名	塚本	岩瀬	藤野	サリー	川勝	順位
9	568	河本 一樹	芝浦工業大学	中心について	3	0	3	3	0	1
6	113	平松 那奈子	京都大学	元町オリフィス	0	3	0	3	0	2
6	241	奥田 涼太郎	武蔵野美術大学	海への「おくりもの」	0	3	0	0	3	2
4	187	若井 咲樹	京都大学	ヴィーナスに棲まう	0	0	1	0	3	4
4	296	荒牧 甲登	工学院大学	辿り着かない少女	0	1	3	0	0	4
4	365	石川 航士朗 / 糸賀 大介 / 大竹 平雅	早稲田大学	生活景の結い	0	0	0	1	3	4
3	028	北野 湧也	京都工芸繊維大学	雪の生きる場所	0	0	0	3	0	7
3	080	中山 亘	九州大学	落語建築	0	3	0	0	0	7
3	260	柴田 達乃助 / 山崎 麗 / 村上 きこ	早稲田大学	サンゴヤマ計画	3	0	0	0	0	7
3	286	川岸 美伊	東京理科大学	私の弔われかた	3	0	0	0	0	7
3	494	渡邊 純平	日本大学	Inspire	0	0	3	0	0	7
3	501	大岩 樹生	法政大学	都市の再生速度	1	1	1	0	0	7
2	006	村井 琴音	京都芸術大学	Leaving traces of their reverb	0	0	0	1	1	13
2	097	古川 翔	九州大学	まちをまちあい室に	0	0	1	1	0	13
2	275	林 飛良	長岡造形大学	ケンチCube: あなたもなれる、ケンチキューバーに。	0	0	1	1	0	13
2	336	番屋 愛香里	大同大学	しあわせな家族の解体方法	0	0	1	0	1	13
2	386	芝 麻由香 / 林 泰地 / 竹田 雄紀	早稲田大学	涵養（かんよう）する邑（むら）	0	0	1	0	1	13
2	490	土居 亮太	明治大学	建築家のパラドクス	0	0	0	1	1	13
2	595	並木 佑麿	芝浦工業大学	電脳極界試論	1	0	1	0	0	13
1	014	杉原 康太	大阪産業大学	OBJECT ZEROING	0	0	0	1	0	20
1	027	吉田 周和	東京理科大学	外濠で満ちて	1	0	0	0	0	20
1	099	小師 大輝	東海大学	不完全集落	0	1	0	0	0	20
1	101	宮地 凌央	武蔵野美術大学	表層の中の道標	1	0	0	0	0	20
1	134	都丸 優也	東海大学	不協和市のリハーモナイズ	1	0	0	0	0	20
1	165	葛谷 寧鵬	滋賀県立大学	景の庭	0	0	1	0	0	20
1	168	平野 和代	慶應義塾大学	都市の第8チャクラ	0	1	0	0	0	20
1	190	川口 颯汰	京都精華大学	大地を育む	0	1	0	0	0	20
1	353	平岡 丈	京都大学	学びの編み環	0	1	0	0	0	20
1	414	川本 航佑	工学院大学	MADE IN HONG KONG	1	0	0	0	0	20
1	418	小玉 京佳	広島工業大学	帰路と旅路のシナリオ	1	0	0	0	0	20
1	427	工藤 楽香	慶應義塾大学	紙影—shiei	0	0	0	0	1	20
1	503	梅澤 遥紀	神奈川大学	一休集伝器	0	0	0	1	0	20
1	515	北林 栞	工学院大学	混色する小さなかい	0	0	0	1	0	20
1	550	池田 穂香	近畿大学	ついぎのすみか	0	0	0	1	0	20
0	002	戸田 巽	東北芸術工科大学	積層する許容と記憶	0	0	0	0	0	35
0	007	大竹 平	京都大学	花渡百貨小路	0	0	0	0	0	35
0	013	飯田 竜太朗	島根大学	潟湖の建築	0	0	0	0	0	35
0	017	矢野 泉和	熊本大学	路上都市アルカディア	0	0	0	0	0	35
0	019	船越 卓	京都工芸繊維大学	Solar Ark Housing Project	0	0	0	0	0	35
0	020	酒井 良多	京都大学	あたらしい遺跡	0	0	0	0	0	35
0	021	千葉 祐希	京都大学	その鉄が映すもの	0	0	0	0	0	35
0	032	岩崎 維斗	信州大学	「共有」から紐解く集合住宅の再編	0	0	0	0	0	35
0	035	青山 健生	大阪工業大学	下町共進化	0	0	0	0	0	35
0	043	鈴木 貴緒子	芝浦工業大学	OVER WRAPPED CITY	0	0	0	0	0	35
0	052	宮崎 博志	慶應義塾大学	蘇生橋	0	0	0	0	0	35
0	054	白川 英康	近畿大学	現代山岳修験道	0	0	0	0	0	35
0	067	本多 響	日本大学	興味本位（はいかい）	0	0	0	0	0	35
0	068	小川 隆成	東京理科大学	揺らぎの中で無限を謳う	0	0	0	0	0	35
0	071	松本 茜	日本女子大学	都市のゲシュタルト崩壊と構築	0	0	0	0	0	35
0	073	酒見 助	京都工芸繊維大学	大地と植物と建築と	0	0	0	0	0	35
0	081	渡邊 末悠	東京理科大学	高層性の再考	0	0	0	0	0	35
0	084	松野 駿平	日本大学	被斜体	0	0	0	0	0	35
0	098	植松 駿	関東学院大学	個家の絡まり	0	0	0	0	0	35
0	100	楊井 愛唯	日本大学	日吉台地下壕博物館	0	0	0	0	0	35
0	106	宮原 すみれ	東京理科大学	延命計画109	0	0	0	0	0	35
0	108	杉山 太一 / 梶谷 菜々美 / 宮下 敬伍	早稲田大学	奥を引き出す	0	0	0	0	0	35
0	119	相原 健都	日本大学	安寧乃地	0	0	0	0	0	35
0	124	須藤 寛天	東北工業大学	あかるい関係	0	0	0	0	0	35
0	130	針生 智也	金沢工業大学	映画的建築術	0	0	0	0	0	35
0	136	岡野 麦穂	東京理科大学	交錯するユビキタス	0	0	0	0	0	35
0	148	田内 丈登	大阪大学	富嶽反転	0	0	0	0	0	35
0	151	漆畑 昂明	明治大学	カラス人間存在論	0	0	0	0	0	35
0	152	奥井 温大	大阪工業大学	不沈	0	0	0	0	0	35
0	153	寺山 宇洋	関東学院大学	継ぎ描く暮らしの表象	0	0	0	0	0	35
0	154	三木 竣平	大阪工業大学	つなぐ障壁	0	0	0	0	0	35
0	156	楠本 まこと	東京理科大学	スキマより愛をこめて	0	0	0	0	0	35
0	169	大橋 真色	明治大学	Remix	0	0	0	0	0	35
0	189	鷲森 拓夢	明治大学	新東京中華街構想	0	0	0	0	0	35
0	196	小瀬木 駿	法政大学	神居、堰里に灯る	0	0	0	0	0	35
0	201	田中 栄治	明星大学	Idea Repository	0	0	0	0	0	35
0	209	關戸 麻結	芝浦工業大学	MARNI@Tokyo.	0	0	0	0	0	35
0	210	三谷 翼空	日本大学	噴火と住まう	0	0	0	0	0	35
0	223	名雪 佑	工学院大学	屈性式洞窟住居	0	0	0	0	0	35
0	233	市花 恵麻	明治大学	料理的建築	0	0	0	0	0	35
0	236	井筒 悠斗	芝浦工業大学	まちを紡ぐ／織り込まれる	0	0	0	0	0	35
0	237	佐藤 直喜	名古屋工業大学	山を建てる	0	0	0	0	0	35
0	243	森本 爽平	法政大学	誰が為の熱櫓	0	0	0	0	0	35
0	274	金澤 紗弥	茨城大学	雨を紡ぐイエ	0	0	0	0	0	35
0	276	大橋 萌子	芝浦工業大学	記憶のかけらを拾い集めて	0	0	0	0	0	35
0	300	江尻 龍馬 / 伊藤 真優 / 小林 明日香	早稲田大学	渋谷百年大斜面計画	0	0	0	0	0	35
0	308	伊藤 那央也	武蔵野美術大学	実存のバベル	0	0	0	0	0	35
0	311	越智 恒成	金沢工業大学	宿泊の住感覚	0	0	0	0	0	35
0	312	半田 海斗	金沢工業大学	「僕」の再読	0	0	0	0	0	35
0	315	櫻井 詞音	長岡造形大学	拝啓 祈りの言葉、あなたに届けます。	0	0	0	0	0	35
0	333	久久保 芽依	名古屋工業大学	まちと山のあいおい	0	0	0	0	0	35
0	334	阿部 泰征	工学院大学	軌跡への応答	0	0	0	0	0	35
0	359	伊藤 幹也	日本大学	治さぬ療法	0	0	0	0	0	35
0	363	大槻 瑞巴	日本大学	Case-α「生々流転」	0	0	0	0	0	35
0	366	三井田 絵埋香	日本女子大学	無言のまちで綴られたもの	0	0	0	0	0	35
0	374	佐野 桃子	関西学院大学	無言のまちで綴られたもの	0	0	0	0	0	35
0	413	平原 朱莉	日本女子大学	生木の風化と循環を体感する	0	0	0	0	0	35
0	435	土居 将洋	東京理科大学	音像の採譜	0	0	0	0	0	35
0	446	佐藤 奈々恵 / 牧野 優希 / 伊藤 光乃	早稲田大学	継承する境	0	0	0	0	0	35
0	457	片岡 俊太	日本工業大学	時を超えた大地の護り場	0	0	0	0	0	35
0	468	三浦 昂太	神奈川大学	自他の葺き替え	0	0	0	0	0	35
0	472	荒島 淳二	京都芸術大学	小学校5.0	0	0	0	0	0	35
0	543	一原 林平	近畿大学	ラフトターミナル	0	0	0	0	0	35
0	555	岩﨑 航	芝浦工業大学	渋谷コモンズタワー	0	0	0	0	0	35
0	598	菱川 陽香	武庫川女子大学	未来へ紡ぐトポフィリア	0	0	0	0	0	35
0	599	片岡 晃太朗	岡山理科大学	おきゃくする建築	0	0	0	0	0	35
				合計選出作品数	10	10	10	10	10	

凡例:
ID = SDL2023応募登録時に発行された出展ID番号。下3桁表示。
　= セミファイナル「01_個別審査投票」で得票（「02_10選出審査」の対象）。
　= セミファイナル「02_10選出審査」でFinalist選出のための議論の対象。
　= セミファイナル「02_10選出審査」で選出されたファイナリスト（10選）。
　= ファイナリストの補欠。数字は補欠の順番。
審査員欄の　3 = 強く推す作品：3得点
　　　　　　　1 = 推す作品：1得点

＊審査員は、セミファイナルの「01_個別審査投票」で各10作品を選出し、強く推す3作品（3点票）と、推す7作品（1点票）に分けた。
＊表は「強く推す作品」として選出した審査員の人数が多い順、得点順、ID順に掲載。
＊セミファイナルの「01_個別審査投票」で得票した34作品を対象に、「02_10選出審査」でファイナリスト10作品と補欠3作品を選出した。
＊表中の作品名はサブタイトルを省略。

＊文中の[　　]内の3桁数字は出展作品のID番号。　＊アドバイザリーボード：本書5ページ編註1参照。　＊学生会議：本書5ページ編註2参照。
＊smt=せんだいメディアテーク。　＊SDL=せんだいデザインリーグ　卒業設計日本一決定戦。
＊セミファイナルの審査対象として、展覧会場で展示された[019][068][080][113][124][165][286][418][435][550]のパネルとポートフォリオは、予選で審査した電子データから掲載図面などが大幅に改変され、大会規約違反に該当していたが、「01_個別審査投票」では、10作品すべてが審査対象となった。
続く「02_10選出審査」では、「01_個別審査投票」で得票した[080][113][165][286][418][550]を、大会規約に則して審査対象外にすべきか、審査員に最終判断を仰いだ結果、審査対象外とはしないものの、規約違反に留意した上で審査することとなった。なお、パネルとポートフォリオの違反箇所には赤付箋（図版追加などの大幅な改変）と黄付箋（配置変更などの軽微な改変）を貼り、規約違反の作品であることを示した。

塚本 由晴

*文中の[　]内の3桁数字は
出展作品のID番号。

社会の外側にあるリアリティの描写

佐藤 充

塚本由晴審査員長は、展覧会場内に展示した作品を巡回し、他の審査員よりも時間をかけてじっくりと、予選通過100作品（100選）のポートフォリオに目を通した上で、まず、評価の高い順に「○」「△」「×」の3段階で評価した。その際、明確な判断基準を示すことなく、ただ、ただ、評価を口にするのみである。

審査をひととおり終え、12作品[013][027][101][134][260][286][374][414][418][501][568][595]を「○」、10作品[081][151][210][241][333][365][413][446][503][515]を「△」と評価した。その後、もう一巡し、評価から漏れた作品がないか、また「△」から繰り上げ「○」となる作品がないか、などを確認しながら、セミファイナル「02_10選出審査」に推す10作品に絞り、さらに、その中で強く推す3作品を選出した。

強く推す3作品は、サンゴ石の保管場所をつくることで石積みの文化を継承する[260]、私小説から自身の死と向き合い、弔われる場を設計した[286]、かつて天下普請によって造営された皇居を反転させ、人々の「対自」（自己の認知）を導出する空間にする[568]である。そして、選出した残りの7作品は、[027][101][134][414][418][501][595]である（本書41ページ表1参照）。

最初に「○」と評価した12作品の中で、[013]は、「魅力的な建築であるが、生態学的な問題が解けているか不明」、[374]は、「抽象的な内容であり、形態を導き出すプロセスが示されていない」という点で、惜しくも選出された10作品に残らなかった。

審査を終え、塚本審査員長に評価のポイントを尋ねると「わからない……。あえて言うなら、『描けていること』」と語っていた。私にとって憧憬の建築家である塚本審査員長のこの言葉の推論を記述することは憚られるのだが、あえて記すとすれば、「描けていること」とは、そのものの背景を熟知し、高い解像度によって社会を好転する未来をアウトプット（建築という最終形として描写）していることのように思う。

塚本審査員長は、審査中に「本当にこのようなことはあり得るのか？」という言葉をたびたび発している。背後に綿密なリサーチがあったとしても、最終的なアウトプットが「ひらめきによる一発勝負に賭けた場当たり的なアイディア」で、作者に都合のいい内省的なイメージに陥りがちな出展作品が多い中、役目を果たしたサンゴ石を廃棄物ではなく、資材として保管する[260]、多死社会に問題を投じ、生と死の間を設計した[286]、皇居を反転させ「対自」を導出する[568]、水質を維持するための濾過装置としての建築[027]、第二次産業のフロー（作業工程）を建築化した[101]、政治的抑圧に抗い、生活者のアイデンティティ（自己同一性）を獲得する建築行為[414]、瀬戸内の視点場*1を設計した[418]など、社会の外側にあるリアリティ（現実性）の片鱗が内在する作品を評価していたように思う。

編註
*1　視点場：本書14ページ編註2参照。

100 → 10

審査員：塚本 由晴
アテンド：小野田 泰明、佐藤 充
（アドバイザリーボード、予選審査員）

286

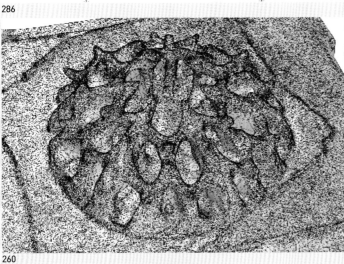

260

568

027

101

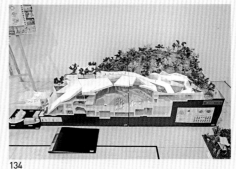

134

414

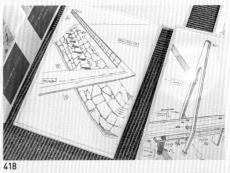

418

501

595

岩瀬 諒子

*文中の[ ]内の3桁数字は
出展作品のID番号。

審査経過

自然の力、時間の経過

五十嵐 太郎

岩瀬諒子審査員は、予選通過100作品(100選)の展示された「仙台フォーラス」の会場を、まずじっくりと回り、2巡めで選出する10作品を確定した。

最終的に、選出作品の中から強く推す3作品として、「笑い」をモチーフにしつつ、よくある問題解決型ではない造形を提示した[080]、神戸市元町の商店街のリサーチから「オリフィス*1」という空間単位を抽出した[113]、そして、ダムの置き土による土木計画的なランドスケープ(景観)の形成を提案した[241]が選ばれた。残りの選出作品は、[097][099][168][190][296][353][501]の7つである(本書41ページ表1参照)。[097]は、駅に新しい機能をただ付加するのではなく、線路まで変えたこと、[099]は、住宅地の建築の境界を組み替えたこと、[501]は、東京駅を劇場的な空間に読み替えたことを、それぞれ積極的に評価していた。

[168]には、都市の遊休地の暫定利用とそのネットワーク化に共感しつつ、「樹木はもっと良い選び方があるのではないか」とコメントしていた。[353]では、分散型の小学校の時間割まで詳細に設定したことに触れていた。

また、自然の力によって空間が生まれる作品に関心をもち、風による砂の動きを実験したり、シミュレーションを行ない、砂丘を敷地とした[190]を選んでいる(実はこれと同じ視点から、火山の噴火を前提としている[210]と比べ、どちらを選ぶか、最後まで迷っていた)。[296]については、都市を自由に動いているようで、実はコントロールされている、という批評性に注目している。これらの案に共通しているのは、変化やプログラムなど、時間の要素かもしれない。

他に、岩瀬審査員が興味を示し、選出のボーダーラインとなりながら、選ばれなかった作品をいくつか列挙しよう。

外濠を浄化して水辺の空間をつくる[027]、巨大な橋梁に対して木造アーチ橋を加えることで、歩行と滞在の空間を付与する[052]、高架の高速道路と立体的に絡む現代美術館の[071]、試着空間を内包するエレベータが林立する[209]、釜石鉱山跡地の擁壁を題材とした[334]などである。

そして、1巡めの審査において、一応、リマインドとして「△」(保留)のチェックが入った作品は、[007][013][043][068][130][154][169][233][237][260][333][374][418][435][494][568]などである。

やはり、岩瀬審査員は、自分の専門である土木分野やランドスケープ的な視点をもつ作品をていねいにチェックしていたが、かと言って、単純にそれらが有利になるわけではなく、よく知っている分野だからこそ、ダメな部分も気になり、厳しく評価する場面が見受けられた。また、出展作品の全体的な傾向として、産業系、ネットワーク系が多いことも、審査中に指摘している。

なお、作品にダメ出しをする際は、「能天気」という言葉を多用していた。思うに、その言葉を口にするのは、本来は複雑な状況に対し、あまりにシンプルな方法によるデザインで対応している場合だろう。たとえば、自らも仕事で関わっているのと同じ敷地の作品があり、それが一方な見方しかしていないことに違和感を表明していた。

編註
*1 オリフィス:本書22ページ編註4参照。

100 → 10

審査員:岩瀬 諒子
アテンド:五十嵐 太郎
(アドバイザリーボード)
濱 定史(アドバイザリーボード、予選コメンテータ)

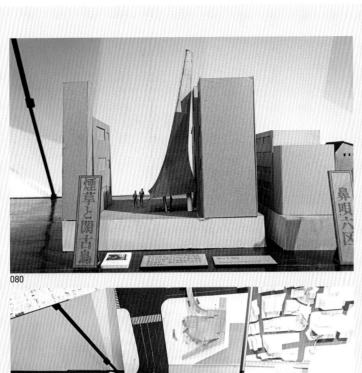

080

113

097

099

353

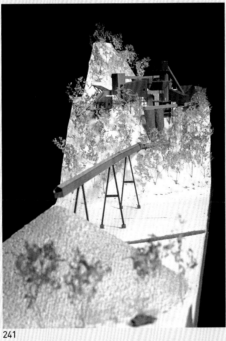

241

168

大地を育む

砂丘の環境（風・砂・水）と過ごす生き物（植物・動物・人）が作り出す新しい風景

私の生まれ育った鳥取砂丘の大地、砂丘には様々な生命が宿る。そのような砂丘の生命を全て受け入れた砂丘の在り方を考える。

砂丘は地域植林状が続けてきたことで肥料耗で植林地で区切られ、非日常の親愛空間としての砂丘のような大地が広がる。しかしそこには様々な生命が宿る大地である。荒れた植林地に砂丘に隣接する全ての生命（砂・風・水・植物・動物・人）が時間をかけながら大地を作り出す。その場所は荒れ果てた大地から地域住民が砂丘の生命と共に育てていく日常の大地へと変わり、砂丘が家に成長しているよりにこの大地も変わり続ける。その大地を人の望みが美しく保ち、砂丘の生命全てが共存した風景を設望する。

0190

190

296

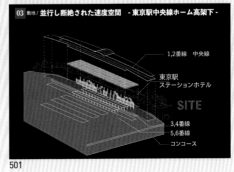

03 敷地／ **並行し断絶された速度空間** - 東京駅中央線ホーム高架下 -

1,2番線　中央線

東京駅
ステーションホテル

SITE

3,4番線
5,6番線
コンコース

501

藤野 高志

*文中の[　　]内の3桁数字は
出展作品のID番号。

PROCESS | Semi-Final Round | 写真＝堀田貞雄記念

審査経過

完成度と将来への問題意識

恒松 良純

藤野高志審査員は、はじめに予選通過100作品（100選）を展示した会場内を巡回して全体を概観し、気になった作品を確認した後、選出する10作品を絞り込むことにして、審査を開始した。

1巡めで、「話を聞いてみたい」として[494]を選出する10作品に確定し、その他に47作品を選出候補とした。絞り込む上でのポイントでは、「設計者が設定したテーマについて、何を批評したいのか」「現実の中で見出すことができた問題点は何か」「そこから期待できることが提案されているか」などに注視していた。模型については、「全体を理解する上で重要な要素」として、評価に加味していた。また、「自然に関わる要素をテーマにしているものが多いのではないか」などと、作品の時代性とテーマ設定に興味を持って審査に当たっていた。テーマの似ている作品群については、どちらがより熟慮できているか、という点をていねいに比較しながら、評価していた。

コメントがあったのは、[274]への「水というテーマには興味を引かれるが、純粋な部分だけではなく、実際の『汚れ』など、水を用いた際に現実的に発生すると予想される問題についての言及がほしい」、[490]への「ストーリーは魅力的だが、でき上がった建築におもしろさがあるのか、懸念を抱いた」など。このように、選出されるにはテーマの魅力と、提案された空間に期待できる効果などが必要だった。

2巡めの終わった段階で、[165][187][275][296][336][494][501][568][595]の9作品が選出された。最後に、いくつかの作品を見直した後、[386]を追加し、10作品が揃った（本書41ページ表1参照）。

選出候補となりながらも、落選した[052]には「橋梁を手当てすることで何が得られるのか、なぜ、補強してまでデザインする必要があったのか、などを読み取れなかった」、[168]には「期待できる効果は明解で、提案内容はわかりやすいが、わかりやすさ故に、作品の奥深さという面では、物足りない」とコメントしている。

選出した10作品はどれも、テーマ設定、問題や課題に対する批評性について議論できる、と藤野審査員が評価したものである。そして、この中で強く推す3作品は、1巡めに確定した[494]、2巡めに確定した[296][568]とした（本書41ページ表1参照）。

予選通過100作品（100選）全体への評価として、藤野審査員は「どの作品も問題意識が似ているように感じた」と話していた。会場を巡回している間も、多数の作品に共通するテーマとして、「産業遺構」「残土」「廃墟」など、いくつかの具体的なキーワードを指摘していた。それ故、最終的に空間の形やフォルム（造形）といった面で、建築としての完成度が高いこと、提案の中に将来への問題意識を感じられることが、選出の決定要因となった。

藤野審査員の選出した10作品は、他の作品との差異や個別性が際立っている。内容がわかりやすく、ある程度の完成度を達成していても、その先への問題意識や、建築が周辺に与える影響など、時間の経過を考慮していない作品は、選外になった。

100 → 10

審査員：藤野 高志
アテンド：恒松 良純、本江 正茂
（アドバイザリーボード、予選審査員）

296

光の正体はやはり窓から差し込む太陽の光であったが、外を見たかったセルヴァッジャは歩
しがっかりした。一階は大きな窓とその外縁にスロープ、そしてルーバーのような外皮によっ
て構成されていたために通風に色を見るこが出来なかった。しかし外縁の外皮をよく見る
と建物の中心いくにつれてねじれており、景色が見えやすく室内のスロープに遷んだ。
づいたセルヴァッジャは、窓に沿って陵い室内のスロープに遷んだ。

機
機 機 機
登
機 機
機

分析 消費という檻に囲まれた社会
第四回

建築内側の道を内向きさせたスロープは
人間を空間に誘導し、内側の屋を認識
させない。

スロープは建物の内側の内側に沿って緒相が湾曲していた。少し不思議であったが外の景色に夢
中で意匠を歩いていたていたあまり関係はなかった。「あれはまだそんなに高くないのね。十階ぐ
らいかと思ったのだけれど地下鉄からきたからさいね。結局地上までいて高すぎていると思ったわ」

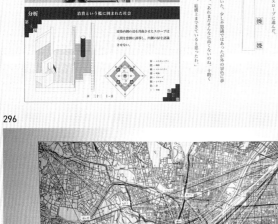

494

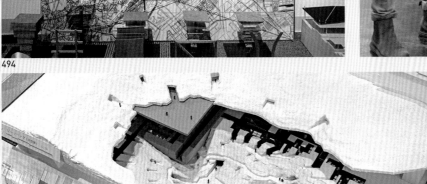

568

05 全体計画 / 日常の向こうに演劇 / 演劇の向こうに日常

501

187

336

275

165

386

595

サリー 楓

*文中の[　]内の3桁数字は
出展作品のID番号。

審査経過

建築文化を拡げる思考、方法、設計

友渕 貴之

今年は、例年使用しているせんだいメディアテーク(smt)の展示会場が改修工事を行なっている関係で、出展作品の展示は別会場となった。今回の会場は、展示できる作品数に限りがあったため、予選審査で選出された100作品(100選)のみが展示され、セミファイナルの「01_個別審査投票」で、5人の審査員は、その中から評価する10作品をそれぞれ選出することとなった。

サリー楓審査員は、事前に100作品のポートフォリオに目を通しており、すでにめぼしい作品を頭に入れた状態での審査となった。そして、卒業設計として学生自ら掲げた問いに対して、選択した方法と最終的なアウトプット(設計した作品など)に至る連続性を大事にしつつ、広い視野で、建築の持つ可能性を拡張する可能性を秘めた作品をていねいに拾い上げていた。

10作品を選出するにあたって、サリー審査員は、作品を「選出候補」「保留」「落選」の3種類に分けながら審査を進めていった。1巡めで[014][028][113][275][365][427][490][550][568]の9作品を「選出候補」とし、[006][101][169][190][276][374][555]の7作品を「保留」とした。

「選出候補」9作品について、評価された要点は以下のとおりである。

[014]は、テクノロジーを活用して設計手法の中に意図的にバグを組み込むことで、新たな可能性を提示しようとする点。[028]は、積雪を建築工法のプロセスに組み込むことで、新たな造形を生み出している点。[113]は、都市を読み解き、その真髄を空間として還元する新たな方法論を提示している点。[275]は、建築のおもしろさを、建築を学んでいない人にも伝えて、広げようとする姿勢がすばらしく、方法としても可能性の感じられる点。[365]は、人が集積する要素を積層させていくことによって生じる計画のおもしろさと総合力の高さ。[427]は、建築を専門とすることで得た知識や技術を、プロダクト作品へと展開している点。[490]は、自らの設計作品を空想上の建築家による作品と見立てることで、プレゼンテーション(表現)の新たな可能性を示した点。[550]は、生き物と人、物と自然を等価に扱うことで、新たな設計手法を見出そうとする思考に興味をもったこと。[568]は、卒業設計ならではの土地の選定と、強い「場所性」をもつ敷地だからこそ、描き出せる「問いに対する膨大な試行錯誤」が感じられた点。

2巡めで、まず「選出候補」9作品を選出作品として決定し、「保留」7作品から[006]を追加で選出。これにより、選出10作品が確定した。なお、[006]の選出には、ウクライナにおける戦争被害を発端とし、人々の記憶が集積した施設の復元を通じて、建築物が持つ意味を問うているように感じられた点を評価するとともに、[490]との比較によって、建築作品を批評的にとらえた議論ができるのではないか、との狙いがあった。

なお、選出10作品の中から、特に推す作品として[028][113][568]の3作品が選ばれた(本書41ページ表1参照)。

惜しくも落選した作品について、サリー審査員から以下のコメントがあった。

[101]は、思考や手法は興味深いが、最終的な作品としては「美しい」だけに留まってしまった。[169]は、設計段階から映像を組み込むことの可能性については興味深かったものの、結果としては、単なる映像を照射する器である以上に、新しい発見がなかった。[190]は、砂丘を題材に新たな空間創出を試みている点はおもしろいが、流動的なものを扱う視点が定まっていなかった。[276]は、記憶という題材は興味深いが、手法や最終的な提案に、新たな発見がなかった。[374]は、コロナ禍(COVID-19)を経たことによって生み出された、新たな設計手法であることは認められるが、現代社会を問うほどの鋭さは見られなかった。[555]は、高層ビルを、新たな機能をもつ建築へとコンバージョン(用途転換)することによって得られる、新しいビルディング・タイプ(建物類型)の提示を試みた点は評価しつつも、議論を展開するほどの問いや発見は提示されていなかった。

100 → ☐ 10

審査員：サリー 楓
アテンド：齋藤 和哉
(アドバイザリーボード、予選審査員)
友渕 貴之
(アドバイザリーボード)

028

568

365

113

275

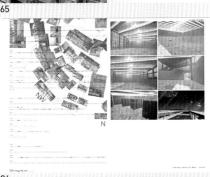

006

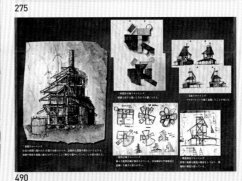

490

New Kanamono Archive

Miki City, Hyogo

014

427

550

川勝 真一

*文中の[　]内の3桁数字は
出展作品のID番号。

審査経過

デザインの「切実さ」を求めて

市川 紘司

川勝真一審査員は、2008年に「建築の居場所(Architectural Domain)をリサーチ」する独立組織「RAD(Research for Architectual Domain)」を立ち上げて以降、展覧会のキュレーションやリサーチ・プロジェクトを多数手がけてきた。今回の審査員の中では、建築を最も「外部」の視点からとらえ、評価する立場にあると言えよう。

川勝審査員は、セミファイナル「01_個別審査投票」を3つのステップに分けて行なった。まず、予選通過100作品(100選)を展示した会場内をざっと一巡して、気になる作品をテキパキと挙げていく。この時点では、判断基準をあえて厳密化していないようであった。視覚的に引かれたり、コンセプトや問題設定に興味をひかれたりと、柔軟に作品を選出していく様子は興味深かった。そうして選ばれたのが、以下の39作品である。

[002] [006] [021] [032] [043] [052] [068] [097] [101] [106] [113] [151] [168] [169] [187] [190] [236] [237] [241] [260] [275] [276] [296] [311] [312] [333] [334] [336] [353] [365] [374] [386] [414] [418] [490] [503] [515] [550] [555]。

続いて、そこから絞り込む作業が行なわれたのだが、印象的だったのは、その際に川勝審査員が「切実さ」という言葉を繰り返し使っていたことだ。卒業設計イベントが定番化した現在、しばしば「傾向と対策」的な出展作品が見られるが、そうした定型的であったり記号的であったりする作品を排除して、作者が真剣に、ある種の「切実さ」をもって取り組んだプロジェクトを注意深く選び出そうとしていた。そうして選ばれたのが以下の15作品である。

[002] [006] [052] [068] [097] [113] [187] [237] [241] [336] [365] [386] [490] [503] [515]。

そして、その中から、強く推す3作品[187] [241] [365]と、推す7作品[006] [097] [336] [386] [490] [503] [515]の計10作品が選出されたわけであるが(本書41ページ表1参照)、ここでは惜しくも未選出に終わった5作品についてのコメントを紹介しよう。「設定された物語の拘束力が強く、建築の存在感は舞台背景のように弱まっている点に懸念があった」[002]、「橋下に空間をつくるというアイディアは魅力的だが、つくられた空間自体や、そこでの人の振舞いにもう少し想像力がほしい」[052]、「建てることと住まうことの連続性を考える点には共感。掘られた空間やそのプロセスを、もう少し魅力的にプレゼンテーション(表現)できていたら」[068]、「設計操作の単一性にやや懸念が残った。ただし、リサーチからデザインまでの手続きは秀逸」[113]、「山が復活したことで、人や街のネットワークはどのように変化するのか、その点まで射程を広げられればもっと良くなる」[237]。

なお、川勝審査員は「傾向と対策」的な作品を避けつつ、他方では、「戦争」[006]や「モビリティ(移動手段)」[097]、「社会介入」[503]といった現在的なテーマを扱った作品を積極的に評価しようともしていた。このあたりは、国内外の新しい建築論、都市論に精通している川勝審査員ならではの評価姿勢であった。

100 → | 10 |

審査員：川勝 真一
アテンド：市川 紘司
(アドバイザリーボード)

241

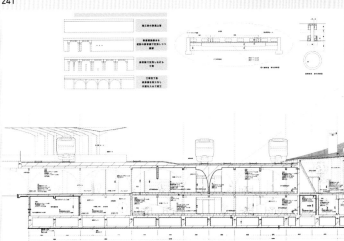

365

006

187

336

097

490

503

386

515

PROCESS_2 | **Semi-Final Round** | 02_10選選出審査

※文中の出展作品名は、「作品名」[出展ID番号]で記載。
※初出を除いて、文中の出展作品名はサブタイトルを省略。
※文中の[ ]内の3桁数字は出展作品のID番号。
※アドバイザリーボード：本書5ページ編註1参照。
※学生会議：本書5ページ編註2参照。
※smt＝せんだいメディアテーク。
※SDL＝せんだいデザインリーグ 卒業設計日本一決定戦。

齋藤(司会)：それでは、セミファイナル「02_10選選出審査」を始めます。この審査過程は、ポートフォリオを囲み大勢で各作品に評価付けする様子が、魚や青果に値付けする市場のセリを思わせることから、セリと呼ばれてきました。
セミファイナルの「01_個別審査投票」で、5人の審査員は、それぞれ「強く推す（3点票）」3作品と「推す（1点票）」7作品の計10作品を選び、全部で34作品が選出されました（本書41ページ表1参照）。ここからファイナリスト10作品（10選）と補欠3作品を選びます。ファイナリストに選ばれたものの、規定時間までに連絡が付かず、失格となった場合には、補欠がファイナリストに繰り上がりますので、補欠には順番を付けます。

小野田：なお、先ほど学生会議から説明がありましたが、パネルやポートフォリオに貼られた赤付箋（大幅な改変）と黄付箋（軽微な改変）は、予選で審査した電子データから掲載図面などが大幅に改変されるなど、大会の規約に違反した箇所を示しています。審査員の最終判断により、今回はこれらの作品も審査の対象としますが、あくまで規約違反の作品であることを十分に留意した上での審査をお願いします。

齋藤(司会)：さて、集計の結果、9得点が1作品、6得点が2作品、4得点が3作品、3得点が6作品、2得点が7作品で、ここまで19作品。その下に、審査員1人だけの「推す」1得点が15作品あります（本書41ページ表1参照）。
一旦、2得点以上の作品でボーダーラインを設け、さらに、4得点以上の6作品と2〜3得点の13作品という2グループに分け、合計19作品のポートフォリオを並べています。1得点の15作品は、向こう側に

ポートフォリオを並べています。
まず、ここに並べた上位19作品の中からファイナリスト10作品を決めてもいいでしょうか？

本江：審査員1人しか推していないけれど、問題作だからぜひファイナリスト候補に加えたい、という作品があれば推薦してください。

齋藤(司会)：後からの復活はありますが、推薦がなければ、一旦、1得点の作品は議論の対象から外れます。

サリー：植物と人間を等価に扱う『ついぎのすみか──終×次 動くみどりに伴う終築』[550]はどうでしょうか？ アウトプット（最終提案）は地味でしたが、綿密なリサーチ（調査）を評価して「推す」作品としました。

藤野：これは、減築と庭化が興味深い。

川勝：「おじいちゃんとおばあちゃん」の身体スケール（規模）で建築を設計していたのがおもしろい。

岩瀬：「動く植物とともに建築が動いている」のはいいけれど、観察で終わっている気がしました。

サリー：確かに、建築的な提案に辿り着けていません。観察のプロセスだけを、高く評価していいか、ということです。

本江：ここに選出された段階で、すぐれた作品であるのは自明なので、決め手となるのは、ファイナルでプレゼンテーションさせたいのかどうか、ということです。

サリー：やはり難しいでしょうか……。

岩瀬：『学びの編み場──地域と教育のからみ合う場』[353]を他の審査員は、きちんと見ましたか？
これは小さい集落に作られる分散型の小学校で、既

存の「学校」を解体し、学びのプログラムから再考しています。小学生は「街の時間割」のようなものに沿って街を練り歩き、各所に「学びの場」を発見しながら、街との接点をつくっていく。学校のカリキュラムを再編し、学校という単位で考えるのではなく、学校のプログラムを「学び」として地域の中に溶かしていく、という提案です。
これから子供が減り、小学校が小さくなっていく状況で、どういうビルディング・タイプがあり得るかという問いに、とても真摯に答えている作品でした。

塚本：でも、子供に街中を歩かせて、このプログラムをこなすのは大変だよ。子供がみんな、時間どおりに移動できるかな？ 子供は部屋に座っているだけで授業を受けられる、それぐらい楽なほうが現実的なのでは？

岩瀬：塚本審査員長には、タフ過ぎる提案？

塚本：いやいや、この案だと、子供がみんな脱走しちゃうよ。

小野田：先ほど塚本審査員長との議論では、この作品の提案ほど厳密に、プログラムで人を縛ることはできないのではないか、と。

塚本：関係者全員が、コレクティブ（組織的）なパフォーマンス（行動と成果）として学校を成立させようとするなら、あり得るかもしれない。

小野田：でも、自転車でないと行けないところもあり、これは、徒歩のスケール（規模）を超えている。

塚本：この作品は、全体を統合して動かそうとする意識が強過ぎるのではないか。

小野田：相当に強いドライビング・フォース（強制的な統率力）を持って運営に当たらないと維持できない。

塚本：相当に強い、ある種の軍隊のような……。

岩瀬：そういうふうにも読めますかね？

550

353

都市の第8チャクラ

現代社会が抱える二項対立を脱構築する仮設庭園建築

168

サリー：あるプログラムを広範囲の地区内に、地形を形成するかのように分散させる、というシュタイナー教育に則ったこども園の提案は、頻繁に卒業設計に登場します。『学びの編み場』[353]では、分散させた1個1個の建物はプログラムにそぐわないので、子供に全部の場所（施設）を回るモチベーション（意欲）が出るのかは疑問です。また、施設を分散させるなら、各施設を子供の都合で作るぐらいの提案でも良かったのではないか、と。

齋藤（司会）：議論したければ、議論の対象としてファイナリスト候補に加えてはどうですか？

審査員一同：（同意）

齋藤（司会）：では、1得点の『学びの編み場』[353]は、ファイナリスト候補に加えます。

塚本：『表層の中の道標』[101]と、『MADE IN HONG KONG』[414]、『帰路と旅路のシナリオ──9つの舞台装置から生まれる新たな瀬戸内の風景』[418]は、議論してほしい。

齋藤（司会）：では、その3作品もファイナリスト候補に加えます。

本江：ちなみに、『都市の第8チャクラ──現代社会が抱える二項対立を脱構築する仮設庭園建築』[168]は予選で満票でした。大勢が推すけれど、誰も強く推さない。

岩瀬：これは、ビルの建設期間中、通常、人の入れないようフェンスで囲まれる敷地（暫定的な空き地）に、何か手を施そうという提案です。塚本審査員長の『TOKYO METABOLIZING（トウキョウ・メタボライジング）』（2010年開催の第12回ヴェネツィア・ビエンナーレ国際建築展日本館の公式カタログ／共著、TOTO出版刊、2010年）にも共通した点で、1つの敷地だけで計画するのではなく、同様の複数の場所を包括的に扱おうとする大きな視点をもっていて、これまでビルの建設現場において、「ないもの」とされてきた時間を創出する、というのは興味深く感じました。また、この規模の都市計画では、通常、道路による区画割から始めますが、そうではない区画割で作っているところも、自動車を前提としない提案ならではの視点でおもしろい、と思って選出しました。

ただし、植物を移動することの現実性には疑問が残り、「暫定」のデザインをどのようにとらえているのかは、よくわからなかった。

藤野：この作品は、物理的に均質過ぎるのも評価が低い原因ではないでしょうか。場所それぞれで周辺環境は違うから、もっと、違いに対してできることを考えたほうが良かったし、土地に大きく根を張る植物との取合せも良くなかった。

岩瀬：九州には、樹木を売ることを前提として維持運営されている樹木畑があります。この作品でも、植物に関しては、そういうシステムにして、1年で枯れる草花や、毎年花を咲かせる宿根草を植えるなど、工事という時間の経過に応じた植物のサイクルをデザインすると、おもしろくなると思います。

藤野：言わば、「植物の畑」ですね。

岩瀬：そうそう。

齋藤（司会）：『都市の第8チャクラ』[168]をファイナリスト候補に加えますか？

川勝：でも、工事完了後にどう移転するかや、これがどう建築に影響するかが示されていないので推せません。

藤野：東京の渋谷で土地を暫定的に利用するなら、川勝審査員の指摘どおり、最終的にでき上がる建築は、この暫定利用の内容を活かした空間になっていないと意味がない。つまり、この暫定利用によって、「どういう動線ができた」「こうして、異なるもの同士が連続的に変化し、つながっていく状態が生まれた」「この区画の中で、場所がもつ歴史や地勢といった複合的な文脈とつながりを描けた」など、この後に計画される施設のあり方に活かされる、というところまで設計できていなければ説得力がない。この作品は、その点を十分に検討できていないから、高低差もなく全体的に均質的なイメージにとどまる計画になってしまったのでしょう。

濱：では、『都市の第8チャクラ』[168]はここまで、ということでいいですか？

審査員一同：（同意）

齋藤（司会）：では、上位19作品に、審査員の推薦による1得点の4作品、『表層の中の道標』[101]、『学びの編み場』[353]、『MADE IN HONG KONG』[414]、『帰路と旅路のシナリオ』[418]を加えた23作品から、ファイナリスト（10選）を選んでいきます（本書41ページ表1参照）。

ここに並んだポートフォリオを得点順に確認しながら審査を進めます。選出した審査員に推薦理由を説明してもらい、他の審査員の共感を得られて異論が出なければファイナリスト候補に「確定」とし、「確定」に推し切れない場合は一旦「保留+」に、評価が定まらない場合は一旦「保留」、評価が低ければ「落選」という4つに分けながら進めます。

まずは最多9得点の、皇居を反転させた『中心について──天下普請の反転による対自空間の導出』[568]。塚本審査員長、藤野審査員、サリー審査員の「強く推す」作品です。よほどのことがない限り「確定」ですが……。

川勝：ピンとこなかったので、選出した審査員のコメントを聞きたいです。

藤野：先に大まかに絞り込んでおいて、最終段階で落とすかどうか議論してもいい。

齋藤（司会）：では、『中心について』[568]は一応「確定」とし、最後に検討します。

次が6得点の2作品。まず、サリー審査員、岩瀬審査員が「強く推す」『元町オリフィス──分裂派の都市を解く・つくる』[113]です。選出した審査員から簡潔に説明してください。

サリー：予選通過作品（100選）で、シークエンス（場面の連続性）やピクチャレスク（風景を絵画に見立てる手法）を扱った3〜4作品の内、この作品が唯一、建築的なアウトプット（最終的な建築の提案）をできていた、という点で選出しました。

通常、人が建築を見ると、一点透視図のように見える。だから、多くの設計者は一点透視図を想定して建築をデザインしている。しかし、この作品はその逆で、建築がこちらを見ている。ピクチャレスクではなくて、逆に人が絵画のような風景として見られる「ピクチャードレスク」（英語の「ピクチャレスク」の受動態の意）のような状態になっている。「強く推す」のは、こういう提案をはじめて見たからです。

岩瀬：「オリフィス」という「ものの見方」で街を分析する試みです。小さな発見から大きな発見まで、分析によって得た結果を積み重ねていって、設計しています。「商店街の再生」というテーマの場合、問題解決型の提案が多いけれど、この作品は独特の「ものの見方」と作られた建築の力強さ、という意味で、従来の卒業設計とは一線を画していると評価しました。

齋藤（司会）：建築的な問題にまで踏み込んでいる、と？

岩瀬：はい。

小野田：しかし、最終的にできた建築を評価できないので、10選に残すには、違和感が残る。「01_個別審査投票」で塚本審査員長とこの作品について議論したけれど、我々は、①発見した方法論（methodology）が、新しくておもしろいこと、②それがどう建築空間に定着するか、の両方を提案の中に見たいのです。つまり、新しい見方を使うのだから、新しい空間の可能性を想起させる建築の提案というところに帰着してほしい。しかし、この作品は、建築空間として評価するのが難しい出来ではありませんか？

塚本：福岡のキャナルシティの小型版のようになっている。本当にそれでいいの？

小野田：サリー審査員の指摘したように、一点透視図法を反転させた、という手法は新しく、とてもおもしろいので、そういう建築が生まれるはずだと期待したのだけれど……。

友渕：できた建築は、おもしろくない。

藤野：模型表現としては、メガホン型になっていて、2次元と3次元を横断する作りは、見る人にさまざまな発見をもたらしてくれる。けれど、扱っているエリアは狭いので、商店街全体と周囲との関係性や、人の流れなどに、この手法はどこまで展開していけるのか、疑問です……。

塚本：軒先にだけ少し曲線を使ったデザインの、そ

568

187

の辺によくある商店街と何ら変わらないように見える場所もあり、やや新鮮味に欠ける。その理由は、たぶん、この設計原理が単純過ぎるから。もう少し、立体的な操作や、断面方向に整理していく操作などが加わった原理であれば良くなると思うけど……。

齋藤(司会)：造形的な面で評価できない?

塚本：はい、造形的に評価できない。

齋藤(司会)：とりあえず、『元町オリフィス』[113]は「保留+」にしましょう。

濱(司会)：次は、川勝審査員、岩瀬審査員が「強く推す」、『海への「おくりもの」』[241]です。

川勝：山の砂防ダムなどに溜まった、本来、海に運ばれるはずだった土砂(浚渫土*¹)を海に戻す、という提案です。敷地にどんどん土砂が溜まって山になる、それ自体が建築ではないか。季節によって流れてくる土砂の量は変わるので、それが街のリズムとも呼応する。惜しいのは、土砂は海まで運ばれるストーリーのはずなのに、海に辿り着くところまでの設計が見えてこないことです。

岩瀬：もともと、ダムに土砂が溜まってしまうことは有害なので、その土砂を海に流す手法は、河川でよく使われる一般的な技法です。この作品は建築的なアプローチによって、今まで不可視だったその過程や関係性に対して、各過程の場面や場所を可視化して「時間の流れ」として見せるための「もの」を作る提案です。

塚本：ダムからこの敷地まで、どうやって浚渫土を運んでくるの?　その後で、ダムから敷地に持ってきた浚渫土を、加工して、乾かして、それで何かを作るのでしょう?

齋藤(司会)：一応、作者の考え方のダイアグラム(図式)は書いてあります。

小野田：しかし、浚渫は、とても大変な作業なのだ

113

241

から、その過程と仕組みについては明確に提示するべき。浚渫土を運ぶには、山のコンタ(等高線)上を移動するのだろうけれど、そういうプロセスや仕組みが全くデザインされていない点で、評価できない。川勝審査員の指摘したように、浚渫土を河原に放置して、その先はどうするんだろう?

藤野：単に、河原に浚渫土を溜めているように見える。

岩瀬：河原に浚渫土を放置して、その後は、ただ流されるだけですね?

藤野：そうだと思う。プロセスが十分表現されていない。

川勝：そういう個々の過程を含めて、川上から河口までつながった一連のストーリーを見せてほしかった。

藤野：ポートフォリオでは、季節ごとに分けて提示しています。これを見ると、一気に浚渫土を流すと、河口の辺りは土砂が溜まってしまって、橋脚や川岸の土手、河川敷のエリアがひどい被害を受けるのではないか。実情に即した提案だと思うから、そういう点まで説明してほしかった。

塚本：それから、サイクルはどう関係するのか。春夏秋冬によって、浚渫土の流れる量が変わるのか?

藤野：災害が起きて、ダムからの放流の激しい時に、浚渫土は大量に流れるのでしょう。

塚本：他に、川の水位が上がった時にも、大量に流れるでしょ?　そこから浚渫土を少しずつ敷地に持ってくるということだね?
浚渫土の山があり、山の上にベルトコンベア(運搬機)がある、という造形は、確かに美しいと思う。まあ、いろいろ説明しているけれど、結局、その造形が作りたかったのだろう。

齋藤(司会)：では、『海への「おくりもの」』[241]は一旦「保留+」です。

次からは、4得点の3作品。
まず、『ヴィーナスに棲まう』[187]。川勝審査員が「強く推す」、藤野審査員が「推す」作品です。

川勝：個人的に、建築をどう壊していくのかとても興味があって、この作品を選出しました。「建築を、きちんと壊す」というプロジェクトだと理解しています。メイキング(建設)ではなく、アンメイキング(破壊)に着目して、建築の理論を組み立てようとしていることを評価したい。
ただし、最後に人の住まなくなってからのプロセスが大事だと思うのですが、1回壊したところで終わっているのは残念です。最後にどうなるのか、そこまでの過程をもっとていねいに説明してほしかった。

塚本：壊れていく段階の途中まで、ここには人が住んでいるの?

藤野：不完全な状態の建物を何とか使いながら住んでいます。不完全であることが生む「開かれ」が興味深い。

岩瀬：「壊れていくものが美しい」という美意識をも

とに、壊れる過程を少しずつ遅延させて、「少しずつ壊れる状況」をあえて設計している作品ですね。

小野田：雨漏りする状況でも、ここに人は住んでいるの?　それをどう評価するか。

川勝：うーん、やや暴力的な設定だとは思いますが。

藤野：通常、建築の崩壊を扱う場合、建物から部分ごとに抜き取っていく過程も、建物が壊れていく過程も、きちんと計画的に設定している作品が多い。けれど、この作品は、「壁が傾いてしまう」など、設計者の想定し切れない建築に外在する力が働いて建物の壊れていく様子を、自作自演の態で表現されているところにひかれて選出しました。また、提案内容に、作者の個人的な思い入れはほとんど関係していない。街の中でたまたま見つけた物に対するように、「物の扱い方」は他者的です。その点も、今までの卒業設計によくあった「作者の記憶と結び付いた減築(引き算)」とは違い、主体性が失われていく現代にふさわしい提案だと思いました。

塚本：でも、建物の屋根に穴が開いて床が壊れれば、床下の地面は太陽や雨と出合う。そうすると、そこに人間ではない生き物が出てくるはずでしょ?　この作品には、そういう眼差しが全然ない。単に、朽ちていくとか、壊れていくとか、あくまでも建築的な問題だけ。

藤野：いや、「植物の家」などが入ってくると……。

塚本：もちろん、少しは想定している。けれど、この場合は、「もう人間がここに住まなくたっていいではないか」という方向に全体の計画を持っていったほうがいい。あるいは、そういう環境でないと出てこない生物などを、きちんと調べて反映させることもできる。建築の中だけで「滅びの美学」を扱うのでは、あまりにも視野が狭いのではないか。

岩瀬：厳しい。

塚本：僕は『植物の家』(2004年)という作品を実際に作ったことがある。もともとは、茨城県、水戸での展覧会(2004年)の会場として始まった計画で……。

小野田：水戸の展覧会に行ったけれど、すごかった。草はボーボーで、そこら中をダンゴムシが徘徊していて、ハエもいる。そんなに美しくはない。だけど、とてもおもしろい。あれが、実現可能なギリギリの線だろう。

塚本：『植物の家』は、水戸が、どんどん空き家だらけになり、駐車場だらけになっていく状況に対して、どういう向き合い方をするか、という問題への1つの解であり、人間が住まなくなって空き家になった、と人々が困っている状況に対して、「そこに人間以外のものが住めばいいのではないか」という問い掛けでもある。
だから、『ヴィーナスに棲まう』[187]の設定であれば、本当は、もっと大きなコンテクスト(文脈)が入り得ると思う。

小野田：たとえば、壁を残すのか、屋根を残すのか、

という微妙な操作の違いによって、残される空間の質が大きく変わる。そういう部分を十分に検討して、減築の過程を計画すれば、各段階での光と風をデザインすることで、空間の質を多様に変えられる。この作品は、そういう取組みを全くしていないところが、もったいない。

藤野：たとえば、屋根にも、残っている部分と壊れている部分のあるのが、この作品の特徴です。計画的に引き算した減築ではない計画、自作自演であることが魅力なのです。

小野田：屋根が壊れたら、そこに風呂桶を持って行けば、何とかなるはずなんだ。

藤野：はい、アクティビティ（活動）をもっといろいろ起こせるはずだと思います。

小野田：大切なのは、そういうところを設計すること。どこをデザインするか、ということ。「01_個別審査投票」で塚本審査員長がこの作品を選出しなかった理由は、そういうところが欠けているから。こういう作品があってもいいとは思うけれど、実際にデザインして、もっと積極的に取り組んでいる作品をファイナリストにしたい。

齋藤（司会）：では、『ヴィーナスに棲まう』[187]は、やや落選気味の「保留」です。

佐藤：議論が盛り上がる題材なんだけどね。

齋藤（司会）：次は4得点、辿り着かない建築の『辿り着かない少女──誘導建築』[296]。藤野審査員が「強く推す」、岩瀬審査員が「推す」作品です。

藤野：赤い階段がたくさん並ぶ模型を羅列した作品です。あえて全体像を描かずに個々のシーン（場面）ばかりを描いていて、それぞれの空間を体験した人が知らず知らずの内に、この建築の計画者の意図どおりに誘導されていく、という設定です。

その背景には「私たちは自由に見えて、実は不自由なんじゃないか？」という問いがあり、それを建築空間の形で表しています。小さな模型1個ずつに、「障壁」「消費社会」など、自由を奪う要因として想定される言葉を付けて、「自分たちは、がんじがらめにされている」ということを皮肉として表現した作品です。

岩瀬：藤野審査員の説明どおり、建築内にいる人は、自由に移動しているように見えて、実は、計画者の意図した動線があるところに誘導されていきます。たとえば、昨日、向こう側にあった階段が、今日はこちら側にあったら、人はこちら側に誘導されていく、というイメージです。通常、我々が当たり前のように前提としていることに対して、疑いを持って再考しよう、という意味で、おもしろい視点だと思いました。

サリー：私も手伝ったのでよく知っているのですが、現在、イェール大学大学院に在籍している友人の何競飛が6年前のSDL2017に出展して、日本一となった『剥キ出シノ生　軟禁都市』（下図、本書160〜

161ページ、『せんだいデザインリーグ2017　卒業設計日本一決定戦Official Book』参照）に、この作品はそっくりです。テーマも、筋立ても、表現も似ている。何か新しい内容を加えて、アップデート（更新）されているのではないかと思って審査に当たったのですが、『剥キ出シノ生　軟禁都市』に能書きとビッグデータ的な視点が加わった程度だったので、私は選出しませんでした。

齋藤（司会）：確かに、似たような表現でした。

塚本：それは、大いに問題があるね。

サリー：表現も全く一緒でした。

川勝：表現も一緒なんだ？

サリー：赤系を使った色の表現も一緒でした。でも、もしかしたら、何らかアップデートされてるところがあるかもしれませんので、検討してください。

藤野：その大元となる作品の内容がわからないので、比較できない。ここではアップデートされてるかどうかもわからないですね。

サリー：逆に、あえて推しますか？　そして、ファイナルで作者に尋ねますか？

小野田：ファイナリストにしなくていいんじゃない？

審査員一同：（同意）

齋藤（司会）：では、『辿り着かない少女』[296]は、「落選」です。

次も4得点、川勝審査員が「強く推す」、サリー審査員が「推す」『生活景の結い──駅圏を超えた共空間における都心周縁の生活景の維持』[365]。

川勝：ポートフォリオがとても見やすく、伝えることを意識されていたことが、この作品を選出した一番の理由です。それから、総合的な完成度が高いことを評価しました。良くも悪くも、きっちりリサーチし、その結果をもとに提案し、提案では環境面にも配慮し、提案内容と意図が他者へ正しく伝わるように、パネルとポートフォリオのレイアウトも工夫している。

内容は、駅の提案。駅のプラットホームと建築が密接につながることによって、いろいろなものの移動のかたちが変わっていく、という筋立てがおもしろい。アーチ状の造形が展開する建築空間には、やや既視感を覚えますが、総合力を評価して選出しました。

塚本：この作品は、何が一番やりたいの？　都電とJRの接続？

サリー：JR京浜東北線が通っているため、王子駅周辺にはコナベーション*2が起きていて、JRの路線沿いに街が展開している。作者が問題にしているのは、そんな状況の中、王子駅には地形的な不陸がある（地盤面が水平でなく、凹凸がある）ため、そこで街が分断されている、ということです。

王子駅の隣には都電荒川線の王子駅前駅があります。道路上を走る区間もある路面電車の都電荒川線ではJRのような高架鉄道と同じ質のコナベーション

は起きないけれど、面的な広がりを設計することはできる。一方、せっかく都電荒川線のターミナル駅があるのに、上りと下り両方の乗降口が王子駅の東側に固まっているため、そちら側にしか賑わいは展開していなくて、残念なことに、駅の西側の飛鳥山公園を活用できていない。

そこで、飛鳥山公園側にも賑わいを生み出すために、都電の2つの乗降口の片方を飛鳥山公園側に移動して、都電の2つの乗降口でJR京浜東北線を挟もう、という提案です。

塚本：もともとは、JR京浜東北線の片側に都電荒川線の王子駅前駅があったのか。

サリー：そうです。そして、王子駅前駅の1/2を駅の反対側に移動して、JR京浜東北線を挟み込んだら、この地域に、面的に広がる効果とコナベーションの効果を重ねられます、という提案です。やや総合的な提案かもしれません。

小野田：さすが、サリー審査員は、読解力が高い。

藤野：段差をどうするかが、難しいところですね。

小野田：この敷地は、とても難しい場所なので、この計画を実行できればいいと思う。僕も、この作品はとてもいいと評価している。

藤野：総合力が高い。あまり減点のない印象。

川勝：パネルとポートフォリオで、作品をきちんと表現できているところは評価できます。

塚本：確かに総合力は高い。

小野田：最終的な建築はどうなのか、というところが見えにくいせいもあります。

塚本：あの屋根のデザインの意味が、よくわからなかった。

サリー：公園が崖になっていて、崖がとても目立つので、駅から地形的に連続させるために屋根を架けたらしいです。

塚本：屋根の構造体になっているの？　それとも、金属パイプを簡単に組んだだけなの？

サリー：屋根構造体ではなく、パーゴラ*3のようなもので、公園と駅を視覚的につなぐらしいです。

齋藤（司会）：収束しないので、『生活景の結い』[365]は「保留+」にします。

ここから、3得点の6作品です。審査員1人の「強く推す」1票か、審査員3人の「推す」3票が入っています。まず、サリー審査員が「強く推す」、火葬場と雪室を扱った『雪の生きる場所』[028]。

サリー：もう少し票が集まると思っていました。

豊島美術館をはじめ、最近では、レストランなどにも採用されている、土を型枠としてコンクリートを打つ工法があります。この作品は、その土の代わりに雪を使う提案です。

新潟にある雪捨て場に集められた雪を造形して、その表面をシートで覆って断熱し、その上にコンクリートを打つ。すると、「かまくら」の「図と地」を反転させ

296

SDL2017日本一『剥キ出シノ生　軟禁都市』

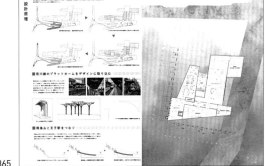

365

数十年後の未来へ

028

ピープルハント

080

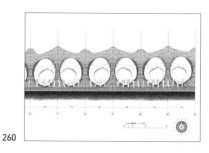

260

たようなものができる。そこを火葬場にして、上の部分は翌年からも雪捨て場として継続利用する、という提案です。「雪の表面を断熱すれば、コンクリートの型枠として使える」ことをきちんと検証して、雪捨て場の下にコンクリートを流し込むだけで建築ができる、と提案しているのはおもしろいと思って選出しました。

藤野：火葬場は、名前の通り火を扱う場所で、そこで亡くなった人の体を燃やすことと、雪を扱うことの間には、熱エネルギー交換に関わる関係があるのだろうと期待しましたが、形を作る段階の断熱に関係しているだけでした。せっかく溜めた雪なのだから、その熱エネルギーを何かに利用すればいいのに。結局、意匠が目的で、火葬とは紐づいていない気がして、推せなかった。

濱（司会）：雪の造形ができたところに、火葬場を合わせていくので、関係性をつくるのは難しいのかな？

小野田：炉があるけれど、一方通行だし。

塚本：だから、こんなにたくさん焼き場を設計しなくても良かった。

サリー：かつて新潟では「利雪文化」と言って、雪があることに感謝して、夏まで持ち越した雪を食べたり、物を冷やすのに使っていたけれど、今では、汚いということで、雪は捨てられる対象になっている。そんな雪にもう一度脚光を当てたい、という作者の思いが響きました。

川勝：夏まで雪は保つの？

サリー：地域の文化の話で、この建築の雪のことではないです。でも、この建築のあることで人々に雪のありがたみが生まれるかというと、最初に火葬場を作る瞬間だけですよね。

塚本：建築を作るプロセスだけだよね。

川勝：死につながる火葬場という機能を補うように、雪の関わる部分には、生きることにつながる役割が何か含まれていれば良かった。

齋藤（司会）：では『雪の生きる場所』[028]は、落選気味の「保留」で。

審査員一同：（了承）

齋藤（司会）：続いて3得点、東京の浅草で落語をテーマにした『落語建築──妄想から生まれる都市の滑稽噺』[080]は、岩瀬審査員が「強く推す」作品。

岩瀬：弱者に注目し、それを自虐的なネタにして笑いをとる、という作品です。そして、弱者を肯定的な笑いに変えられる切替え装置として、落語をモチーフにしています。

たとえば、都市にまつわるさまざまな事象を善悪だけで評価することに難しさを感じています。少しでも問題があれば、一面的な観点から悪いということになってしまう。この作品は、言わば、その「悪い部分」を「笑い」に変えようとしているのではないでしょうか。

つまり、通常、負の方向でとらえられやすい「悪い部分」や弱者などを、建築的な操作によって「笑えるもの」に変えることで、それらの善悪を保留できる状況をつくり出したり、既成の評価軸をずらそうとしているのではないか。誰もが「社会で生きやすくなる」ためには、そういう視点も大事だと思って、この作品を選出しました。

齋藤（司会）：「建築にユーモアを描き出す」と書いていましたね。

岩瀬：設計手法を評価できるかはまだ読み込み不足でわかりませんが、これを作ることで、悪いことがあってもクスッと笑えるようになれば、人が生きやすい世界をつくれそうだと思って評価しました。

藤野：建築の造形や、庇の出し方などは魅力的だと思いました。けれど、「落語」の噺から直接、建築の形態を持ってくる必要はないのでは？

岩瀬：落語をそのまま建築の形態にしているのでしたか？　メタファ（隠喩）にしていると思っていました。

塚本：たとえば、登場人物が店前にしゃがみ込んで煙草を吸う絵の形をなぞって、それがそのまま建築の形になる、といったやり方で。箒で掃いている人の形が庇の曲線になっている、とか。

岩瀬：その手法には笑ってしまいますが。

塚本：本当に、岩瀬審査員の説明したことが目的なのかな？　そうとは思えない。

藤野：そうであれば、建物はもっと率直に設計したほうがいい。

岩瀬：手法については、私も積極的には推しにくいですが、説明を聞いてみたいと思っています。

川勝：結局、何ができているのですか？

齋藤（司会）：喫煙所、演芸場、撮影場、演芸場付き結婚式場という4つの落語関連施設です。一応、4つの落語の展開でオチもあり、テーマ性はある。

サリー：落語では扇子を使って蕎麦を食べたり、本を読んだりします。噺に登場する煙草を吸っている女性や、床掃除をする青年のイメージを、建築を使って表現しているのでしょうか……。

藤野：見立ての建築ですね。日本的ではある。

サリー：それにしても、形態に落とし込む上で、もう少し手数を踏んだほうがいいのではないか。

小野田：とてもいいし、がんばっていると思うけれど、もう一息足りない。

齋藤（司会）：では『落語建築』[080]は、落選気味の「保留」にします。

濱（司会）：続いて3得点、珊瑚を取り上げた『サンゴヤマ計画──保管のための石積み指南書』[260]は、塚本審査長の「強く推す」作品です。

塚本：これもツッコミどころ満載ですが、絵が美しいと思った。私は基本的に、ドローイングなり、模型なりが格別に魅力的な作品を選んでいる。その中でも、この絵は特にいいと思います。

また、白モルタルで固めるという構築物と、サンゴ石を備蓄していく石置き場。実際、沖縄などの空石積みにはサンゴ石を使うのですが、昔は、壊れた古い空石積みの壁などは地中に埋めていた。以前、仕事で訪れた際、今はもうサンゴ石が豊富に採れなくなったので、昔に埋めたものを使おうと思って集落の人に訊いたけれど、どこに埋めたか、もうわからないという返事だった。つまり、空石積みに使うサンゴ石は、半永久的に使えるのです。そういう意味で、この場所で使わなくなったサンゴ石を集める、という提案には、それなりに現実味はあり、おもしろいと思います。そして、提案する建築が、珊瑚の構造体を拡大したような形態として現れているのもおもしろい。

藤野：サンゴ石のストックヤード（資材置き場）というあり方はおもしろいと思います。けれど、ファイナル・ディスカッションでの議論を考えると、「サンゴ石を使ってストックヤードを作りました」という先に、どれぐらい議論が展開するでしょうか？

塚本：たとえば、どうやって実際に積むのか、足場はいらないのか、とか。サンゴ石を通して、あるいは、サンゴ石を積むことや、その技術の向こう側に広がる風景について、議論できると思います。

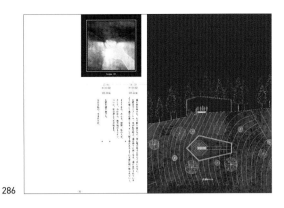

286

0494

Inspire
新都市へ拓く【東京駅・宙口】

494

藤野：石を積むことが、日常的なサイクルの中での住み方などに議論が広がるならいいけれど……。

岩瀬：石積みはスキル（技術）の形態化だと思いますが、そもそも、この地にサンゴ石を積む技術や文化があるのですか？

塚本：あります。ここの集落では、空石積みの石垣を各家のまわりに回します。

川勝：集落の規模からすると、提案する建築の規模が大き過ぎるように見える……。

岩瀬：これは珊瑚なの？　サンゴ石とは、どういう形をしているのですか？　栗石*4みたいなもの？

塚本：栗石とは違う。サンゴ石とは、夏みかんぐらいの大きさで、たくさん穴が開いている。海底で堆積され、貝や珊瑚、有孔虫などを含んだ多孔質のライムストーン（石灰石）のことです。

岩瀬：それをモルタルで固めているのですか？

藤野：固めたら再利用できない。

塚本：固めている部分は、まず、サンゴ石を積んでいくためのフレーム（枠となる構築物）として作ったもの。そして、枠の間にサンゴ石を詰めていくのが空石積みです。空石積みは、サンゴ石とモルタルで固めた枠とを組み合わせてできている。

齋藤（司会）：議論が尽きないので、『サンゴヤマ計画』[260]は、一旦「保留」にしますか？

審査員一同：（同意）

齋藤（司会）：では『サンゴヤマ計画』[260]は、一旦「保留+」です。

次も3得点、塚本審査員長の「強く推す」、『私の弔われかた』[286]。

塚本：これは、建築としては弱い。

「生きている状態」から誰もが認める「死んだという状態」になるまでの間が今、とても複雑化していて、非常に曖昧になってきている。

たとえば、私の親父は自宅で、夜、寝ている間に自然死した。そうすると、母は「もしかしたら殺したんじゃないか」と疑われる。だから、わざわざ自宅のある神奈川県の茅ヶ崎から横浜の病院まで、父の遺体を自動車で移動して、検死で確認して、ようやく自然死だということになった。

一方、最近は多死社会と言われ、どんどん人が死んでいくので、死んでから葬儀場で焼かれるまで1週間以上待たなければならない。すると死体安置所のような新しい施設ができたり、それがビジネスになっていったり、という波及効果も生じる。

また、スイスのある村では、人が死ぬと特別な部屋に死体を3日間ぐらい置いて、みんなが最期の別れをする。要するに告別式を延長したようなもので、それを施設化したような場所がある。

このように、現在、大きな問題になってきている「生きる」と「死ぬ」の間について、この作者には何か考えがあるのだろう。それを聞いてみたいと思って選出しました。

岩瀬：ドローイングでは、よくわかりませんでしたが、結局、火葬しているように見えました。

塚本：いや、火葬する前の人を安置している。

岩瀬：安置する場所を作っている。死ぬ時、ここに行くのですか？

塚本：自分で決められるということだと思うけれど、よくわからない。

サリー：自分で死ぬの？

岩瀬：そのあたりが、よくわからなくて。

川勝：この「cm」とは何ですか？　10cmなどと書いてあるのは……？　身長ですか？

藤野：魂を失うまでの距離だとか……。

サリー：死んだ後の話なのでしょうか？

岩瀬：弔われてから、身体が縮んでいく？

塚本：死んでからも、ここに描かれている複数の空間の間を行ったり来たりするのではないかな？　全体配置図はないの？

齋藤（司会）：ありません。

川勝：死んで、いきなり墓のような空間に行くのではなく、作者の死んだ自邸から墓に辿り着くまでの中間に、安置所、火葬ホール、収骨堂、納骨堂などいくつか場面を挟んで、グラデーショナルな（連続的、段階的に変化する）空間として表現している、ということではないでしょうか？　一方で、作者の死後も、「生の世界」の空間に何かある、という仮説で作られている。

塚本：いずれにしても、死の問題をテーマにしている点がいいと思う。

小野田：では、ファイナリストの可能性を残しながら、一旦「保留+」でどうですか？

審査員一同：（同意）

齋藤（司会）：では『私の弔われかた』[286]は「保留+」です。

続いて3得点、東京の「宙口」を提案する『Inspire──新都市へ拓く「東京駅・宙口」』[494]。藤野審査員が「強く推す」作品です。

藤野：正直に言えば、読み込んでも計画のディテール（詳細）はよくわかりませんでした。

東京駅はすべての鉄道の起点となる発着駅なので、3次元的にとらえて、空に向けてもここが出発するポイントになるというのが象徴的で、可能性を感じ選出しました。

塚本：でも、どうしてドローン（無人航空機）に駅が必要なの？

藤野：人が乗る場合は必要になる。

小野田：ドローンだけではなくてタクシーもある。

岩瀬：なぜ、このように設計したのか、設計の部分がよくわからなかった。

塚本：どこにでも発着できるのがドローンのいいところじゃないの？

藤野：長所としては、そうですけれど。

塚本：線路があるから駅が必要なだけで、線路から解放されたドローンがどうして駅を必要とするのかは理解できない。

藤野：鉄道とドローンを連関させるためです。

齋藤（司会）：そこまで組み込んでいるのですか？

藤野：都市交通の起点として、そういう使い方をするのではないか、と思っています。

齋藤（司会）：模型はかっこよかったです。

塚本：おそらく、こういうものを作りたかったんだろう。塔が作りたくて、今、塔を作るとしたらドローンの空中駅がいいのではないか、と思いついた。それでもいいけれど、冷静に考えてみれば、この計画は、根本がずれているんじゃないの？

岩瀬：このように、新しい技術に依存するタイプで実感が湧かないものに形を与えた作品の評価は難しい。設計の手がかりが、もう少し見出されていると判断できるけれど、それがないので、この作品を評価するポイントがよくわからない。パネル、ポートフォリオ、模型の表現はかっこいいけれど、設計の主題が何なのか、新たな発見やチャレンジは何でしょうか？

小野田：ドローンはヘリコプターのようなものだから、離着陸はビーコン（発信器）で誘導できる。この建築を設計する上で重要なのは、風向きに合わせて、ビーコンを2〜3カ所ずつ用意しておくことと、垂直な動線を確保すること。それが建築のデザインにも組み込まれていると、さらにおもしろいのだけれど。

齋藤（司会）：でも作者は、ドローンの目線ではないですね。

小野田：塚本審査員長が指摘したように、作者の関心は、「こういうものが作りたかった」という単なる形

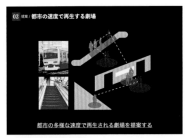

02 佳作／都市の速度で再生する劇場

都市の多様な速度で再生される劇場を提案する

501

006

態にある。もちろん、形態は、建築を設計する上でとても大事なことだけれど、それだけでは議論が膨らまない。

岩瀬：ドローンというテーマを扱う建築という側面からは評価できません。

藤野：空港が街の中心部から離れた場所に作られる時代になると、街の中心部に降りられるドローンのような乗物の可能性が増す。その発着場を都心で、鉄道の起点の東京駅に設定して、東京駅を3次元化して考えたことは、おもしろい。

岩瀬：むしろ都心のビルのいろいろなところに着陸できるほうが、ドローンの特性に応えていておもしろいのでは？

塚本：そう、もっと分散型になるのではないかな？

川勝：ドローンを中心に考えるとこうはならない。

サリー：問題なのは、そこの設定をしていなかったことだと思います。

ドローンの離発着場といえば、「屋上でいい」「まわりに塔がある」ことを誰でも思いつく。ドローンをテーマにするならば、それに対して、「いや、それは違う、こういう制約があるから」と、専門的な知識に基づいた提案をしてほしい。この作品のように、技術的な背景に基づいた提案のはずなのに、技術的なリサーチなしに、いきなり商的なロジック（論理）を持ってこられると、「それはロジックではなくて方便になっている」と思えて、共感できませんでした。

齋藤（司会）：では『Inspire』[494]は、「保留」にします。

濱（司会）：ここまでが、審査員の「強く推す」作品です。

齋藤（司会）：次も3得点ですが、塚本審査員長、岩瀬審査員、藤野審査員、3人の「推す」作品です。東京駅を劇場化する『都市の再生速度──現代的鑑賞から考える東京駅の劇場』[501]。

藤野：電車の内部空間は、正に、都市の中を動いている「空間」です。電車から見える風景をデザインして、その風景の移り変わる速度や人間が感じ取るスピード感と、眼前に次々に現れる風景の序列を対応させて考えることができている。模型がないのは残念だけれど、動画の映像は良かった。

濱（司会）：では、『都市の再生速度』[501]は、一旦、「確定」に近い「保留+」にします。ここまでが上位12作品。

次からは、2得点の7作品、審査員2人の「推す」作品です。

まず、サリー審査員、川勝審査員が「推す」、『Leaving traces of their reverb』[006]。

塚本：この作品は、パネルとポートフォリオの内容

がズレていて、よくわからなかった。フォレンジック・アーキテクチャー*5のようなことをやりたいのだろうけど、その視点で見てもよくわからない。

サリー：2022年、ウクライナとロシアが戦争を始めた時に、初期にミサイル攻撃されたのがタワーとアイススケート場だったらしいのです。その時に破壊されたアイススケート場がどういう形だったかは、図面が残っていないのでわからない──というところは疑わしいですが──それで、インターネット上の動画共有サイト「YouTube」や、過去のSNS（Social Networking Service）への投稿で元の施設を調べ、それをもとに設計し直した、という作品です。情報の見つからない部分に関しては、利用者の意図を汲み取って設計し、ミサイル攻撃を受けた3月1日に、この場所から見えた星座を屋根にプロットして（点を打って）、そこをヴォイド（開口部）にした。たぶん、そういうことだと思います。だから、このアイススケート場のどこかの屋根を3月1日に見ると、ヴォイドと星座とがピッタリと重なるのです。

塚本：だから、屋根に穴が開いているのか。

小野田：そういうことだったんだ。サリー審査員の分析力はすごい。

サリー：ミサイル攻撃された瞬間、ここにいた人たちが見た星空が屋根にプロットされている……。

小野田：ポートフォリオは、見てはいけなかったんだ。

川勝：ポートフォリオは、パネルと内容が全然違う。

サリー：それ以外にも、できるだけ忠実に被災前の状態を復元したようです。

川勝：インターネット上のフォレンジック（調査分析）機関のホームページ（https://forensic-architecture.org/）で、実際に、キーウのテレビ塔のミサイル被害を調査した分析結果が公開されていますが、そこの分析結果とパネルに記載されている内容が、似ていることには懸念があります。ただし、特に建築を作る方向性とは結び付いていない、客観的な調査方法に基づく分析結果を、この作品では、ものを作るための論理にまで持っていこうとしてるところは、おもしろい。

岩瀬：これは誰に向けた提案なのですか？　何をめざしているの？

サリー：地震で崩壊したり、地震直後の津波で流されてしまって、そこにどういう建物があったか思い出せないものもある。建築家たちは、災害が起きる度に、調査して、失われた建物の記録を残したり、人々にその建物を体験させる施設を作るような取組みに携わっています。たぶん、この作品を、東日本大震災（3.11）の被害を受けた仙台という場所に持ってきた、ということには、特別な意味があると思います。被災地周辺の人たちは、ここに何が建っていたか、だんだん思い出せなくなります。それで、同じ場所にこの建築を建てて、「この建物がミサイル攻撃で奪われてしまった」ということを人々に思い起こさせる。破壊された建物を基本にしながら、当日の星空を思い出させる仕掛けを加えている点で、それなりのメッセージ性があるのではないでしょうか。もとの建築はもう失われたけれど、人々の記憶の中で建築を生き続けさせるための真摯な提案だと思いました。

川勝：ここが仙台だからこそ、選出した？

サリー：仙台だからこそ、選出する意味があると思います。

齋藤（司会）：上げ気味にしますか？

塚本：話題としては、おもしろい。

齋藤（司会）：では、『Leaving traces of their reverb』[006]は、上げ気味の「保留+」です。

次も2得点、岩瀬審査員、川勝審査員が「推す」、『まちをまちあい室に──LRTの行き交うまちの未来』[097]です。

小野田：挑戦的な作品ですね。

塚本：敷地としている倉敷駅は、浦辺鎮太郎設計のすばらしい駅です。そこに何の敬意も払わず、すばらしい駅前をこのように破壊している人に、「街の待合いを作る」などと言ってほしくありません。

齋藤（司会）：選出した審査員が推さなければ、落ちます。

川勝：街を挟み込むように線路が敷かれ、駅が街の中に分散しているところにおもしろさを感じました。

塚本：こんなに急に曲がれないよ。軌道は4kmぐらい先から曲げてこないと、ここまでは動かせない。

岩瀬：厳しいな。

藤野：これは鉄道ではないのですか？

塚本：鉄道ですが、LRT（Light Rail Transit／次世代型路面電車システム）。

川勝：路面電車だったら曲げられますね？

岩瀬：強く推しているわけではありませんが、街内と街外が曖昧になっていくこれからの時代に、街の中の駅には可能性があると思います。この作品は、既存の駅と街を残しながら線路を曲げているところが、おもしろいと思って選出しました。

塚本：既存の部分なんて残していないよ。ここは、もっと立派な広場のある、とてもいい駅前なんだ。

岩瀬：既存の駅と周辺街区がある場所に、既存の建物を縫うようにLRTを通したのだと理解していました。たとえば、そのようにしてできた首都高速道路では、ゼロから作ることからは生まれ得ないとてもダイナミックな風景が見られる。街と移動交通との間に多様なインターフェイス（接点）が生まれるという意味で、既存の市街地で線路の軌道を変更することは、魅力的なアイディアです。そのスペクタクルについて、もっと説明を聞きたいと思ったのですが、全部が新築だとなると、推した意図とは違うかな？

齋藤（司会）：では、『まちをまちあい室に』[097]は「落選」です。

次も2得点、建築をゲーム化する『ケンチCube: あなたもなれる、ケンチキューバーに。──建築をひらくためのゲーム制作』[275]。藤野審査員、サリー審査員の「推す」作品です。

藤野：これは、コミュニケーションに建築を使うという作品です。コミュニケーションの相手には子供も大人もいて、子供は知らず知らずのうちに空間遊びに入っていける。抽象的ではないので、実際の建

275

4つの家の関係性ネットワーク図

336

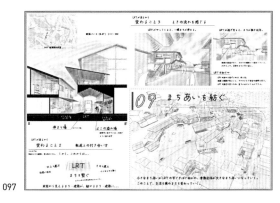

097

386

築のようなものができ上がるところがおもしろい。

サリー：建築にゲーム的な要素を持ち込む、という発想はよくありますが、この作品は、ゲームに建築的な要素を持ち込む、という手法です。そういう提案をはじめて見たし、ワークショップでも使えるのでいいと思って選出しました。軽く推している程度ですが、個人的に、これは欲しいと思いました。

塚本：建築とは、そもそもゼロから形式を考えられるので、そういう意味ではどうなんだろう？

サリー：用意されたパタン・ランゲージ*6（ここでは、環境を構成する諸要素をパタンに分けたピース）の中から選んで、その組合せの良し悪しで評価を得ていくというゲームなので、家族でも楽しめます。

場内：（笑）

サリー：候補に残さなくていいです。けれど、こういうものはぜひ商品化してほしい、と。

齋藤（司会）：商品化は別途、検討してください。『ケンチCube：あなたもなれる、ケンチキューバーに。』[275]は「落選」です。

続いて2得点、家族の解体、『しあわせな家族の解体方法』[336]は、藤野審査員、川勝審査員が「推す」作品。

川勝：これは家族の引越しプロジェクト。幸せな家族全員で一緒に暮らすのではなく、現実的な問題として家族が解体する、という提案です。

岩瀬：大きな家を解体して、別のあり方にしようとしているけれど、何を設計しているのかがよくわかりませんでした。どなたか教えてください。

齋藤（司会）：単に、家族間の距離感を設計しているのでは？

岩瀬：それなら、もとのままでもいいのではないですか？

サリー：この4つの家は、もとは1つの家だったのですか？

齋藤（司会）：そうです。もともと、家族は父の家に住んでいた。

サリー：4人で暮らしていた父の家が3つの家になったということ？

塚本：マンションに移る子供がいたり、母親は実家に戻ったり。

サリー：でも、そういうことは、日常的に起こりますよね？

塚本：そう、普通に当たり前に起こっていること。だから、なぜ、それを設計者がもう1回統合するんだ、というのが最大の疑問。また、大きな家を解体したら、その材料を使って、新たな3つの家全部を同じ手法で合わせて、改修していくという設計。そんな統一性がなぜ必要なのか、全く理解できない。統一性なんかいらないよ。

サリー：1つの家を解体して、思い出を分筆するように、マンションの3つの住戸の内装に使うというの

なら、まだ理解できます。でも、これは、単に4拠点に住み替えているだけにしか見えない。

藤野：家族が家族でなくなってしまったとしても、1つの家族だったことをつなぐ、と説明している。新しい家がもとの家の記憶を継承する記録になる、ということではないですか？

塚本：でも、余計なお世話だという場合もありませんか？　思い出なんて、もう見たくない場合もある。

藤野：これは、離婚する設定なのです。

塚本：それならなおさら。離婚した後、過去の思い出なんて見たくもない人や、前の家のかけらがあるのは我慢できない人もいるでしょ？

藤野：そういう人もいると思いますが、子供がいたら……。人の気持ちも時間とともに変わるし。

塚本：とても自分勝手な設定になっている。

齋藤（司会）：この作品は、落としていいですか？

審査員一同：（了承）

齋藤（司会）：残念ながら、『しあわせな家族の解体方法』[336]は「落選」です。

続いて2得点の作品、藤野審査員、川勝審査員が「推す」、『涵養する邑──山梨県早川町における、「仮置き」残土を介した集落の再構築』[386]です。

藤野：リニア中央新幹線のトンネルを掘った時に出てくる残土が、沿線のリニアを利用できないエリアに溜まっていくから、それを活用していく提案です。

岩瀬：この土は、最終的にはどこに行くのですか？本質的な解決案になっていない可能性があるような。

塚本：この後、川に流して……。

岩瀬：コンクリートの型枠になった後は、やはり再利用できるのかな？

小野田：残土は一時期に大量に出るから、コンクリートの建設資材などとして売るんでしょ？

濱（司会）：一時期、仮設的に利用してその後……。

サリー：残土は何になるんですか？　ブロックか、プロダクト（工業製品）になるのですか？

川勝：巨大なボリュームの残土を、どうやって、使いやすい小さなスケール（規模）まで持っていくか、ということも建築を通してやろうとしている。

サリー：残土は農業にも使えるのではないですか？

川勝：残土は細かくグレードが分かれるから、難しい。

藤野：残土は使い途が決まるまで一旦、置いておかなければならない。都市部だと保管場所を確保できないけれど、こういう場所なら、大量の残土を置いておいて、使い途が決まった分ごとに、少しずつ必要な場所に運べる。ここは、そういう中継場所になるのではないか。

サリー：それは空き地ではダメなんですか？

藤野：空き地に溜めておくだけでは残土は山のままだけれど、ここでは建設に使おうと提案している。

サリー：空き地に置いても、建設に必要になったら、そこから持っていけばいいのでは？　また、屋根が

ある理由もよくわからない。

岩瀬：本質的な解決になっていないところがやはり気になる。土を型枠として使用した後の残土はどうするんだろう？　中継場所としての意味があるならば、たとえば、残土をふるいにかけて常に使える状態になっているところを空間化している、といった残土の仮置き場としての機能をカバーしている提案のほうが共感できる。

塚本：残土はあくまでも残土ですが、土なので、然るべき状況が起これば、また、生命を育むことができる。

アーティスト、アグネス・ディーンズ（Agnes Denes）の『Wheatfield - A Confrontation: Battery Park Landfill（小麦畑 - 対立）』（1982年）は、アメリカ合衆国ニューヨークで、正に、マンハッタンの超高層ビルを建てる時に出てきた残土で作ったバッテリー・パークという埋立地を小麦畑に変えるというプロジェクト。残土を、残土でないものにし、生命を育むものとして、完全に枠組みを替えるのです。

そういう例が過去にあるので、『涵養する邑』[386]のように、まだ、建設分野だけの範疇で、残土について試行錯誤している提案は評価できない。今はもう、全く違う分野に移動することによって、残土の意味を変えていく時代だと思う。

川勝：コンクリートには残土を使っています。

サリー：リ・アース工法*7ですね。残土を高温にするとレンガとして焼成できるようで、今、実業家のイーロン・マスク（Elon Reeve Musk）が、トンネルを作る時に出た残土をレンガ・ブロックにしています。残土を別のプロダクトにするとか……。

岩瀬：塚本審査員長の指摘は、廃棄されるはずだったものを新たな価値に転換するアップサイクル（創造的再利用）とリサイクルの違いとも言えるかもしれません。この作品は、どちらかと言うとリサイクル寄りの視点のため、積極的には評価しにくい。

サリー：単なる、オシャレな資材置き場になってしまっている。

齋藤（司会）：では、『涵養する邑』[386]は、残念ですが「落選」です。

続いて2得点の作品、サリー審査員、川勝審査員が「推す」、失踪建築家の『建築家のパラドクス──制御不能な野性の面影』[490]です。

川勝：これは表現方法が上手なので選出しました。ポートフォリオが、建築を作る過程に沿って、機能的に順を追って見せる、というよくある構成ではなくて、まず、作った建築を見せて、それを事後的に作者自らが読み解いていく、という構成になっている。内容は自作自演なので評価しにくいけれど、作者なりに、他者を納得させたり、他者に伝えるための工夫を凝らしているところがいい。ただし、できたものが何なのかを作者本人に訊いてみたい。

490

電脳極界試論

0595

濱(司会)：発見されたスケッチをもとに繙(ひもと)いていく。

川勝：まず、できた建築（発見されたスケッチ）を見せて、事後的に、レファレンス（参照文献）を持ち出してきて、読み手の解釈を促す、という仕立てです。

塚本：どちらかと言うと、そこに主眼があり、エネルギーをかけたような気がする。このアーカイブ（記録保存文書）というものを卒業設計にするためには、どういう方法を採ればいいか、と考えた時、失踪建築家の資料が一気に見つかった、という筋立てにすることを思いついたのではないだろうか。自分の設計した建築を題材にして、そのスタディ過程を全部紹介しても、読み手はあまり喜んでくれないだろうから。たぶん、内容は自分の設計過程なのだろうから、同じことだけれどね。

サリー：作者は、たぶん廃墟が好きなのだと思います。最初に、自分の感覚でかっこいいと思える廃墟を設計した。それに筋立てを付けるために、「建築家が失踪した」という物語を作った。そして、「失踪した建築家」に建築家としての自分を投影して「なぜ自分は、こんな建築を設計したのだろう」という理由を、寺社仏閣などのいろいろな事例を参照しながら探っている。建築家だから廃墟を作ってはいけない、と思いながらも、廃墟を作り、その過程を架空の他者に投影して逆再生している、と考えると深みのある提案だと思いました。

ウクライナの作品『Leaving traces of their reverb』[006]と比較できるのですが、「ある廃墟」や「ある失われた建物」を見た人は、提示された不可解な材料をもとに、そこに物語が生まれるような読み取り方をします。『Leaving traces of their reverb』[006]は材料を提示しているだけですが、『建築家のパラドクス』[490]は、客観的にではなく、堂々と一人称で私小説のように語りながら、読み取りの作業をしている。私にはこういうことはできない、と思って評価しました。

塚本：建築では、図面で完成形を描きますが、実際の設計プロセスには、途中で多様な変更を重ねるため、大きな動きがあるのです。

建築の図面には、幾何学的に全部整合した最終形が描かれているけれど、建築自体の持っている「in the movement」（進行中）の側面は消し去られている。里山の古民家再生などに関わる中で考えるようになったのですが、最近、大学の私の研究室では、どうしたら完成形ではない建築の図面を描けるか、というのを試みています。それは、設計する過程で案がどんどん変わっていくからです。そういう意味で、「建築の最終形には、それほど意味がないのではないか」という問いは、今、建築の議論をする上でおもしろい項目ではあります。

この作品は、「この建築のこの意匠は、実は、無意識な連想によって、古建築のあの部分とつながっている」など、頭の中にあった、実際、そこに建物を建て

ること以外の事象と建築とがつながっている、ということも表現できている。こういう建築の表現方法は、とても大事だと思うのです。

今の建築に備わる各側面を、我々がもっと明確に伝えるには、それにふさわしい表現方法も探していかなければならない。そういう意味で、スケッチがたくさんあったり、レファレンスをたくさん載せている、この作品の表現手法は、おもしろいと思う。

小野田：では、上げ気味で。

塚本：これは残そう。この作品をファイナリストにしたい。

齋藤(司会)：では『建築家のパラドクス』[490]は「確定」とします。

次も2得点、塚本審査委員長、藤野審査員の「推す」、メタバース（仮想空間）を扱った『電脳極界試論』[595]。

塚本：これには、そこまでこだわらない。

藤野：私も、それほどこだわりません。

塚本：では、これは「落選」にしよう。もう、今まで見た中で、ファイナリスト候補が10作品以上あるでしょ？

齋藤(司会)：では、『電脳極界試論』[595]は「落選」です。

2得点以上の作品を見ましたので、一旦、ここで整理します。

まず、ほぼファイナルに進出という「確定」が、『建築家のパラドクス』[490]と、皇居の『中心について』[568]の2作品です。

「確定」に近い「保留+」が、『Leaving traces of their reverb』[006]、『元町オリフィス』[113]、『海への「おくりもの」』[241]、『サンゴヤマ計画』[260]、『私の弔われかた』[286]、『生活景の結い』[365]、『都市の再生速度』[501]の7作品。合計9作品がこちら側にあります。

向こう側にあるのが「落選」に近い「保留」で、『雪の生きる場所』[028]、『落語建築』[080]、『ヴィーナスに棲む』[187]、『Inspire』[494]の4作品です。

そして、審査員の推薦により候補に挙がってきた1得点の作品、『表層の中の道標』[101]、『学びの編み場』[353]、『MADE IN HONG KONG』[414]、『帰路と旅路のシナリオ』[418]の4作品は、まだ見ていません。

小野田：では、1得点の作品を順番に。

齋藤(司会)：まず1得点、塚本審査委員長の「推す」、『表層の中の道標』[101]です。

塚本：この作品は、酒を作る工程を凹凸の少ない棚田の中に建築として表現しています。圃場整備[※8]された棚田に、その段差に合わせて、酒の工程を表す建築を並べていく。

最近、物を作る普遍的な工程に興味があります。現代のように、ここまで建築の価値が解体された状況

の中で、どこから建築の価値を組み立て直すかを考えると、こういう、物を作る工程を建築の問題としていくことは、とても大事だと思う。今回の出展作品には、物を作る工程を扱った作品が少なく、唯一評価できるのがこれだ、と思って選出しました。

齋藤(司会)：『表層の中の道標』[101]は一旦「保留」にします。

1得点の『学びの編み場』[353]は先ほど議論しましたので、「保留」として省略します。

次の1得点の作品も、塚本審査委員長の「推す」、『MADE IN HONG KONG』[414]です。

塚本：これは、香港の街の魅力をどのようにつかまえるかに挑んだ作品。今回、展示されている模型の中で、一番迫力があり、頑張ったと評価して選出しました。

現在、香港は政治的に難しい場所となってきているけれど、従来からの香港の自由な雰囲気というものは、やはり街に残っているはずです。それを今、問題にすることは、人々が横につながり連携していく手助けを、建築でできるかもしれない、ということへの問い掛けです。この作品では、そこに、表面上のパタン・ランゲージの操作以上の大きな意味があると思いました。

実際は、この作品の提示している、建物をまたぐほどの大がかりな横の連携はないと思う。斜面地との絡みの部分では多少、あるにしても、このように独立した建築同士の連携が、どこまで現実になるのかはわからないけれど、それをやろうとしているところは、おもしろい。

岩瀬：香港の魅力的なものを採取するのはわかりましたが、それを彼の建築としてどこに、どのように作っているのかがわからなかった。

塚本：私にもわからない。標準的な街区に作るということかな？

小野田：香港大学の周辺だと思います。

サリー：隣り合うビルとビルをつなぐ、そのつなぎ方の中に、香港特有とは思えませんが、庇や柱などのパタン・ランゲージを用いています。「民衆を横に連携させよう」という政治的な意図は汲み取れませんが、もし、それがあるのだとしたら、議論のしがいはある。

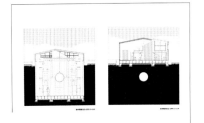

〜うりま
オで
す。
こ
建築都市学生会議+
て
円+税

れない。また、記号的に魅力あるものを組み合わせて作ることが目的ではないはずなので、話を聞いてみたい。

齋藤(司会)：『MADE IN HONG KONG』[414]は一旦、「保留」にします。

では最後の1得点も、塚本審査員長の「推す」、『帰路と旅路のシナリオ』[418]。

塚本：これは、視点場*9をいくつかつくろう、という作品。風景の中に、人がたくさんいる場所ではなく、どちらかと言えば、1人でいられる場所をつくっていく。だから、プログラムなどは必要なくて、存在としてあればいいだけ、という場所。ドローイングが良かったので推したいと思っています。フレームに入れて展示してあった、手書きのドローイングは、質感を表現しようとしているところがいいと思った。

齋藤(司会)：ただし、これは大幅な規約違反の作品で、このドローイングは予選の後に追加されたものです。

塚本：追加されたドローイングを評価して選んだとなると問題だね。「何でもアリ」になってしまうと困るから。

齋藤(司会)：この作品を候補に残すのであれば、規約違反で追加されたドローイングを評価して選出した、という点に懸念があります。ポートフォリオには、他にもパース(透視図)などが、大量に追加されています。

塚本：候補に残っている他の作品は、問題ない？

齋藤(司会)：では、『中心について』[568]はファイナリストに「確定」です。

続いて、「確定」となっていた2得点の『建築家のパラドクス』[490]は、ファイナリストに「確定」していいですか？

審査員一同：(了承)

齋藤(司会)：では、『建築家のパラドクス』[490]は、ファイナリストに「確定」です。

次に「保留+」の7作品です。

まず、2得点、ウクライナの『Leaving traces of their reverb』[006]はファイナリストにしていいですか？

川勝：作者の話は聞いてみたい。

塚本：提案が少し淡白だよ。

小野田：サリー審査員が語った以上に、作者がすばらしく語ってくれるといいですけれど。

サリー：淡白なのはたぶん、調査手法がインターネットを使うというデジタルな手法だからです。設計の素材となった、SNSとYouTubeで投稿されたアイススケート場の写真や動画は、ミサイル攻撃前の幸せな様子だったと思います。作者本人は、現地に行かずに、インターネット上の資料だけで設計している可能性は大きい。そうであれば、その分、表現はドライになったのではないでしょうか。

小野田：そういう設計手法は、逆におもしろいと言えば、おもしろい。

塚本：周りの建物も含めて、もう少し、やりようが

あったのではないか。

齋藤(司会)：では、『Leaving traces of their reverb』[006]は、そのまま「保留+」とします。

次の6得点『元町オリフィス』[113]はファイナリストにしていいですか？

塚本：それも、規約違反で図版を追加していますね。

齋藤(司会)：主に配置の変更です。

学生会議：透視図を拡大して移動し、少し加筆している、という規約違反です。

藤野：先ほど、手法として新しいという評価はあったけれど、この作品で実際にやっていることは、それほど商店街に寄与していると思えない。

サリー：最終的な建物が、あまり美しくない。

齋藤(司会)：では、『元町オリフィス』[113]は、そのまま「保留+」で。

次に、疑問の声が出ていましたが、6得点の『海への「おくりもの」』[241]はファイナリストにしていいですか？

小野田：これは「保留+」の中では、やや弱い。評価はしているけれど、まだ、確定できない……。

齋藤(司会)：では、『海への「おくりもの」』[241]は「保留+」のままで。

続いて、3得点の作品、サンゴ石を扱った『サンゴヤマ計画』[260]はファイナリストにしていいですか？

塚本：ファイナリストにしていいと思う。

小野田：最初に、塚本審査員長はドローイングのいい作品を推すと表明していましたが、背景を含めていろいろわかっていないと、いいドローイングは描けない。この作品は、珊瑚やサンゴ石をたくさん見て、考えて設計しているのではないか。この鬼気迫るドローイングの向こうに、そういうものがあるように感じる。

藤野：作者の話は聞いてみたいです。

齋藤(司会)：ファイナリストにしますよ？　他の作品を先に見ますか？　では、『サンゴヤマ計画』[260]は、そのまま「保留+」。

続いて3得点、『私の弔われかた』[286]は、ファイナリストにしていいですか？

藤野：扱っている主題は良いけれど、建築としては、価値観を揺さぶるものではない。規約違反のページが多いことも評価できない。
学生会議：図面を追加する、図版の位置を変えるなど、見せ方を少し変えた違反です。最後のほうに、透視図を数点、追加しています。
岩瀬：この「私」は、私だけのためのもの、という意味ですか？　それとも、次の人や他の人も使えるもの？
塚本：「私」は、「それぞれの人」という意味。
齋藤(司会)：では、『私の弔われかた』[286]は「保留+」のままで。

次、4得点の作品、王子駅の『生活景の結い』[365]はファイナリストにしていいですか？
サリー：これは、よくできていた。
塚本：ファイナリストに、1つはこういう、きちんとした作品を入れたら？
齋藤(司会)：これは、ファイナリストにしていいですか？
塚本：いいよ。
審査員一同：(了承)
齋藤(司会)：では、『生活景の結い』[365]は、ファイナリストに「確定」です。

続いて、3得点の『都市の再生速度』[501]。ファイナリストにしていいですか？
審査員一同：(了承)
齋藤(司会)：では、『都市の再生速度』[501]はファイナリストに確定です。
小野田：これで4作品がファイナリスト「確定」、残り6作品。

齋藤(司会)：それでは、2得点以上の「保留」4作品を見ていきます。
まず「保留」の3得点『雪の生きる場所』[028]は、どうですか？
藤野：雪を積極的に使えているように見えない。
サリー：火葬場というプログラムを入れたのは、マイナス要因だと思う。作者にその意図はなくても、「雪が捨てられる場所」と「人が燃やされる場所」とを重ねられると、「人が捨てられる」というメタファ(隠喩)だととらえてしまうので、そこは減点ポイント。
人々に再び、雪へのありがたみを感じさせるためにこの手法を使う、というのは理解できるけれど。
齋藤(司会)：残念ですが、落としていいと思いますか？
審査員一同：(「落選」に同意)
齋藤(司会)：では、『雪の生きる場所』[028]は「落選」です。

次に、「保留」の3得点『落語建築』[080]はどうですか？
塚本：これも芽はないと思う。
齋藤(司会)：落としていいですか？
審査員一同：(了承)
齋藤(司会)：では『落語建築』[080]も「落選」です。

次に、「保[...]どうですか[...]
塚本：こ[...]
齋藤(司会)[...]
塚本：積[...]
齋藤(司会)[...]
した。反[...]
審査員一[...]
齋藤(司会)[...]
選」です[...]

最後の「[...]
小野田[...]
審査員[...]
齋藤(司[...]

本江：[...]
点以上[...]
定」は4[...]
齋藤(司[...]
品が「[...]
いるの[...]
[006]

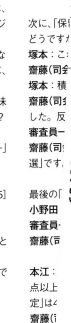

(株)
東京都
TEL03(3
9784863588905
C3052 ¥2000E
ISBN978-4-86358-890-5

[241]、[...]・計画』[260]、[...]
[286]の5作品と、「保留」の『表層の中の道標』[101]、『学びの編み場』[353]、『MADE IN HONG KONG』[414]の3作品。ファイナリストの残りが6作品なので、この合計8作品から6作品を選ぶ、あるいは2作品を落とすイメージです。

塚本：『表層の中の道標』[101]は、落としていいよ。
審査員一同：(「落選」に同意)
齋藤(司会)：『表層の中の道標』[101]は、「落選」です。

藤野：『元町オリフィス』[113]、『学びの編み場』[353]の2作品は、事前の展開はおもしろいけれど、最終的な空間には疑問が残る。
塚本：『元町オリフィス』[113]を落として、『MADE IN HONG KONG』[414]を残しては？
各審査員：(それぞれ候補の作品を確認)

小野田：塚本審査員長から、『Leaving traces of their reverb』[006]、『私の弔われかた』[286]、『MADE IN HONG KONG』[414]の3作品をファイナリスト候補、『海への「おくりもの」』[241]、『サンゴヤマ計画』[260]の2作品を「保留」、『元町オリフィス』[113]、『学びの編み場』[353]の2作品を落選候補として、分けられるのではないか、という提案が出ました。
齋藤(司会)：みなさん、この提案はどうですか？
藤野：『海への「おくりもの」』[241]、『サンゴヤマ計画』[260]の2作品がボーダーライン上にあるということ？
齋藤(司会)：特に異論がなければ、まず、『Leaving traces of their reverb』[006]、『私の弔われかた』[286]

塚本：この作品は、推したいですね。
川勝：では、ファイナリストに上げて、ファイナルで議論する、ということで。
齋藤(司会)：では、上げますか？
審査員一同：(同意)
齋藤(司会)：『サンゴヤマ計画』[260]がファイナリストに「確定」。あと2つです。

川勝：あと2つなら、『海への「おくりもの」』[241]、『学びの編み場』[353]ではないかと思います。
塚本：ええ？　『学びの編み場』[353]は、かなり弱い。この作品は、「みんな動いて！」と、とにかく人を動かすだけで、実際に作られた建物は、とても貧弱です。
サリー：しかも、学びの場は外側にある。小学校ではなく、こども園のレベルです。
塚本：建物は全部、同じなんだ。

川勝：分散型という提案は卒業設計ではよく見るものなので、新規性は弱いですね。
いずれにせよ、候補に残っている『元町オリフィス』[113]、『海への「おくりもの」』[241]、『学びの編み場』[353]の3作品全部を、ファイナリストには入れられない印象です。
「落選」した作品の中で、評価できるものはないかな？
塚本：先ほど落とした、田んぼの『表層の中の道標』[101]がある。また、1人でいられる場所を設計した『帰路と旅路のシナリオ』[418]もある。
川勝：先ほど「落選」した『ヴィーナスに棲まう』[187]と『涵養する邑』[386]は、ファイナルで議論してみたい。

小野田：「落選」作品が戻ってきた。これは、長引くな。

齋藤（司会）：先に「落選」した4作品が候補として復活して、ファイナリスト候補は、『表層の中の道標』[101]、『元町オリフィス』[113]、『ヴィーナスに棲まう』[187]、『海への「おくりもの」』[241]、『学びの編み場』[353]、『涵養する邑』[386]、『帰路と旅路のシナリオ』[418]の7作品になりました。ここから、残

ら2作品を選んでください。残り3作品は補欠になります。

小野田：審査員から『元町オリフィス』[113]推す声が上がっています。

塚本：え？　『元町オリフィス』[113]は、いまひとつじゃない？

サリー：調査する中、街で見つけた一点透視図法による眺めを、建築に展開していく過程の手つきが、

齋藤（司会）：続いて、補欠の順位をつけます。補欠は『表層の中の道標』[101]、『涵養する邑』[386]、『帰路と旅路のシナリオ』[418]の3作品です。本日中に連絡が付かなければ、ファイナリストは失格になり、補欠が繰り上がります。

川勝：『帰路と旅路のシナリオ』[418]を補欠3位にしたい。

使っています。

塚本：農村に行くと、敷地というものはないんだよ。ものごとの連関はあるけれど。だから、その連関の中にこの建築を立てている、ということです。

サリー：ビニル・ハウスと同じようなもの？

齋藤（司会）：予定時間を過ぎているので、急いで、ここからファイナリスト2作品を決めます。

小野田：先に、「これは議論の余地なし」という作品を除いてもらえますか。

齋藤（司会）：『ヴィーナスに棲まう』[187]は復活してきましたが、外していいですか？

塚本：議論の余地なし。

審査員一同：（了承）

齋藤（司会）：では、『ヴィーナスに棲まう』[187]は「落選」です。

次は、『学びの編み場』[353]はどうですか？

塚本：これは、メチャクチャ省エネ建築だよ。何も設計していない。

藤野：追加し過ぎている。

審査員一同：（「落選」を了承）

齋藤（司会）：『学びの編み場』[353]も「落選」です。

それでは、『表層の中の道標』[101]、『元町オリフィス』[113]、『海への「おくりもの」』[241]、『涵養する邑』[386]、『帰路と旅路のシナリオ』[418]の5作品か

川勝：サンゴ石の『サンゴヤマ計画』[260]もファイナリストに入れたけれど、追加で、もっとダイナミック（動的）に物を動かす提案として、『海への「おくりもの」』[241]か『涵養する邑』[386]のどちらかがあってもいいのではないか。

齋藤（司会）：どちらをファイナリストにしますか？

藤野：『海への「おくりもの」』[241]のほうがいいです。

川勝：『涵養する邑』[386]は、最終の構築物がやや過剰に見えます。

塚本：根底に広域的な「事物連関*10」のある、『海への「おくりもの」』[241]のほうがいい。流域の運用における「事物連関」が、筋立てとしては一応、入っている。

齋藤（司会）：では、ファイナリストにしますか？

審査員一同：（了承）

齋藤（司会）：『海への「おくりもの」』[241]はファイナリスト「確定」です。

では、確認します。

『Leaving traces of their reverb』[006]、『元町オリフィス』[113]、『海への「おくりもの」』[241]、『サンゴヤマ計画』[260]、『私の弔われかた』[286]、『生活景の結い』[365]、『MADE IN HONG KONG』[414]、『建築家のパラドクス』[490]、『都市の再生速度』[501]、『中心について』[568]。以上、ファイナリスト10作品（10選）が確定しました。

審査員一同：（了承）

場内：（拍手）

の道標』[101]を上位にしよう。

審査員一同：（了承）

齋藤（司会）：では、『帰路と旅路のシナリオ』[418]が補欠1位、『表層の中の道標』[101]が補欠2位、『涵養する邑』[386]が補欠3位になります。

場内：（拍手）

編註
*1　浚渫土（しゅんせつど）：海や河川の底を掘削することで発生する土砂など。浚渫とは、海底や川底に堆積した土砂などをすくい上げる工事のこと。
*2　コナベーション（conurbation）：複数の市街地が発展するとともにつながっていき、1つの都市域を形成している状態。
*3　パーゴラ：材を格子状に組んだ屋根を持つ構造物で、つる性の植物を絡ませる日陰棚。
*4　栗石：敷き石などに用いられる小石のこと。
*5　フォレンジック・アーキテクチャー（Forensic Architecture）：イギリスのロンドン大学ゴールドスミス校を拠点とする研究グループ。建築の技術を駆使した科学的な捜査を通して、世界中の国家権力による政治的弾圧や人権侵害などを調査している。
*6　パタン・ランゲージ（pattern language）：建築家で都市計画家のクリストファ・アレグザンダー（Christopher Alexander）が提唱した、建築と都市計画に関わる理論。従来より街と建物に頻繁に見られた関係性（パタン）をランゲージ（建築言語）として文法のように共有することで、住民の誰もが建築やまちづくりのプロセスに参加できるようになる。
*7　リ・アース工法：材料の約9割を土で構成し、少ないセメント量で高い安定性を保持する土舗装の工法。
*8　圃場整備：耕地区画、用排水路、農道などの整備、土層改良、耕地の集約化などにより、農地を整理して生産性の高い農地に作り変えること。
*9　視点場：本書14ページ編註2参照。
*10　事物連関：本書7ページ編註1参照。

Final Round
ファイナル（公開審査）

ファイナル審査員
塚本 由晴（審査員長）、岩瀬 諒子、
藤野 高志、サリー 楓、川勝 真一

進行役
友渕 貴之

ファイナル（公開審査）では、ファイナリスト10作品の中から「日本一」を決める。
2020年以来、会場内に無観客での審査だったが、今年は、コロナ禍（COVID-19）に配慮して人数制限を設けつつも、予選通過作品（100選）の出展者（90人前後）に加え、抽選によりそれ以外の来場者（10人前後）の入場を実現した。
また、出展作品の展示（100選のみ）とセミファイナルの審査が、せんだいメディアテーク（以下、smt）とは別会場（仙台フォーラス）になったため、例年、同日に実施していたファイナルは、セミファイナルの翌日となった。前日の内に、セミファイナルで選出されたファイナリスト本人と連絡を付け、ファイナリストの模型やポートフォリオがsmtの1階オープンスクエアへ移動された。
ファイナルの審査は2部構成である。今年はファイナリスト1作品がオンライン参加となった。最初に、ファイナリストのプレゼンテーションと質疑応答。続くディスカッションによって「日本一」をはじめ各賞が決定した。ファイナルの審査経過はすべて、仙台フォーラス7階のサテライト会場に中継されるとともに、昨年同様、「YouTube」を介してインターネット上に同時配信された。

＊文中の出展作品名は、『作品名』［出展ID番号］で記載。　＊初出を除いて、文中の出展作品名はサブタイトルを省略。
＊文中の［　］（　）内の3桁数字は出展作品のID番号。　＊アドバイザリーボード：本書5ページ編註1参照。　＊学生会議：本書5ページ編註2参照。
＊smt＝せんだいメディアテーク。　＊SDL＝せんだいデザインリーグ　卒業設計日本一決定戦。

Photos except as noted by Toru Ito, Izuru Echigoya.

＊1：ファイナル不参加。
＊2：会場とファイナリストをインターネット回線でつなぎ、ビデオ会議アプリ「Zoom」を利用したオンライン参加。

プレゼンテーション

2022年2月24日、特別軍事作戦として、ウクライナ各地へのミサイル攻撃や空爆が始まりました。SNS(Social Networking Service)である「Instagram」のメニュースト━━━━━から「████████████████」をクリックしたことをきっかけに、リアルタイムでウクライナ各地の惨状の写真や動画、文章を目にするようになりました。3月1日に、ウクライナの首都キーウが、ロシアからミサイル攻撃を受け、1市内のKyiv TV Towerキーウ・テレビタワー)が、と発めばその周辺にあるスポーツ施設が被害に遭い死した(図01)。

敷地

この敷地は、えするババヤールという谷で、第二次世界大戦時にはドイツ・ナチスの占領下、3万人ものユダヤ人が虐殺された土地です。ソビエト連邦の時代に、レンガ工場の産業廃棄物で谷が埋め立てられ、集合住宅が建設されました。その後、1961年に土砂崩れが起こり、再びこの土地は多くの死者を出します。
卒業設計とは、このババヤール周辺の谷を、1941年当時の等高線をもとに再現し、今回の攻撃を受けたスポーツ施設の敷地としました。インターネット上の地図サービスの███████や「Google マップ」に記載された20世紀の

ロシア軍動画「ストリートビュー」から、建築ごとに模型と図面で再現しました(図01-02)。

設計

バレーボールなどができるサッカーゲーム場(以下、スケート場)、体操施設、バスケットボール・コート、フットボール・コート、スポーツジムの機能を備えた施設を新たに設計しました(図00-00)。
設計する上で、建築が竣工して、人々がすでに体験さない経験をして、さまざまな事情でその建築が解体され、更地になった後でも、この場所での人々の経験から、他の経験につながる何かを表現できるのではないかと考えました。
文章や、何らかの意図を持って撮影された写真、動画から、████████████████████████████過去の施設との齟齬を立ち上げることを考えました。
この3つの通路が一番、設計したかったものの1つです。ここはガラス戸の内側であり、屋外であり、「タイムライン(SNSで時系列順に表示される画像)」の「マクロ━━」機能を担うもので、もとに戻ることもでき、他の世界との接点(インターフェース)になります。
3月1日のキーウから見えた星の位置をシェル状の屋根の開口にし、円形のスケート場の上に観客、通路、そこに留

より続ける星がめる景色を想像しました(図07-10)。

████████

███、チャンネルなどではなく、かつてそこにめった人々の営みやメートを何度もリロード(再読み込み)して変形させることによって、かつてそこにあった施設の役割を受け持つような建築を作りました

設計の動機

何んなめったかのように、この土地に新たな施設が建設されることは間違いだと思いました。グチャグチャになった遺体、亡くなった兵十の名前、破壊された建物、イデオロギーによって勝手に奪われた人々の生活、更新されなく███████████████████████████████。この戦争のことを、時事的な問題とか社会的なイシュー(課題)だとか言いたくありません。
コミットメント(関与)とデタッチメント(無関与)を繰り返して、████████████████████。結論に至らない。この設計自体を肯定したかったのです。

01

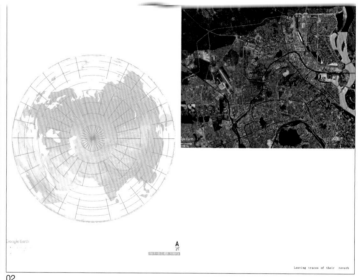

02

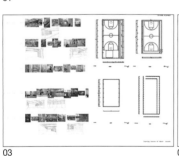

03

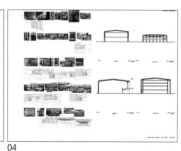

04

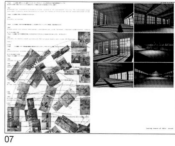

07

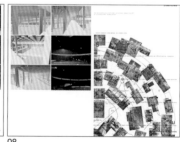

08

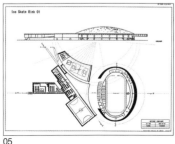

05

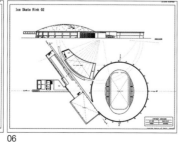

06

09

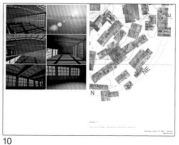

10

質疑応答

塚本：空中を走るブリッジも、もとの建物の再現ですか？

村井[006]：これは新たに加えたオリジナルで、一番設計したかったものの1つです。私は現地に行っていないので、このスポーツ施設があることを画面の中でしか知りません。建築がそこにあったという実感はないため、この通路を通して建物を

何がどう変わったのかを教えてください。

村井[006]：ずっと地下に潜っているような心持ちなのです。誰かにこれを伝えたい、という思いはありますが、今はまだ、葛藤しかありません。

藤野：地下に潜ってこの建築を作ってきた。今、こういう場で作品を説明している

らたと、それらがどのように惟言されているのか・・・・・・・・・・・建物の大きさ、高さ、構成をもとに図面にして、模型にして……。

岩瀬：取り扱いに細心の注意を要する問題に対して、果敢に提案するという姿勢は、とてもかっこいい。

疑問は、当事者ではない「外側」からの視点で、ある種の「復元」のような設計をする時にSNS(Social Networking Service)の文章や言葉とともにある画像という生の情報をどういう気持ちで受け取り、取捨選択して、現地での「リアルさ」を、どのように建築の要素として拾い上げたのかを教えてください。本当に建築の柱のことだけが大事だったのでしょうか？　要素の選択方法について教えてください。

村井[006]：SNSの口コミに書かれた情報は、些細なことばかりなのです。たとえば、スケート場は、氷が作れなくなったためか、3年ぐらい前に使えなくなっていました。その状況に対して、「早く直せ」「空調が全然直らないが、どうなっているんだ？」など、利用者のとても怒っている声が投稿されていた。写真をずっと見ながら、そういう些細な情報も含めて、もとの施設のそのままの雰囲気をこの建築にどうにかアプライ(適用)するように努めました。たとえば、1階のロッカールームの上にスポーツジムを作ったり、というように変更しています。伝わりますか？

藤野：つまり、限定された情報にあなたの想像力を足して、こういうものを作った。こういう創作を通して、自分の考え得ることが進化する、自分の中で何かが変わる、そういうことを期待したのだと思います。実際、これを作ってみて、あなたの中で

する自分の立場を表明しようとは一切していない。その辺りが、よく理解できていないので、後で訊きたいと思います。

サリー：作者が「今、この作品をウクライナの人に見せられる立場にいない」と言ったことで、私のこの作品への評価はプラスに転じました。もともと建っていたものを聖地に再現したのではなく、あえて誤読しているので、「あなたたちが使っていた建物は、こんな感じだったでしょ？」と、被災した人にこの作品を見せるのは、慎重さが求められることだと思います。

一方で、この施設を設計する立場と使う立場とでは、たぶん目線が違う。建築は、使っている人たちにとっては体験としてしか記憶されていないと思う。「丸かった」「棟がどういう配置になっていた」などは、使う人たちにとって、そんなに重要なことではない。だから、提案する建物が「そこにどういう思い出が宿っていたか」という人々の思いを掘り起こせたら、それだけで、かつての施設利用者に勇気を与えられます。けれど、説明では建築のそういった側面がよくわからなかった。

評価はややプラスに転じたものの、今はまだ、最終的な評価を決めかねている状況です。

友渕(司会)：限られた情報をどのように紡いで建築を設計していくのか、どのような意識でこの作品に取り組んでいるのか、などが不明瞭だった。そういう点について、これから深掘りしていって検討したい、というところです。

調査対象地

調査対象地は、神戸市中央区三宮、元町エリア近郊です。商店街と商店街木造の通りが密集するエリアです（図01）。ここは私にとって、幼少期からよくお出かりに来ていた思い出の場所です。しかし、久々に訪れると、大規模な再開発が進められていました。

私は、この場所が少しずつよくある場所に変わっていくことへの違和感に直面しました。見通しのいい大きな広場や、いつか壊される大型のビルは暴力的で、この場所に似合わないと感じたからです。

それで「この場所らしさ」とは何だろう、と考え始めました。また、立退きの進む商店街でのヒアリング（聞き取り調査）をもとに、年表を作成していく内に、この街自体が独自の構成原理をもっている気がして、街自体の把握の仕方から作らなければ、と思いました。

街の分析方法

分析する単位「オリフィス」

そうして考えたのが、「オリフィス」というもので街を分析するやり方です。

「オリフィス」とは、「穴を作る門」と、「人を引き込む引力」を合わせたもので、これを1単位として街を見ていきます（図02）。

これをもとに街をとらえることができるようになります。

「オリフィス」には次元がある

図03のような店や階段、商店街などは、どれも1つの「オリフィス」と言えます。

そして、店が集まって商店街になるように、最小単位のオ

リフィス」が横並びに集まることによって、縦（上下）方向に高次元の1つの「オリフィス」、つまり、「2次オリフィス」のできている現象が見られます。それが集まることによって、さらに高次元の「3次オリフィス」ができあがります。このように、「オリフィス」のフラクタル・モデル（不規則な形成）で街をとらえることができます。すると、モデルどおりに把握しきれない、街の複雑さを再で捉えられるようになりました（図04-05）。

「2次オリフィス」

このエリアでは、特に「2次オリフィス」が重要であると考えました（図06）。そこで、「2次オリフィス」を分析したところ、その空間性は、柱や屋根などの建築要素に加えて、日々変わる商品や、たとえば、「このタイルまではみ出していい」といったローカル・ルールまで、さまざまな層のエレメント（要素）によって成り立っていることがわかりました。それにより、エリアごとに定番の「門」の型と言えるようなものが現れて、「2次オリフィス」空間は、より個性的で識別しやすいものとなります（図07）。

また、街を歩き、「オリフィス」を見ている内に、アクロバティックな使い方もできることがわかりました（図08）。

元町高架下商店街の調査

「2次オリフィス」である、立退きの進む元町高架下商店街で張り紙を調べたり、店の人への聞き取り調査などを行ないました。すると、ここにしかなかった雰囲気、人々が愛着を持ってきたこと、時代に合わせて変化してきたモトコーの姿がわかりました。「2次オリフィス」は、人々の中に場所性を育む力があると考えます。

設計手法

近年、新しく作られることのない「2次オリフィス」を新しく作ることに取り組みました。

敷地

敷地は、元町の商店街密集エリアから、海沿いに行くまでの見通しのいいエリアです。

設計手順

①「まちどうぐ」

この場所に「2次オリフィス」を出現させるため、「まちどうぐ」というものを考えました（図09）。

「まちどうぐ」には、変化しにくい壁のようなものから、無形のローカル・ルールまで含まれます。ハード（物理的な要素）かソフト（物理的でない要素）かによってヘビー級、ミドル級、ライト級、フェザー級と階級を分け、これらが重なり合うことで、エリアごとの「門」（「オリフィス」）の基本パタンができます（図10）。

それぞれの構成要素の更新速度は異なるため、この場所はスクラップ・アンド・ビルド（建替え）にならず、連続して変化し続けていきます。

②6つの区と10の「門」の基本パタン

この場所には、6つの区と10の「門」（「オリフィス」）の基本パタン（図10-12）が用意されており、1区、2区、3区、4区、5区、6区と、さまざまなエリアが一連の「オリフィス」の「引力」でつながっています。

30〜40年後に「まちどうぐ」が変形していっても、場所のイメージや個性が人々に共有されることで、人々の思い入れや、この場所に流れる時間は連続し続けます。ここは、多様に変形しながら、唯一無二であり続ける場所です。

01

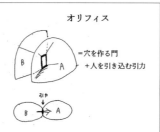
02

03

04

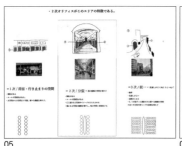
05

06

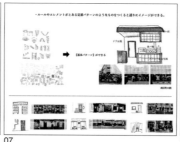
07

08

09

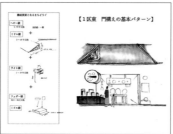
10

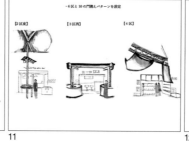
11

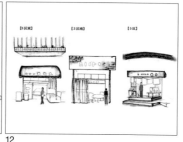
12

質疑応答

川勝：この操作により、スクラップ・アンド・ビルド（建替え）にならない、街の更新の速度が変わる、という提案だと思うけれど、よくわからなかった。なぜ、この操作によってそういうことが起こるのか、もう少し説明してくれますか？

平松[113]：模型は中央の3つの島（1区〜6区）の部分を表していて、私が設計した部分はそれぞれの中央の建物の周囲を回る「まちどうぐ」という部分です。劇場や図書館も設計していますが、どこにどの機能空間が来てもいい、という設計になっています。

この「まちどうぐ」は、壁のようになかなか変化しないものや、1年単位で変化する布、トラス（部材を三角形に構成した構造形式）構造体など、材料の種類や更新サイクル、存在感の重みが違う多様な要素から成っています。

川勝：スクラップ・アンド・ビルドにならないのは、ここに更新速度の違う要素が展開しているからですか？

平松[113]：そうです。

サリー：「オリフィス」という単位を使うことによって、あなたは「まちどうぐ」の視座に立っているのだと思います。

フィールド・ワークを通して感じたと思いますが、街の空間をはじめ、ソフトなもの（物理的でない要素）からハードなもの（物理的な要素）1つ1つに至るまで、いろいろなものに魅力があり、この街が人々の集まるような場所になる可能性はまだ残っている。

現在、この街には、台形の空間や表面積の大きい路地空間など、一点透視図法を逆展開したような空間「オリフィス」ができている。それらが重なって「2次オリフィス」が生まれているのだと思います。

私はこの作品を推したのですが、それは、あなたがこの街にある1個1個の物を大好きだったため、それらの物が観察者を見ているような、つまり、空間が人を見ているような視点が生まれたのではないか、と感じたからです。

物側からの視点で説明できることが、何かありますか？　「この作品は、人と物が等価であることを表しているのか？」という質問です。

平松[113]：模型にある屋根は、とても不思議な形をしているように見えるかもしれませんが、敷地の近くによくある形態をもとにして作っています。物と人が等価？この場所の他にないけれど……。

サリー：言い方を変えると、この建築は訪れた人のための建築ですか？　それとも、ここに置かれてる物たちのための建築ですか？

平松[113]：一点透視図法で説明しているから、この街への訪問者に向けた建築と思われるかもしれませんが、私としては、どちらかと言えば、この場所に捧げるような思いで描きました。と言うか、場所に対して誠意を尽くしたいと思って作った作品です。もちろん訪問者に向けての街という面もありますが。

この街に多い屋根の形やエレメント（要素）を、より自由に個性を発揮しながら使うことで、その魅力は街全体に還元されます。たとえば、自分の店に客を引っ張ってこようとするなど、個人個人で好きなようにやっていることが、街全体にも還元されていく。そういう無意識の内にできる集合体のようなものをめざして作りました。答えになっているか、わかりませんが……。

サリー：ありがとうございます。

藤野：「オリフィス」や「ヘビー級」という説明があったように、建築空間の構造と階層を自覚的に設定していると思います。

その上で、たとえば、周囲に追加した建物が、既存の建物に食い込んでいるように見える部分もある。2次的な増築部が、それより上位の主屋に食い込む、つまり、階層の逆転を示しているように見えます。

この作品には、「小さな物が、大きな物にどんどん影響を与えていく」というような視点もあるのですか？　それとも、大きな物の中に小さな物が入る、入れ子状の構造になっていて、「小さな物は小さな物の中で完結していく」と考えている？

平松[113]：「1が集まって2を作り、2が集まって3を作る」というトップダウン型の作り方ではなくて、1個1個の小さな穴が街全体を作るようなボトムアップ型の作り方というか、「1が集まるから2ができる」ということを重要視して作りました。

藤野：中央の建物に周囲の建物が食い込んでいるように見えるところは、建物の構造体にも手を加えているのですか？

平松[113]：中央の建物を最初に設計して、その後で周囲に、いくつかの建物を順番にくっ付けるように設計しています。先にあった建物に対して、後から加えた建物の面積をできるだけ大きく取ろうとして、食い込んで見える設計になっています。また、「寄りかかると安定するかな？」と思って、食い込むように設計したところもあります。

この建築ができることによって、この敷地にすでにあった複数の穴がつながる。先に中央の建物があるから、その外側に建物を加えるとさらにおもしろいことが起こる。そういうことは、実現できていると思います。

藤野：さまざまなフェーズ（段階）で少しずつ「階層性の転倒」が起きていることは、この作品の特徴ではないでしょうか。

塚本：これは、有孔体と言うか、「穴がたくさんある」という街の性質をもとに、とにかく建築や都市空間をとらえ直してみよう、という作品だと思います。

かつて建築家の原広司が「建築は穴だ」と言っていましたが、そこでは、人間に直接、関わる穴だけではなくて「空気が入る穴」「光が入る穴」など、あらゆる穴が対象になっていた。

この作品では、まず、商店の間口をカウンターやキャノピー（天板）でどのように作っていくかという「1次オリフィス」の問題がある。それが並んででき上がった商店街もまた、1つの穴であり、これを「2次オリフィス」と呼んでいる。しかし、商業的な人間の活動が、単に、その場所にアクセスする「穴」の問題に終始しているのはもったいない、と思っています。

たとえば、ダクトにしか見えないものが、実は人が別のところに入っていくための「オリフィス」になっている、という可能性も十分にある。「穴」というもので街全部を一元的に見ようとしたことによって、そこには単純な世界しか生まれない。もう1つ視点を加えることによって、一気に広がる複雑な世界を掴めていないところがもったいない、と思いました。

背景

土木構造物は、文明の要請や安全のために作られ、さまざ□□□な基盤を担っていますが、その一方で、時には自然の将□□□出会い、景観を□□□□し、生み出すなど□□□大きな力を持っていると言えます。現在の土木事業が作り出した不均衡な自然。自然のバランスを取り戻す操作を行なう中で、広域的、土木計画的な要因から生まれる建築を考えます。

ダムは治水や利水など、人々のより良い生活のために建設されはずが、自然の摂理に反し、水際の□□減少などオイ□□ってい□□□。ダムは水だけでなく、海へ行き着くはずの土砂をも堰き止め、その土砂はダムの老朽化を促進すると同時に、河口の海岸線減少などを引き起こしています。このダムに堰き止められた土砂を海に返すために土砂還元□□□立地に使われたりと、本来の行き場ではない場所に届いているのが現状です(図01)。

提案

今回扱う土砂還元の「置き土」は、河川に設置した土砂を河川の増水時の流れによって下流に流すため、自然に近い状□□□還元されていく□□です。

そして、ダムの放水□□によって砂を流します。

対象地域

今回扱うのは、長野県から静岡県まで流れる大竜川。「置き土」を用いて約70km先の海へ砂を送り届ける建築を提案します。実際、大竜川の河口部では、ダムが建設されて以来、海岸線が後退しており、消波ブロックの設置により□□しくの海岸線は失われ□□あります。

敷地

敷地は長野県下伊那郡天龍村。発電専用のダムである平岡ダムのりとに集落があります。普段は、水が流れ□□ない、ダムの放水時のみ河川が発生する場所です。この河川に「置き土」を設置します(図02)。

建築の配置は、ダムから採取した土砂を、一時的に平場で乾燥させてから「置き土」に至るまでが最短距離になる位置、という合理的な側面から決定しました(図03)。

□□□

建築は、土砂を使って、コンクリート用の骨材を作る工程や、集落の生業である農業などに使われる土壌を作る工程を担います。ダムの堆砂を資源に変換するこの建築は、村人、骨材生産者、海の3者にとって欠かせないものとなります(図04)。

断面計画と平面計画

断面計画と平面計画のコア□□です(図06)。□□□に収められている集落の建築を□□機械室を設計します。砂の特性を用いた骨材の粒子の安息角*1をもとに、高さなどが決定されていきます(図06)。

置き土

海へ送り届けるという目的によって出現した「置き土」の砂山は、ダムの放水と建築を介した土砂の補充により、増減を繰り返します。「置き土」の砂山は、上流の山の状態や季節など、ダムが持っているさまざまな情報をその姿の変化により視覚化し、山に囲まれて閉じた集落に、離れた地域の季節や自然の移ろいを伝える新たな生活の指標となります(図07〜11)。

長野県の南端にあり、温暖な天龍村。普段より早く□□を見て農業が始まるのではありません。季節によって変化する「置き土」の状態が、農業の始まりを伝える1つの指標となります。この「置き土」の様子は、傾斜地である集落のさまざまな視点場*2から観察されます。増減する「置き土」の砂山の□□□□□□□□□□□□□□□□□。

「置き土」の流出と補充が行なわれ続け、海岸線は沖に向かって前進していきます。消波ブロックは砂浜に埋もれ、状態の変化した海岸は、人の新たな活動を生みます。やがて消波ブロックは撤去され、ダム直下に作られた建築群の営みは、かつてのダムによって失われた70km先の風景を少しずつ取り戻していきます。

編註
*1 安息角:本書18ページ編註3参照。
*2 視点場:本書14ページ編註2参照。

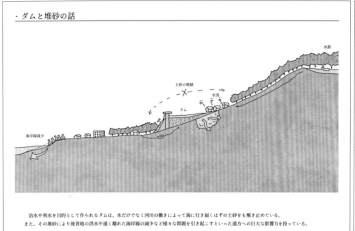

・ダムと堆砂の話

治水や利水を目的として作られるダムは、水だけでなく河川の働きによって海に行き届くはずの土砂をも堰き止めている。また、その堆砂により後背地の洪水や遠く離れた海岸線の減少など様々な問題を引き起こすといった遠方に巨大な影響力を持っている。

01

・ダムからの土砂の動線

ダムから浚渫を行なった後、平場で乾燥させ置き土に至るまで最短距離で届く(合理的な側面)で建築の位置を決定した。そして置き土の効率面から導き出された河川の侵食が激しい中腹部分に、ダムが隠し持っていた多くの砂が置き土としてスケールを持って出現する。

最大20mにもなる置き土の山はダムの人工的な放水による流失と建築による補充が行われ、砂が崩れずに安定する安息角を維持したまま縮小と拡大を繰り返す。

03

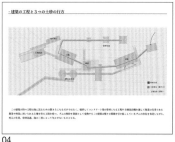

・敷地:長野県下伊那郡天龍村 平岡ダム直下

02

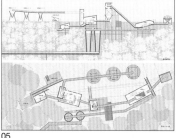

・建築の工程と3つの土砂の行方

04

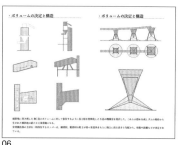

05

・ボリュームの決定と構造　・ボリュームの決定と構造

06

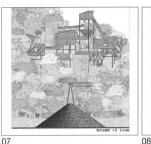

07

08

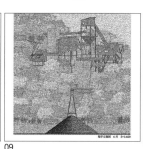

09

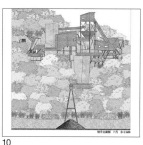

10

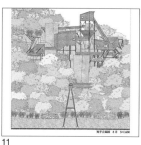

11

質疑応答

川勝：河川の流域という、広がりを持った敷地で、広範囲にわたる規模の計画を考えていて、とてもいい作品だと思います。最初に見た時は、山のようなもの（「置き土」の砂山）が提案された建築だと思っていたけれど、これが、実は人為的な操作とは関係なく、季節のリズムで現れる象徴的なものだった。このように、人為的に生まれてしまったもの（堆積土砂）を自然の中に戻していく手つきや、動き続けている構築物とでも言えるようなものとしては、とてもいいと思います。
実際、川に「置き土」の砂山が流れる時、美しい形を留めたまま流れていくのですか？つまり、土砂が減っていく時や、土砂を積み上げていく時には、砂山は美しい形のままかもしれないけれど、削られていく時に砂山はどう見えるのか。そこのデザインが見えないので、考えていることがあれば教えてください。
奥田[241]：いろいろとスタディ（検討）しました。ダムの放水では、かなり勢いよく水が流れます。それによって「置き土」の砂山の土砂が大きく削られて流される時、削られた部分にはまた、サラサラっと残った部分の土砂が落ちて留まり、「置き土」の粒子の安息角[*3]である35°を保ったままの形状に戻る、という動きをずっと繰り返していきます。つまり、基本的には、安息角35°の円錐が小さくなったり大きくなったり、という変化を繰り返すだけです。

藤野：広いスケール（規模）で計画した、興味深い提案だと思う。けれど、説明していることは、連続的な動きの中の一瞬や狭い部分だけです。ダムの現場で何が起きているのか、そして河口にどう影響するのか、季節によって土砂が70km下流まで流れていく時にはどんな風景になるのか、などが描かれていないから、この提案の中で連関しているものの断片しか伝わってこない。
大雨が降ったりして一番ダイナミックな変化をする時、堆積した土砂が河口まで運ばれるはず。その時には今までの状況が変わるから、それによって生じることは何か、また、川の水が勢いよく流れる時に、その細い脚の構造体でこの建築は本当に耐えられるのか、などが示されていない。
説明された部分に関しては理解しましたが、その背景や周囲のものとの辻褄が合っていないのではないか、という疑問がいくつかあります。
奥田[241]：今回、扱ったのは平岡ダムサイトと海です。
この作品のストーリーをつくる中で、途中に下流の説明を入れるかどうかは、迷いました。実際には、ダムによって川の流れが止められたことで、下流の岩盤などが露出して、環境は破壊されている。その説明を入れることも、そういう状態から生態系が回復されていくという筋立ても、当然、考えました。
しかし、今回は、自分のつくり出したストーリーを美しく収めるために省きました。

藤野：どうやって、ダムから建築の立つ敷地まで土砂が運ばれるのか、という上流の部分についても、明らかになっていません。
岩瀬：私は、説明のピンポイントになっていることも、点と点から線を想像させる可能性としてはおもしろいと思っています。砂が川を流れている時に、その砂は見えますか？ 川の中に砂が流れている風景は目に見えますか？
藤野：その瞬間は見えないと思う。しかし、プロセスを省いたことでナイーヴ（世間知らず）な提案に見えてしまう。
岩瀬：河川もダムも、実は、とても大きな連関の中にある。水の流れの中にいろいろな関係性があり、今、このダムで起きていること、水の中で起きている目に見え

ないことが、実は沿岸の環境を破壊している。そういうことすべてを関係付けて理解して、同時に考えることはとても難しい。
この問題を考えるための1つのきっかけとして、ここに大きな土砂の滞留したもの（「置き土」の砂山）を置いたのではないか、と思いました。川沿いの些細なポイントで詳細に見ることで、遠くにあって、現在は関係付けられていないものとの関係性があらわれる。そういうこともあり得ると思うのではないか、と。
この作品の中ですべてを説明して、我々がすべてを観察できるようにすることは、手数が多くなり過ぎて難しいのだと推察しました。
奥田[241]：ダムに溜まっている何万tもの量の土砂が、この場所で1回、顕在化されて、日々の変化を見せながら動き続ける。ダムを老朽化させている堆砂が、川流域の集落の人たちにとって新しい生活の1つの手掛かりになり、川に流されていくことで、同じ堆砂がダムと集落と、それこそ下流の河川と海にとって、それぞれ違った意味を持ってくる、というのが、この作品の意図になります。

原田：川の流域圏の中で、物の動きや「事物の連関[*4]」などをとらえようとしている点は、とてもいいと思います。
2つ質問がある。まず、この平岡ダムの下流にまだ、ダムが2つか3つあるけれど、そのダムとの関係はどうなるの？
また、ダムに溜まった土砂を浚渫[*5]して出てきたものは、汚泥なのか、もっとサラサラしたものなのかはわからないけれど、なぜ、こういう粉砕器などが必要なのか？ここの仕組みがよくわからないので、説明してください。
奥田[241]：下流に佐久間ダムなどがあります。今回、対象を平岡ダムにした理由は、堆砂量の多さです。また、調べていたら、佐久間ダムには土砂排砂バイパスのようなものを計画していたので、土砂は一旦、そこを通ると仮定して、平岡ダムの上流から始めようと考えました。

友渕（司会）：山から海までつながる、大きなスケールでアイディアを考えていて、審査員も指摘したように、この「置き土」の砂山が流域全体を考えるきっかけとなる装置として機能しているところが、この作品の特徴だと思います。
サリー：この作品は、建築というより環境設備のような提案なので、ダムで川が堰き止められているため下流の土砂が不足している問題を解決しているというだけでは、興味が持てませんでした。問題解決だけをめざすのであれば、上流から下流までトラックで土砂を運ぶほうが理に適ってると思いました。
一方、ここに安息角35°の円錐形の砂山ができて、年間を通じて、この砂が減ると、また足される。それは一種の儀式です。たとえば、トラックで運ぶことでは、土砂の問題を顕在化させることはできない。しかし、どうせやるなら、もう少し解像度を高くして（設計の密度を高めて）ほしかった。砂の質はどうするか、安息角35°の円錐形の砂山をどのように見せるのか、どういう廃墟の中に置くか、など、もっと問題を可視化したり儀式性を高めたりしたデザインがほしかった。それがないと、課題の解決だけで終わってしまう。後で補足してほしいと思います。

編註
*3 安息角：本書18ページ編註3参照。
*4 事物の連関：本書7ページ編註1参照。
*5 浚渫（しゅんせつ）：本書63ページ編註1「浚渫土」参照。

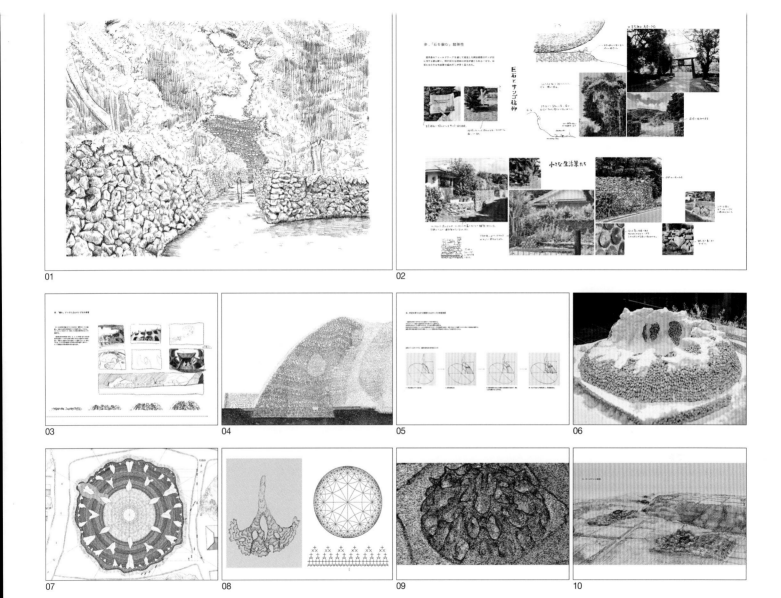

01

02

03

04

05

06

07

08

09

10

質疑応答

藤野：説明を聞いて、昨日のセミファイナルの時点で不明だった、「この建築は、サンゴ石*7を積みながら徐々にでき上がっていって、また壊れていくこと」を、作者が

の企業なら、ビルディング・ヤード、要するに建築資材をしばらく置いておけるような場所を持っているのだろうけれど、都市部では、ヤードが持てないから資材を捨てるしかない。しばらく置いておけば別の使い方が見つかるかもしれないのに、

一体となって行なわれる場、というものを作りたかったんです。
サリー：サンゴ石を積むこと自体が行事化していて、それが楽しいということですか？
柴本[260]：それが人々のエネルギーになって、石の循環が促される、ということを目的にしています。
サリー：なるほど。珊瑚と祭との古来からの関係性も説明できるなら、この提案の説得力が増すと思い、サンゴ石との関わり方を訊いたのですが、その返答はありませんでしたね。でも大丈夫です。

岩瀬：模型の白いものとサンゴ石とは同じものですか？
ある種のスペクタル（視覚的に強い印象を与えるもの）として、建築設計という行為は、建築に形態を与えることにより大きな喜びや祝祭性をもたらすことができると思います。地域を鼓舞する建築の強い形態を作る以上は、これによって人々がサンゴ石を積みたい気持になるような、関係する人々の意欲につながる形態であってほしい。
しかし、この作品では、すでに「設計された」枠組みの中に、単に、人々がサンゴ石を置いていくだけのように見えてしまう。もっと人々が自由にサンゴ石を積めて、その作業自体が楽しくなるような構築の技術と方法は考えられなかったのですか？建築的な知性を見た目の美しさとは別のところに宿すこともあり得たのではないか、とも思っています。
この建築の構造について説明してください。
柴本[260]：模型の白い部分とサンゴ石の部分の違いは、つなぎを用いているかどうかで、どちらも組積造です。なぜ、つなぎを用いているかと言うと、この建築はサンゴの骨格形成になぞらえていて、6本の隔壁を中心から放射状に並べることで、ドーム状（半球状）に石垣を積む工法を採用しているからです。実際にサンゴ石を積んでいくと、珊瑚の構造を体感できると思います。喜界島を形作っている珊瑚の構造を、この建築を作りながら学ぶことが、人々の意欲につながると思っています。

岩瀬：しかし、ドーム形の完成形状は積む前からわかってしまうのではないですか？すでに描かれた完成像に、断片を当てはめていくような積み方だと感じられます。
石積みの本質とは、形を変えられたり、修復しやすいなど、とても動的なものです。珊瑚の構成形式たりに留まりずに、その本質をつかむ（工業）ジニアリング（技術）と結合させて、もっと開放的で、人々の参加意欲を刺激することに結び付く形態になっていれば、共感できたのに、残念です。
柴本[260]：確かに、そうですね。
これは最初、半球状に積み上げていくのですが、珊瑚自体も同じメカニズム（機構）で、実は、いろいろな形に変化することができる。それを学ぶことで、将来、この建築は、いろいろな形態に変化すると思うのです。そこは、展望ですが。

塚本：いろいろな形とは、他の集落では違う形のサンゴヤマができるという意味ですか？
柴本[260]：そうです。
塚本：今の日本社会では、こういうヤード（資材置き場）がほとんどない。建設関連

しかも
この時点では、次の展望はできていないと思いますが、何かあれば後で聞かせてほしいです。

川勝：審査員から出た「ヤード性」という視点は、とても必要なことです。
しかし、この作品のやや一方向的過ぎるところが、評価できない。たとえば、この建築が「成長していく」というのも、単に時間にしたがって成長していくだけです。取り崩される場面があったり、石積みの過程が前後するなど、もっと過程の変化や楽しさのようなものを見せてほしいと思います。

編註
*7　サンゴ石：左ページ編註7、本書57ページ参照。

背景

これは、私が考える「私の弔われかた」の設計です。
私は、現代の弔いが非常に事務作業的で、パターン化された過程を誰でも、同じように進めていくことに疑問を抱きました。弔いとは、本来、故人の人生を飾る最後の行事であり、故人それぞれの形があるのではないだろうか、という思いから、今回は、私が私を例に、「私の弔われかた」を考えます。

設計方法

今回、私は小説と建築をつくり、設計を行います。
私が見送られる立場として、私小説を執筆します。文章に起こすことで、見送られる際の理想をとする情景やその環境を構成する要素をできる限り羅列して、自分の中で整理しています。
①文章内に描写として現れてくる状況を、シーンごとに絵にしていきます。
②その絵を積み重ねることで建築化していきます。
③最終的に絵になったシーンは全部で20。
④そして、小説に登場した建築は全部で5つ。自邸、告別ホール、火葬ホール、収骨ホール、納骨堂です。

小説のあらすじ

序章より簡単に説明します。

序章（図01）

ノックの音で目を覚ますと、私は自分の身体を動かせないことに気が付きます。私の声は他人に届かず、暖かさ、寒さの感覚もありません。自分が死んだのだと悟ります。
親戚や友人らに囲まれながら棺に収められ、火葬されます。
目を開けると、そこには青白い新たな身体がありました。さらに目の前には小人。どうやら浄土の世界から来た役人

だと言います。彼の話によると、私の青白い身体は24時間で段々小さくなり、最終的には10cmまでになるらしいのです。

残された24時間は暑くも寒くもないらしいし、門番に割れず告げるといい、とのこと。そして、24時間後、新しい行くには納骨堂の大窓から出発する必要があると言います。私は、自身の新たな感覚と小さくなっていく身体に向き合いながら、世界を感じ尽くします。
新たな人生の始まりに向けて、この世を去るまでの数十時間の物語です。

自邸（図02-03）

物語は自邸から始まります。
シーン1：「ノックの音がした」
私は目覚めます。窓際のお気に入りのソファで休憩したまま寝てしまっていたことを思い出します。右手からはガラス窓いっぱいに太陽光が差し込んでいます。身体を動かすことができません。
シーン13：「高窓の向こうが見えた」
生前は気にしたことがなかった、キッチン上の高窓からの景色に、ふと興味を抱きます。ふわふわと浮遊して高窓から外を見ますが、そうでもない景色が広がっていました。正面から差し込む光に⋯⋯⋯⋯⋯⋯⋯⋯⋯⋯ずれ、少し残念です。

告別ホール（図04-05）

シーン6：薄暗いホールの中で一筋の光が私1人を照らしています。まるで舞台の上でスポットライトを浴びているよう。若い頃に立ったあの舞台を思い出させます。
小さな棺の窓から、こちらを向く人々の顔が見えます。
シーン18：「たんぽぽと背比べ」

高さ16cmのたんぽぽに寄り添います。
たんぽぽを物差しとして、小さくなっていく自身の身長を測りながら、時間の流れを感じます。ナ ⋯⋯ の足元の草原が⋯⋯⋯⋯⋯⋯⋯⋯⋯⋯⋯⋯⋯⋯⋯⋯⋯⋯。

火葬ホール（図06-07）

シーン6：焼かれる前の棺からの景色です。外から柔らかな光が滲んできます。
シーン7：気がつくとそこには、青白い光の両脚がありました。新たな身体との出合いです。

収骨ホール（図08-09）

シーン10：たった今まで自分の身体だったものを、人々がつまみ上げています。それを見るのはあまりに違和感が大きく、1枚の壁を隔てて、映画を見るように眺めているしかありませんでした。

納骨堂（図10-11）

物語のラストは納骨堂が舞台です。
シーン12：壺に手を合わせ身体を向ける参列者と、浮いた状態の私が対面します。⋯⋯⋯⋯⋯⋯⋯⋯⋯⋯⋯⋯顔がキラキラとよく見えます。参加者たちは少し眩しそうです。
シーン20：ラストのシーンでは、小さな天窓から浄土へ向けて出発します。天窓は幅20cmほどで、採光としてはほしいじ機能し⋯⋯⋯⋯⋯⋯⋯⋯⋯⋯⋯⋯⋯合います。光に呼ばれて先へと進みます。
新しい人生の入口です。

これが「私の弔われかた」です。

01 / 02 / 03 / 04 / 05 / 06 / 07 / 08 / 09 / 10 / 11

質疑応答

悪いことだけではない。葬儀がなければ、残された人たちはどうしようもない気持ちを抱き続けなくてはならないから、葬儀は必ず必要だと思う。

そんな時に、あなたが自分の例として弔われ方を考えたい、というのは建築のテーマとしてとてもおもしろい、と興味を持ったのです。

訊きたいのは、分棟になっている建物の間はどうするのか、と、自宅から安置所までどうやって行くのか、というとても単純な質問です。

今、死と生の間がよくわからなくなってきている、と言うか、従来の整理方法ではうまくいかなくなってきている。これは社会的な問題でもあるため、死と生の問題には社会が介在する必要もある。

あなたが自分のための弔いを考えるのに、社会をどう扱ったのか、というのは一番大事な点だと思う。社会を考えると面倒になるから、この計画では、「私だけの弔い」として、社会は切り捨ててしまったのか、それとも何か考えがあるのか。そこを聞きたい。

川岸[286]：まず最初の質問です。模型のように、この建物1個1個が、別々の敷地に建っています。いずれも文脈から導いた仮想の敷地ですが、各敷地の間には、あえて関係性をつくらず、動線などを計画していません。

最初は、移動の流れをつくって、たとえば、自宅からどうやって棺が運ばれるか、などを現実的にきちんと考えて、各建物を齟齬のないように配置しようと思っていました。

けれど、書き終えた小説を読み直してみると、自宅で死にました、時間が経つと告別ホールに私はいます、といった描写になっていて、各施設の間についての描写がほとんどなかった。そこで、執筆者の私に忠実な設計者として、その点については小説に従おうと思い、あえて施設間の関係性は設計しませんでした。

2つめの社会性についての質問です。今後、私が実施設計に携わる上で、社会性は必ず最初に考えなければならないテーマだろうと思っています。それなら、卒業設計ではあえて社会性を無視して、自分のことだけを考えた設計にしよう、と思いました。

塚本：そう言いつつも、この作品には遺体安置室や告別室、火葬場、収骨室、納骨堂もある。これは、今の社会の中では死というものも分節化され、そのプロセスが細かく分けられていく、ということを示していて、とても社会的だと思う。そこだけは完全に社会的な形式を踏襲しつつ、社会性から全く離れたものを作るという主張は、矛盾するのではないかな？

川岸[286]：確かに、そうですね。

川勝：社会性を意識せずに作ったということと、そういう意識で自分の作ったものを社会の中にどう位置付けるか、ということは、全く別の問題です。

自身のための設計でも、作っていく過程で考えたこと、作ってみて見つけたことや感じたことなど、ものすごくあると思う。自分の視野を広げるようなものも発見しませんでしたか？

川岸[286]：そういう気付きはありませんでした。でも、そういう視点で見直したら、何かあるのかもしれません。

間とどう対応しているのか、1個1個の建築がなぜそういう形になっているのか、については全く読み取れない。

建築空間としてどう考えたのか。どう表現しているのか。1つの建物でもいいので教えてください。

川岸[286]：つまり、一般的な各建物の設計とどう変わったのか、ということですか？

川勝：設計した各建物を、建築空間の問題として説明すると、どうなりますか？

川岸[286]：たとえば、納骨堂は、家族のための葬儀として考えるのであれば、この(図11右)左側に骨壺を置く場所があり、照明器具で光を当てて、骨壺を崇めるような設計になると思います。でも、これは私が幽霊の目線で設計したものなので、水面の反射する光を使って、拝んでいる人々の顔が私からよく見えるようにしています。つまり、私目線で自分のために設計した納骨堂ということです。小説を書いたからこそ、こういう設計ができたのではないかと思います。

藤野：プレゼンテーションで、作者自身の立場からの主体的な説明をしていたけれど、小説の構造は、たとえば、「死んだ自分の身体を見る、幽霊の私の目線」「小説家としての私に対する、設計者としての私」というように、すべてを一旦、他者の目線から説明しています。そして、相対化したことが、先ほどの質疑応答の中で、質問に真正面から答えないで済む逃げ道になっている。それが、もったいない。

たとえば、「小説家としての私」が説明してくれるのであれば、「なぜ、この建築群には全体性がないのか？」について、我々はもっと深い理由を知ることができたはずなのに、相対化したせいで、先ほどのように「設計者としての私が、小説家の私をトレースしているから」と答えて済ませてしまう。

その辺りについて、ディスカッションでもっと深い議論をしたいと思いました。

サリー：どうしても言っておきたいのです。当たり前ですが、「死」は重い主題で、細心の注意を払って扱わなければいけない。死に対峙するのは、死者本人だけではありません。作者の意図はともかく、私には、この作品は、死を気軽に描いているように見えました。

遺体を運んだり、遺体を囲むことは、死んだ本人以外にとっては、やはり、とても辛いことだと思います。だから、死の儀式や弔いがあって、その後にも死者を悼む四十九日の法要などがある。それは、死者本人が死を考えるための時間ではなくて、残された人たちが気持ちの整理をするために用意されている時間と場なのです。

そういった観点からすると、この作品では、あなたの弔いに集まった人たちに対する提案がないというのは、やや独白的過ぎると思った。

その点について、社会性は考えずに提案するのであれば、「今、生きている自分がとらえている死」と「死んで幽霊になった自分にとっての死」を相対化して説明してくれないと、議論するとっかかりがない。何と何を、誰に対して提案しているのかきちんと整理して説明してほしいと思いました。

背景

都市開発が進み、より遠く、より早くが求められる東京。

そのような現代の東京ですが、緩やかな速度で走る路面電車、都電荒川線が、早稲田大学の近くを走っています。駅のプラットホーム上に小規模の店舗があったり、沿線住民が軌道沿いで植栽活動を行なったりする、そのような生活景に魅力を感じました。これらは、都心における、単に電車に乗降するだけの駅のプラットホーム、街の分断の要因となる高架や線路などの風景とは異なるものだと感じました。

近年の東京では、都心と郊外を結ぶように敷かれた鉄道網の交点に対して、駅を中心とした徒歩圏内に商業施設やオフィスなどを設けて、1つの駅圏に機能を集約させる点状の開発が進んでいます。これに対して、都心の周縁を走る都電荒川線の沿線では、互いの駅圏を超えて人々が関わり合う姿が見られます。複数の駅圏が重なり合い、新たな街の景色をつくるポテンシャル(潜在力)が都電荒川線にあるのではないかと考えました。

これらを、帯状の生活圏として考えます。また、この帯状の生活圏では、高齢者、植栽、密集する木造建築物、古本や木材など、沿線での生活の主体となる人々や資源が、更新…

敷地

都電荒川線の中間地点である王子駅と飛鳥山との間の三角地帯に、都電荒川線の旅客機能に加えて、沿線の人々と資源の更新やケアの拠点ともなる、駅の新たなプラットホームを計画します(図02-03)。

設計

そのために、この場所では…
都電荒川線の駅のプラットホームの新設
現存の都電荒川線の軌道に対して、線路を引き込むことで人々や資源を受け入れる形で駅のプラットホーム(以下、ホーム)を新設します。電車利用者が単に通過してしまうようなホームではなく、人々や資源を受け入れ、発信する形態のホームを作りました。

ホームへと人々や資源を集め、互いの関わりをつくることで、断片的に広がる生活景を1つに紡ぎ、新たな関係性をつくることを目的とします(図04-05)。

ホームは、改札が無く、誰でも立ち入れるという都電荒川線の利点を活かし、飛鳥山公園の延長として設計しました(図06)。沿線の活動や人々の風景が多数の人々に共有され、植栽で覆われた飛鳥山公園の斜面は「舞台性」(…の注目を集める場所のような性質)を獲得します。

また、従来の旅客機能に加えて、地上は人々や物資の動線を担いながら、大屋根による空間構成とし、地下には、物資の運搬や備蓄を兼ねた地下倉庫の機能を付与しました。

現状、地域において人々の障壁となっているJR王子駅の高架ホームに対して、都電荒川線からの乗換え経路を計画します(図07)。行き交う乗換え客の流れ沿いに、福祉施設、工房、マーケットの機能を備えた空間を点在させ、さまざまな人々や物資が入り交じる「生活のプラットホーム」を作ります。

また、高架下空間の柱は、都電荒川線のホームのデザインを用いて構成しました(図08)。さまざまな形状の柱を用いて各空間に差異を与えるアイデアで、各所で異なるアクティビティ(活動)を誘発します。

電車を待つ間、…を介して高齢者たちと関わりを持つ。

古本屋から集められた古本はリサイクル施設や堆肥となり、沿線での植栽活動を支える。

地下倉庫に集められた再利用可能な資源が工房にて再加工され、工房で生まれた什器はマーケットにて使われ、個々の店と地域住民との新たな出合いが生まれる。

地域において断絶を生んでいた高架は、人々や資源の新たな関係性をつくる場所へと変わっていきます(図09)。

新たな地域コミュニティの形成

自分たちが生活している地域の外側の人々やその生活景を知り、川や装置として都電荒川線に機能し、沿線の各所に作られたものが運ばれる。各駅は、鉄道駅としての機能を果たすだけでなく、住民の拠り所となる。

沿線での活動が発信され、その活動に人々が参画していくことで、異なる人々や資源、活動の結びが生まれ、新たな地域コミュニティが形成される(図10)。

断片的に行なわれていた活動は、この建築によって1つに紡がれ、都市圏に新たな関係性を生み出していくのです(図11-12)。

こうして、多くの人々や街の生活領域が重なり合う新たな駅のあり方を、今後の縮小社会に対して提示します。

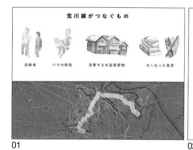

荒川線がつなぐもの / 高齢者 / バラの植栽 / 密集する木造建築物 / 古くなった資源

01

都電荒川線の中間に位置する / 台地と低地の境界

02

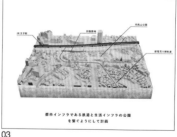

都のインフラである鉄道と生活インフラの公園を繋ぐようにして計画

03

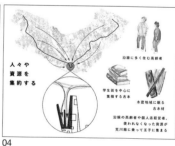

人々や資源を集約する / 沿線に多く住む高齢者 / 学生を中心に集積する古本 / 木密地域に眠る古木材 / 沿線の高齢者や個人店経営者、使われなくなった資源が荒川線に乗って王子に集まる

04

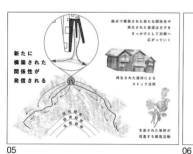

新たに構築された関係性が発信される / 拠点で構築された新たな関係性や再生された資源は王子をきっかけとして沿線へ広がっていく / 再生された建材によるストック活用 / 生産された堆肥が促進する植栽活動

05

公園の延長として在るプラットホームの空間

06

地域の分断を引き起こしている鉄道高架

07

08

再生産されたものが人々の「賑い」をつくる

09

共空間による新たな人々との関わりが生まれる

10

11

12

生活景の結い── 駅圏を超えた共空間における都心周縁の生活景の維持

質疑応答

川勝：卒業設計では、往々にして、一点突破している、と言うか、突き抜けた作品が目につきます。そんな中で、この作品は、地域の調査から入り、計画があり、設計

るバラの植栽などを作るように計画しました。

サリー：この作品には、多くの人が乗降するJRの駅と、規模のとても小さい都電

ミナル駅です。上りと下りの電車の乗降口をまとめたものを、現在乗降口のないJR王子駅の飛鳥山側にも設置し、都電荒川線の乗降口でJR王子駅を挟むことで、JR王子駅の両側を移動できる動線をつくった。その動線に沿うように、マーケットのような人々の居場所を東西方向に作った。そういう理解で合っていますか？
石川[365]：そのとおりです。乗降客が駅を素通りしてしまわないように、一旦、乗降客を受け止める、クッション的なところを駅として作ったということです。

サリー：都市計画的にも綿密に考えられた提案だと思い、セミファイナルで、私はこの作品を強く推していました。
ただし、一人称の視点で（主観的に）見た時の魅力がやや乏しい……。ここに来た人は、どうしてJR王子駅の現在、賑わっている東口側ではなくて飛鳥山公園側に来るのか、そこからどうやって崖地になってる飛鳥山公園のほうに行くのか、についての説明が不十分でした。どういうモチベーション（動機）を持たせて人を動かそうとしているのか、説明してください。
石川[365]：駅の飛鳥山公園側は、歩道が整備されていなくて、植栽が茂っていて、一見、とても「舞台性」（人の注目を集める場所のような性質）のある場所なのです。最初、敷地調査で王子に来た時に、その特徴が生かされていないように感じました。昔から、駅は都市そのものを映す鏡のようだと思ってきました。そこで、飛鳥山公園に元来あった「舞台性」を活かして、都電荒川線の沿線一帯で行なわれている活動全部が飛鳥山の斜面に表れたら、とてもおもしろいのではないかと考えたのです。都市開発により均質化が進んでいる駅の東側に対して、飛鳥山側は駅や沿線の個性が表れるような空間にしたいと思いました。そこで、駅の空間を飛鳥山まで伸ばし、駅のプラットホーム上にちょっとした展示空間、見える倉庫、沿線で行なわれ

潜ってまた上がるなど、ここを面倒なデザインにしてるのはなぜなのか、という設計に対する疑問が1つ。
それから、いろいろな資源を集めて加工したり、アップサイクル（創造的再利用）したりしていくという提案だけれど、誰が、どこで、どういう作業をするのかという具体的な説明がない。たとえば、地域に住んでる人たちがふらっと訪れて作業できるような場所にするのか、それとも、専門職の人たちが、ガラス張りで閉じられた工房などで作業するのか。そこは、もっと具体的に突っ込んで検討し、設計してほしいです。

藤野：図面を読み込みましたが、スラブ（水平の面的な建築要素のこと。床や天井といった形で空間に現れる）の上をそのまま電車が走っているなど、建築として成立する規模から、大きく外れているように思います。土木のスケール（規模）と建築のスケールとの折合いが付けられていない。
また、昨日のセミファイナルから気になっていましたが、工房空間が、多摩美術大学の図書館にかなり似ている。空間のハイライト部分のデザインが、ここまで似ているのは問題ではないでしょうか。
友渕（司会）：計画としては評価できるけれど、デザインや設計の部分で疑問が多い。後半のディスカッションで、それについて説明があったらいいと思います。

編註
＊8　コナベーション：本書63ページ編註2参照。

背景・香港再訪

私は幼少期の7年間、香港で暮らしていました。生活する中で、香港の過密で雑然とした風景に心地良さを感じました。香港は、土地の多くを山地が占めているため、建築を建てられる面積が小さく、さらに経済の発展により、人口が集中。不動産価格が高騰し、1人当たりの住戸面積の極端に少ないことが問題になっています。

その結果、人々の生活空間は屋外へとあふれ出します。それに伴い、建築も屋外に拡張され、屋上を占有し生活する「ルーフトップ・プレジデンツ」が出現。屋台が道路にあふれ出し、歩行者天国を形成する光景も見られます。このような「あふれ出し」の集積が、雑多な香港の街並みを形成しています。

アヘン戦争によりイギリス植民地になった香港は、1997年の領土返還後、一国二制度となり、中華人民共和国(以下、中国)からの規制が厳しくなります。

実際、私が帰国した2012年の後、中国に対して雨傘運動、香港民主化デモが起こりました。その後香港の街並みや風景の変化が気になり、帰国から11年たった今、失われつつある香港の原風景を再定義するため、香港に2週間、フィールド・サーヴェイ(実地調査)に訪れました(図01)。

フィールド・サーヴェイ(実地調査)

対象エリア

まず、対象エリアを九龍、香港島に選定。「歩く」「観る」「待つ」をテーマとして、調査で得られた結果をまとめていきました(図02)。

カタログ

次に、フィールド・サーヴェイで得られた結果をもとに分析対象を選別します。

家具にまつわるものをS、什器にまつわるものをM、建築にまつわるものをL、都市にまつわるものをXL、その他の大きさに関係しないものを+に分類し、それぞれに言語を与え、カタログ化しました(図03)。

敷地調査

敷地は上環です。ここは、海と山に挟まれた斜面の土地です。選定敷地は、基壇部分がテナントで、上部に住戸を内包する5つの建築と公園の一部です。

実測調査

敷地に立つ5つの建築と、その周辺に存在する類似した50近くの建築、公園、路地を実測調査する中で、香港に存在する2種類のギャップ空間を発見しました。

この実測敷地模型(図04)は、私が2度ぐらい逮捕されかけて作った物なので、ぜひご覧ください。

①建築を斜面に建てることによって生じるレベル差のギャップ

斜面に建築を建てる時、基礎で斜面を均し、その上に建築を建てます。これらは公園など、規模が大きくなればなるほど高くなり、擁壁となって立ち現れます。

対象敷地では大きな擁壁が見られます。これらは、斜面における地面レベルと分断されている一方、擁壁と建物の基壇部分は、レベル差が一致する関係にあります。これらは、住戸と公園の間、つまり公と私の中間的性質を持った空間であると言えます。

②建築構成により生じたギャップ

香港の建築は、平面計画、立面構成にさまざまな雁行(斜めにずらした配置)が見られます。これらは、法規上の問題から生じたもので、利用されていない空白の空間です。他にも、エレベータの登場によりあまり使われなくなった共有階段や、効果的に利用されていない屋上などがあります。

③パタン・ランゲージ[*9]化

実測調査する中で見つけた、これらのギャップ空間を、パタン・ランゲージ化してまとめ、建築と都市により生じた2つのギャップを等価に扱い、建築を設計していきます。

設計手法

これらの調査によって採取した香港建築遺伝子のカタログと、敷地調査により発見したギャップを掛け合わせることで建築を設計していきます(図05)。植物のように、ギャップ空間に当てはめすることで、20の装置が既存建築に対して寄生するかのように立ち上がります。これらは無数の組合せを持ちます。

CASE STUDY: 事例研究

いくつか例を挙げて、提案した装置を説明します。

04 URBAN THEATER: 都市劇場

ちょっとした段差があれば、そこを椅子にして座ってしまう人々の習性や、別々のレベル差にあるものが接続し、関係性を持つ特性を利用し、公園とグラウンド・レベル(地盤面)を接続する中に、都市の野生的な劇場を作り出しています(図06)。

10 HOUSE EXPANSION: 住戸拡張

住戸の住戸を拡張する時に、内部から接続するのではなくファサード(建物正面の立面)を介して、上下左右の階や隣の建物の1室など、さまざまな場所に領域を拡張します(図07)。

06 GRATING CONNECT: グレーチング接続

建物間のすき間を縫うように物が展開されることや、建築の外壁を内壁に見立て、展開を架けることで、内部を半内部化するという性質を利用し、建物の共用階段空間とグレーチング(主に金属でできた格子状の物)を用いた接続をしています。

01-20. 20の装置

20の装置はそれぞれが関係性を持ち、敷地内にバラバラに立つ5つの既存建築を1つの建築として統合します(図08)。20の装置はこの5つの建物に留まらず、香港の多くの場で活用することのできる、言わばプロトタイプ的な装置です。

そして何十年か後、私がカタログを作ったように、これらの建築群がまたカタログ化、再現されます。

香港の遺行子は継承され、空間再用もまた続いていきます。さらに、これらは香港都市モデルに収まらず、アジア、人口増加により過密化していく新興国の都市で、新しい開発手法として応用できるのではないでしょうか。

編註
*9 パタン・ランゲージ：建築家クリストファー・アレグザンダーが提唱した設計思想。

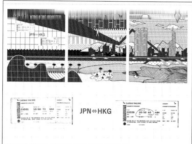

01

02

03

04

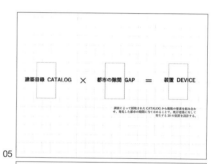

建築目録 CATALOG × 都市の隙間 GAP = 装置 DEVICE

調査によって採取された CATALOG から敷地の要素を組み合わせ、発見した都市の隙間に当てはめることで、現存建築に対して寄生する 20 の装置を設計する。

05

06

07

08

質疑応答

塚本：ギャップ（段差やズレ）を考えることで、建築と都市の境界や、その既存のカテゴリを壊してしまう、というのは新しい方法ではないけれど、それを明確に意識

サリー：この土地の高低差や、基壇部がこのようになっていることは、香港特有なもの、香港のアイデンティティ（帰属意識）のようなものですか？

横につないでいくようなイメージもして、都市で描いていくかと思ったら非常に建物……とてもメッセージ性の強い提案だということになる。だけど、そうではないんだね？

川本[414]：いや、そうです。

塚本：そうであるなら、そこは明言したほうがいいと思う。

岩瀬：説明を聞いて、いろいろと考えている過程がわかり、興味深かったです。この作品は、香港で日常的に起きている現象や街に使われている寸法などを拾いつつ、横（市民間）の連帯で1つの街区、新しいコミュニティの単位のようなものを生み出していく提案だと理解しています。

しかし、これはすでに香港の街にあるものではないのですか？　あなた独自の新しい提案は、建築要素をパタン・ランゲージ*11化したところですか？　それとも、手法論に新しさがあるのですか？

川本[414]：提案したものの中に、現地で見られたものは1つもありません。これから起ころうとしている現象の始まりを表している、というイメージでしょうか。香港に今まではあったけれど、中華人民共和国の規制によって、なくなっていったり、衰退して失われつつあるものを拾い上げている、という意味付けです。

塚本：最初は「今、ないもの」と言いながら、「失われつつあるもの」と言っている。「失われつつあるもの」ということは、今はまだある、ということではないの？

川本[414]：いえ。手法として説明したように、香港の特徴の一部が残っているものを拾い上げて、カタログにしています。それらを組み合わせることで、実際、今の香港にはないのですが、香港の遺伝子を持ったようなものを作っているという面で……。

塚本：「ありそうで、ないもの」を作っているということ？

川本[414]：そうです。

サリー：「MADE IN CHINA」ではなくて「MADE IN HONG KONG」と書いているからには、この作品には強いメッセージがあってほしいし、たぶんあると思う。

しかし、形態や色など、いろいろな調査をもとに、香港で見られそうなものを組み立てて提案したということですが、ここに出てきたパタン・ランゲージのようなものは、それほど香港特有なものに見えませんでした。たとえば、東京のゴールデン街などでも見られるのではないか、と。だから、20の装置も、香港の人たちをつなぐための装置として、十分な強度（説得力）があるものに見えなかったのです。

1つだけでもいいので、「何をもとに、どうしてこの形になったのか」「これが人々を連帯させることにどう役立つのか」を説明してくれますか？

川本[414]：「04 URBAN THEATER」の部分には、塀のレベル差とグラウンド・レベル（地盤面）の差があります。そのレベル差をつなぐ、つまり、擁壁になっている部分とをつなぐ過程の中に、香港の街を調査する中で見つけた「斜面が少し急だったら、そこに腰かけて弁当を食べる」といった人々の習性を組み込んでいます。また、模型の断面に見えるのですが、香港に今残っている「街の裏側にある路地性」のようなものを維持するために、香港の街に見られる奥行の中にあるフレーミング（枠組み）の性質を……。

ン言語に置き換えて、それで建築を作っている作品がいくつかありました。本来は、街の生き生きとした生成物を建築に活かすための手法のはずなのに、完成した建築はとても記号的に見える作品があった。また、その手法を建物の利用者にも押し付けると言うか、解釈の余地がない強制的な手法として適用している作品も多かった。つまり、古い都市計画や建築の中で、人を制御する手法に見える作品が多かったのです。

しかし、この作品は、建築に使うデザイン言語が、いかにも「記号」という形ではなくて、魅力的に見えた。それを道具のように使って、都市の窮屈さや閉塞感を突破していく、市民の連帯の表現として建物を横につないでいく、ということに、とても期待していました。

編註
*10　レノン・ウォール（Lennon Wall）：政府に不満を持つ人たちが、政治的スローガンを直接書いたり、政治的メッセージが書かれた紙を貼り付けたりする壁の総称。1960年代にチェコのプラハで始まり、現在では香港をはじめ、同様の壁が複数の都市に見られる。
*11　パタン・ランゲージ：本書63ページ編註6参照。

私は、建築物D邸について研究している、研究者兼建築家です。

D邸は、近年、再発見された私建築として知られています（図01）。

ネギ側の新聞は、発見された当時の記事になっています。専門家からは「伝統継承の観点から歴史的価値の高い建築である」と評価されたD邸。たとえば、伝統的な社寺建築を思わせるような外観や、伝統構法を取り入れたデザインなど評価されているようです。

しかし、実際に建築家がなぜこのように造り、D邸の制作の意図と失院の理由は明らかになっていません。そこで、建築家の思考が強く表れているドローイングに焦点を当てて、分析を行ないました。

ドローイングの分析

上側は、専門家の解釈に基づいた図集。対して、下側はD氏のドローイングとなっています。対応させながら順に見ていきましょう。

全体計画

たとえば、D氏は1人で作ること、生活していくことというような条件の中で、ファサードのプロポーション（内観）を意識しながら「独創」をめざしたようです。上の図集にあるような、古民家の平面形式や社寺建築などの伝統を継承することを意識した形跡はありません（図02）。

構造体

当面の構造体のデザインは、D氏が限られた材料と技術の条件の中、構造的耐久力を考慮して考えられましたが、同様に厳しい条件下で生まれた投入堂の構造体と類似しています（図03）。

屋根

公邸正面のモザイク調の屋根は面積が大きく、屋根を支え合う支材は少ないため、軽い材料が必要でした。その上、1人で作ることを考慮して、竹の構造体と小さな木の板を積層することが考案されました。

しかしながら、結果として伝統的な民家や柿葺きとの類似性が生まれてしまいました（図04）。

細部

棟押えにおいては、限られた材料の中で雨仕舞のためのデザインが施されており、これは雨を凌ぐために必然的に表れた形であると言えます（図05）。

このように、当初D氏は伝統的な建築のイメージを避け、独創的なデザインをめざしていたと考えられます。

オフグリッド

オフグリッド（電力の自給自足）に関するドローイングでは、廃材を組み合わせたり、自然のエネルギーを最大限に利用したり、都市インフラからの脱却を図っています（図06）。

ひとりで作ること

詳細スケッチでは、1人で作るための手順やディテール（細部の収まり）の検討が見受けられ、手書きの地図ではD氏が流通材に頼らずに、各所から廃材を集めたことが読み取れます。

このように、D氏は人と関わることなく、自ら孤立しようとした様子がうかがえます（図07）。

結論

以上のことを総括すると、D氏は孤立することによって究極的な独創物を作るということをめざしていたと言えます。そのことが、建築が細部に渡って制御するうえで可能だと考えたからでしょう（図08）。

制御不能な「野性の面影」

しかしながら、D邸では建築そのものが持つ自律性が、伝統的評価、民家らしさや社寺に表れてしまっている点があります。構造的、造形的な制限から、ナイフのように自然発生してしまうのです（図09）。

このように、建築をコントロールする役割の建築家が、建築を制御できないという側面を持っている。これこそが、建築家の抱えるパラドクス（矛盾）だと言えます。

建築をすべてコントロールしようとすると、どこかで齟齬が生じます。それは、雨仕舞いや構造体、もしくは空間としての不自由さに表れてしまうものです。この不自由さは物だけでなく、そこで過ごす人にも影響するものではないでしょうか。

我々建築家は、この大きな矛盾に立ち向かわなくてはいけません。制御することのできない「野性の面影」に。

そして、私はこの制御不能な「野性の面影」に向き合うことが、不自由さから脱却した、人と物があるがままに自由に振る舞う建築へとつながるのではないかと考えております（図10）。

01

全体計画

D氏は一人で作ること、生活をしていくという条件の中で、ファサードのプロポーションを意識しながら独創を目指した。

しかし、平面、断面形式の類似からは逃れられなかった。

02

構造体

当面の構造体のデザインは、D氏が限られた材料と技術の条件の下、構造的耐久力を考慮して考えられた。

同様に厳しい条件下で生まれた投入堂の構造体に類似性が生まれてしまった。

03

屋根

2階正面のモザイク調の屋根は、面積が大きく支える支材が少ないため、軽い材料を目指した。

その上一人で作ることを考慮して、竹の構造体と小さな木の板を積層することが考案された。

だが結果として、伝統的な社寺建築と類似するデザインからは逃れられなかった。

04

細部

建具から棟までの詳細を検討するスケッチが見られる。

棟押えにおいては限られた材料の中で雨仕舞のためのデザインが施されている。これは雨を凌ぐために必然的に表れた形であると言える。

05

オフグリッド

その間のスケッチでは、廃材を組み合わせたり自然のエネルギーを最大限に利用したり、都市インフラからの脱却を図っている

06

ひとりで作ること

その間のスケッチでは、一人で作るための手順やディテールの検討が見受けられる。

手書き地図では、D氏が流通材に頼らずに各所から廃材を集めたことが読み取れる。

D氏は人と関わることなく、自ら孤立しようとした

07

03. 結論

建築を制御しようとしたD氏

D氏は自ら遠ざけ孤立することによって、建築の全てを自分の思うままにコントロールしようとした。

それは自身の作品として独創的な建築を目指したドローイングに表れている。

18

D邸の制御不能な野性の面影

しかし、制御不能な野性の面影が伝統的な建築の類似性に表れてしまった。

それはひとりで作るという条件や環境下で、D氏の意図とは無関係に表れざるをえない建築の自然の姿であった。

09

我々建築家はこの大きな矛盾に立ち向かわなければいけない。
建築の制御不能な野性の面影に。

この野性の面影に耳を傾けることが、
人とモノが自由に振る舞うことが出来る建築へと繋がるのではないか。

10

質疑応答

川勝：とてもおもしろいプレゼンテーションだと思いました。
一見、いろいろな資材や廃材を拾ってきて、設計プロセスの中でそれを組み立てて

建築は通常、なぜそれを設計するのかというプログラム（論理）や方法と並べて、それに見合う材料を集めて、そこから設計に取り掛かります。この作品はそれと逆で、まず、感覚的に建築を設計し、その建築を通して自己を分析していく。時間軸が反転している。完成をめざすのではなく、完成したものからプロセスが逆再生されているところが、おもしろいと思いました。

そこで、作者本人は、建築を通して自分と向き合っているということに、どれぐらい自覚的だったのですか？　そこが論点になると思っています。設計するモチベーション（動機）がどこにあったのか、ということです。

川勝：こういう設計をやろうとした動機、やらざるを得なかった理由は何か、という質問です。

土居[490]：思考実験として設計を進めていった、というのは指摘のとおりです。最初は、究極的に、独りになろうとしても、生きていく上では他者がどこかしらに介在してしまうのではないか、というテーマで進めていました。そこから方向性が変わり、今の結論に至っている。

前述の他者とは、この建築で言うと「野性の面影」で、「それは建築自体の自律性であった」というオチになっています。自分が作りたい建築をこねくり回しながら、同時に、一歩引いた、設計者D氏ではない視点で、自己批評しながら進めていくというプロセスを踏みました。

藤野：自分で1回設計した建築をもとに、時間軸を戻して自己分析し、その分析結果を建築にフィードバックすることで、最終的な建築は変化したのですか？　それとも、最初に設計したままで、変わっていないのですか？

土居[490]：変化したところと言えば、最後の「ディテール（細部の収まり）」は、特に変化した部分です。

設計のテーマが「他者性」から変遷して、最終的に「野性の面影」となった時、「野性の面影」とは、実は、ディテールや雨仕舞いなど、建築における原理となるような部分、計画上の条件や問題も含めて「こうせざるを得ない」ような部分に現れてくるのではないか、と思いました。それで、もっと棟押えを検討するべきだ、ここの雨仕舞いはこうやって収めよう、そうするとこの古建築に似てくるので変えよう、というように試行錯誤を重ねて変更しました。

藤野：建築の歴史の中で積み重ねられてきた古建築のディテールには、ある種の正しさがある。あなたの説明では、それを知見として得たからこそ、この建築に反映された、というようにも聞こえる。

今回の手法が独特だから、後からフィードバックすることによって建築の最終形が変わった、こんな特徴的な変わり方をした、というところがあるのか？　それともないのか？　そういうところが聞きたかった。

土居[490]：ここからもう一歩プロセスを進めるとすれば、先ほどのディテール部分の変化を挙げられると思います。

塚本：独自の建築をめざすけれど、材料の中に「野性の面影」があり、どうしても伝統建築と似たような収まりに導かれてしまう。そこのところが設計者には制御不能

で、矛盾しているし、ジレンマになっている、という主張ですね？　でも、そこは、あまり気にしなくていいのではないかな。それはジレンマではなくて、いいところだと思う。

私が興味を持ったのは、スケッチの扱い方です。平面図、立面図、断面図とは、通常、建築の最終形を表現するもので、実際に、この模型もとりあえずの最終形を表している。しかし、この作品の設計過程のスケッチのアーカイブ（記録保存文書）のような表現は、「もしかして、ここでこの方向に行ったら、全く違うものになったかもしれない」という、正に建築が動いて変化している段階を表現している。この作品は、そういう建築のダイナミック（動的）な部分、「建築という行為は、実は非常に動的なものである」ということを表現しようとしているのではないか、と思ったのです。

そのためには、途中のスケッチや実測図などのアーカイブが完成図面に取って代わるものになるはずです。しかし、それは完成図面のように、幾何学的に秩序立った建築の姿をしていない。どちらかと言うと、あなたの説明していた、材料が持っている「野性の面影」のようなもの、「事物の連関*12」とつながっていくものなのです。「この家からこういう材料を取ってくることができる」という予測のもとに動く、といったことがポートフォリオに書いてあったけれど、そういう予期せぬ物との付合い方が建築を変えていくのです。

この作品は、そういう動的なものを表現するという意味で、失踪したD氏の登場するような入り組んだシナリオを考えて、つくられたのだろうか、と考えていました。あなたは建築図面について、どう思っているのですか？

土居[490]：このスケッチは、D氏が建築と対峙していく葛藤の表れです。スケッチをしていく過程で「ここではこうやろうとしたけれど、少しこう変えよう」「これも違う、それも違う。やはり、これにしよう」というように、それこそ、動的で時間軸を伴ったものです。D氏が──僕自身でもあるのですが──このD邸に対して抱いた葛藤を表現したいと思って、スケッチを描いていました。

友渕（司会）：設計の伝え方も、作った建築をもとに自己分析を通して、もう一度建築をとらえ直していくという過程も、おもしろい作品でした。

岩瀬：この作品の一連の記述によって、建築とは設計者の蓄積してきた昔の人の知恵や、インスピレーションを受けた風景などが複雑に入り組んで構成されたものであること、つまり、1人の独創的な設計者によって所有されるものではなく、「そもそも、建築の設計は外の世界に大きく開かれていて、設計者自身のアイディアでさえ、元来、他者との共有性の高いものである」という宣言にも見えて、共感していました。

一方で、プロセスやその背景となる思想への言及はあったものの、提示されたこの建築がなぜ名建築なのか、この建築に対する作者自身の評価や、シナリオの中でこの建築が社会に評価された点は何だったのか、などを訊いてみたいです。

編註
*12　事物の連関：本書7ページ編註1参照。

01背景：倍速再生される鑑賞

私は劇場について考え続けています。劇場における作品の鑑賞とは、舞台で起きている出来事(舞台芸術)を見て、□□□□□□、□□□□□□□□□□□□□と思います。
日本、劇場をはじめとする鑑賞空間は、大勢で時間と空間を共有し、作品に対して鑑賞者が一律な経験を得られるように設計されてきました。
□□□□□□□□□□□□□(近年)映像サービスが発展して、私たちはスマートフォンを操作するだけで、倍速再生や10秒飛ばしなど、自分の見たい作品に、好みの鑑賞速度を選んでアプローチすることができるようになりました。さらに、SNS(Social Networking Service)の出現により、作品は私たちの生活に、断片的に溶け込むようになりました(図01)。
鑑賞空間は、空間と時間の支配から解放され、個人の身体へと還元されたと考えます。一方、都市体験にも同様に、多様な速度が存在します。

□□□□□□□□□□□□□□□□劇場
□時間座って作品を見ることが当たり前で□□□□□□□□代、多様化する都市の速度で作品が再生される劇場を提案します。

□□□□□□□□□□□□□□□□□□□
都市の中で、駅を対象地に選びました。電車に乗っている人にとってはサムネイル(縮小画像)を見るような体験、駅のプラットホーム(以下、ホーム)で数分、電車を待つ人にとっては予告編を見るような体験になります(図02)。
敷地は東京駅、JR中央線ホーム下の空地です(図03)。

ここは私の毎日の通学路でもあります。ホテルを包含した歴史的な駅舎と、エスカレータやエレベータによる移動空間、線路、ホームが関係を持って□□□するこの場所を見□□けました(図04)。この場所は他の小□□□□より□エスカレータが長く続きます。これは、増改築した際に、中央線のホームが他のホームより一段高い位置に移動されたためです。増改築によって生じたすき間とその周囲に設計しました。

□□調査：□□□□□□演劇にまつわる空間タイプ
私は卒業論文にて、コンバージョン(用途転換)された劇場を調査しました。劇場に赴き、演目を鑑賞してアクソノメトリック図[*13]上に、演者と鑑賞者という、2つの領域の変動を記録しました(図05)。
次に調査で得た変動のタイプを分類し、それぞれの変動を誘発する建築要素についてまとめました。この調査で得られた設計手法を動画によって検証しながら、鑑賞者が「動きながら経験できる空間体験」を設計しました(図06)。

05全体計画：
□□□□□□□□□□□□□□□□□□□□□□□□
まず、並行する壁で、異なる「速度の空間」を複数作ります。その後、各「速度の空間」が視点場[*14]になるように、速度ごとにルールの違うアーチを設けます(図07)。
計画したのは、平面図と長手側断面図、短手側断面図で□□□□□□□□□□□□□□□□□□。同じように□□□いる空間に、日常と演劇、近景と遠景が交錯する、多視点的な劇場をつくり出します(図08)。

06速度に対する設計
電車の乗客に対しては、速い速度でも視認性のある見通し

のいい人きなアーチと、小さなアーチとなりメリハリをつくります(図09)。巨大なアーチは、遠くのホームまでハッキリ見せ出す。

エスカレータ
交差する部分にア□□を設け、ア□□□□□□□□□につくります(図10)。

ホテル
廊下を駅の吹抜けまで突き抜けるように作ったり、個室の□□□□□□□□□□□□□□□□□□□□□□□□。

地下と地上
躯体(構造体)をすり抜けるように通路を作ることで、駅で過ごす人々が劇場に誘われます(図11)。

さて、この劇場がもたらす意味とは何でしょうか?
現代社会に、大量にあふれた映像コンテンツ、それを倍速で消費する人々。劇場における鑑賞行為が消費的行為によって失われています。一方、都市も同様に、利便性に身を任せ、高速で移動する多数の人々。そんな人々の日々は、せわしないスケジュールに動かされているだけの、都市体□□□□□□□□□□□□□□□□□□□。
多様な速度による消費か、一律な速度による鑑賞か。私はどちらも否定することなく、「多様な速度による鑑賞」が、これからの劇場を形作っていくと考えます(図12)。
この劇場での鑑賞体験により、このアーチをくぐり抜けた別□□□□□□□□□□□□□□□□□□□□□□□□物事に対して、人々は鑑賞の目を持つことができるのです

編註
*13 アクソノメトリック図：不等角投影図。建築空間を立体的に描く平行投影図法の1つ。図05-06参照。
*14 視点場：本書14ページ編註2参照。

01 背景/ 倍速再生される鑑賞 -身体化する劇場-
サブスクの鑑賞空間 倍速再生や10秒飛ばしなど、
鑑賞者は速度を持って作品にアプローチできるようになった
01

02 提案/ 都市の速度で再生する劇場
電車に乗っている人にとっては数秒のサムネイル的体験
ホームで数分待つ人にとっては予告編的体験に
02

03 敷地/ 並行し断絶された速度空間 -東京駅中央線ホーム高架下-
1,2番線 中央線
東京駅ステーションホテル
SITE
3,4番線
5,6番線
コンコース
03

03 敷地/ 並行し断絶された速度空間 -東京駅中央線ホーム高架下-
異なる速度が奥行きを持って平行して並ぶ特異な空間
04

04 リサーチ/ 論文・演劇にまつわる空間の環境タイプ
コンバージョンされた劇場の演者と観客の2領域を
色分けして変化を把握する
05

鑑賞者
演者
末席の動画
設計の動画
二色のアクソメドローイングや動画を用いて検証
動きのある空間を把握する手法
06

05 全体計画/ 日常の向こうに演劇/演劇の向こうに日常
HOTEL CORRIDOR
HOTEL ROOM
SITE
ESCALATOR ELEVATOR
TRAIN
STATION PLATFORM
VIEWER
VIEWER
THEATER
VIEWER
VIEWER
① 異なる速度の量を壁で平行につくる
② 速度の空間に視点場を設けアーチを開ける
③ 日常と演劇の近景遠景の関係が交錯する
07

05 全体計画/ 日常の向こうに演劇/演劇の向こうに日常
08

06 速度に対する設計
電車 速い速度でも視認性のある大きく見通しやすいアーチ。
ホテル 個室の窓の大きさを付与する。
地下・地上 躯体や階体をすり抜けるアーチが体験を変える。
エスカレータ 交差する部分にアーチ。
歩行空間 斜めにアーチを開ける。
ホーム ホームと同じ高さのスラブを劇場空間に。
09

06 速度に対する設計
エスカレータ 交差する部分にアーチ。
10

地下・地上 躯体や階体をすり抜けるアーチが体験を変える。
11

多様な速度
多様な速度による鑑賞
12

質疑応答

藤野：セミファイナル審査の時から、強く推している作品で、興味深い提案です。アーチを形作っている寸法体系についての説明の中で「速度によってスパン（連続的に

れていることに自覚的になることがあります。また、劇場で舞台を見る人は、舞台を観察するだけではなくて、舞台で上演している人の「役に入る」という瞬間もあり

だろう？　同時に、1時間かけて見る演劇があるということですね？　具体的に、どんな演劇を考えているのか、教えてください。

大岩[501]：一応、上演する演劇もあるにはあります。しかし、この提案の主眼は、この劇場で上演される演目を作ったというより、見る側（観客、鑑賞者）の客席を作った、ということなのです。ここで上演されるのは、ファッションショーでも、個人的なパフォーマンスでも、演劇でもいい。何をやってもいいと思っています。

サリー：劇場と違って、都市体験におけるシークエンス（連続的な場面展開）は、「見る、見られる」の関係だと思っています。つまり、歩いている人、エスカレータに乗っている人、電車に乗っている人、それぞれが違うスピード（速度）と時間の流れ方を持っていて、彼らは対象を「見る」主体であると同時に、他者から「見られる」観察対象でもある。
アーチの立ち並ぶ場所を人や電車が行き交う時、それを観察している人々は、この作品では、どういう扱いなのですか？　たとえば、動いている電車やその電車に乗っている人は、ここにはいないものとしてとらえているのですか？　それとも、観察される対象としてとらえているのですか？

大岩[501]：観察する対象でもあるし、観察される対象でもあります。
劇場とは観客が、演者の気持ちになって何かを考えたり、違う人の立場のことを自らに振り替えて考えたりする場でもある。
自分が観察者だった後に、観察される側になるという、演劇や映画に登場するような出来事が、ここでは空間を伴った生の体験として行なわれることを意識しています。

サリー：たとえば、ショッピングをするためにオシャレをして、繁華街に行った時に、ファッション・モデルになったかのような気分で颯爽と歩いてみるなど、人に見ら

リオがあって、人々がそれを演じているように見えるところがある。
パブリック・スペース（公共空間）における人の振舞いにも同じようなところがある。都市の中で、ある種の構造や用途などがその場のリズムを生み出している場合には、誰かがシナリオを書いたわけではないけれど、そこに演劇性があると思うのです。
人の振舞いは、ある意味で、都市の中のコレクティブ（集団的）なパフォーマンス（演劇）とも言える。それを演劇としてどうやって抽出し、見せるのか。この作品では、それを見せるための建築的装置を駅に作ったということです。
同じことはパブリック・スペースでもできるけれど、今回は駅で計画したということ。だから、ここでどんな演目が上演されるかを考えるより、駅そのものが劇場である、というように見たほうがいいと思います。

藤野：塚本審査員長の指摘した「駅で起きていること自体が演劇である」という意味では、たとえば、谷の形状を備えたJR京都駅であれば、対象から射程の近い場所に観客を集中することもできるし、観客が駅で起こっている全体を俯瞰することもできる。つまり、建築空間の力によって、駅自体の演劇性が見られるということです。それに比べると、今回の提案は正に「多視点の場」で、俯瞰的な視点はないけれど、人々はいろいろな速度を選ぶことができ、いろいろな回路に入っていける。そういうところが、この作品で作者の設計したかったところではないかという気がします。

友渕(司会)：全体的に動いてるものを1つの劇場としてとらえるのか。ここには、パラレルに（並行して）存在する時間軸や速度に応じた鑑賞が集積して共存しているのか。後ほど、これを作った作者の思いをしっかりと表明してもらいましょう。

編註
＊15　視点場：本書14ページ編註2参照。

導入
私たちは何者でしょうか?
私たちの自己は曖昧で不確かです(即自)。
[...]個がある自己を認知、一体化してきました(対自)。
やがて、その対象は、時には信仰の遺産として人々の象徴になりました(図01)。日本人にとって象徴とは、アイデンティティ(帰属意識)の受け皿と言えます。
今日、我々の自己、象徴とは何かを今一度考えます。

背景
2019年5月1日、1つの時代が終わり、始まりました。平成から令和です。
現在、日本の中心に天皇という象徴がいます。天皇は日本国の象徴であり[...]触れられない方面。そして、皇居は空虚な中心としてその周囲を無意識に都市が取り巻いています(図02)。

[...]
戦後、日本人は中心を無意識に議論できません。私たちの中心とは無なのでしょうか?
そこで、日本人に曖昧な自己を生んでいる皇居という空間[...]自己を認知する[...]に変換します。[...]アイデンティティを再獲得できるのではないでしょうか(図03)。

歴史
日本が建国すると、古代天皇は代替わりごとに遷都し、条坊制のグリッド(格子状)構造を持つ平安京を建設。その後、江戸幕府[...]江戸城を中心とした螺旋軸線が計画され、大政奉還後、皇居が中心性を帯びた都市構造になり、終戦後、人間宣言をした天皇は広大な森の中に住み、現在に至ります(図4)

敷地
特別史跡や景観誘導区域の建物の高さ制限は、皇居の禁域性を増し、天皇建築の吹上大宮御所は無人化。吹上御苑は巨木の衰退期に到達し、2040年を境に藪化し、崩壊に向かっています。

堀込[...]天下普請の反転は[...]自己[...]の旧関係
かつて江戸幕府が全国の人々、材料、アイデンティティを集約し、皇居造成時においても樹木を移植する大規模な建設工事、天下普請を行ないました。
ここで、かつて日本の中心[...]日本人に[...]生み出した皇居を反転します。反転天下普請により、ここに集約された樹木と土が取り除かれ、この場所はアウトライン(輪郭)を残しながらだんだんとカルデラ化します。そこに国民も天皇も入れる空間をつくっていきます。

設計
天下普請の順序を反転します。

まず、皇室建築以外の建物を旧・皇宮地に移築し、内濠通りの地下化を再実施。天皇の植樹祭により皇居の樹木が都市や地方に返還され、全国の空き地が公園化。樹木の高さ[...]によって[...]土の排出量[...]原初的なランドスケープ(地形)空間が生まれます(図05)。建物跡には基礎による縦穴空間が、道路にはコンテクスト(文脈)から動線が、起伏のある場所には横穴が生まれ、訪問者[...]版築空間へと誘います

全体計画
皇居全体に生まれる地下空間に、コンテクストを引用して各種の機能空間を配置します。公開劇場やホワイエ、種の保存を行なうジーン・バンク(遺伝子銀行)、大名屋敷が並んでいた皇居前広場には会所などを計画します(図06)。

土木[...]再定義[...]
堀付近では、土が取り除かれると石垣の土圧がなくなり崩壊します。そこで、石垣を1段ずつ組み直し、人や物を迎え入れる形へと反転させます。
[...]正殿など皇室建築を分散して移築。プライベート性を確保しながら天皇領域を再定義します。国民も天皇も入れる場をつくることで、天皇領域に複層性を与えます(図07)。

建築デザイン
デザイン3:天守閣
時代の中心として君臨し、祈りの対象だった江戸城。土台だけが残る大寸台に、皇居に散らばる納骨堂の母体として、礼拝堂を設計します。
無限成長する螺旋軸線、建物の断面構成を内側に反転。二重螺旋の動線により、往路は納骨堂から入り、帰路は植物園などに出られるようにします。
石垣に開口部を設けて、そこに受付などの内部空間を設計。地下には版築によるプリミティブ(原初的)な空間が生まれます。
断面パース:アプローチ空間(入口への通路)からは、樹木に隠れて見えなかった天守台が、山のように、都市景観の中で徐々に浮上してきます。建物の最下部まで下りると、かつての心柱に代わって、天守の土台から落ちる光の柱が立つ、礼拝空間に至ります(図08)。訪問者は二重螺旋の帰路で、この光を追体験していきます。

デザイン6:防空壕
地面を掘ると、天皇が終戦宣言を行なった、防空壕が露出します。強固な構造体と新たに生まれた地下空間を使って、ここにジーン・バンクを計画します。地形に開いている横穴を利用して、採光や通風、祭事広場を中心とする放射状の動線を確保。ここに天皇の離れも計画し、国民と天皇が互いの活動を垣間見える空間をつくります。
訪問者は、まず防空壕の最下部に誘導されます。ここは、国民も利用する上に、祭事広場では天皇が新嘗祭を催し、ジーン・バンクでは遺伝子研究が行なわれています。
開口部との距離によって採光量が変化するため、場所によって内部空間の明るさは変わります。
防空壕の最頂部で訪問者は、かつての遺構やランドスケープ空間と対峙します。
地下には、地層に囲まれた各ワーク・スペース(作業場)、分類した遺伝子の保管所があります。生命との距離が近い空間です(図09)。

最後に
私たちの中心とは無だったのでしょうか。
否、集約された自己の反転です。
皇居という空間や皇居のある土地そのものが、自己と全体を架け渡す場になり得るのではないでしょうか。
ここは、国民にとっても天皇自身にとっても拠り所となる「命の家」としての「中心」です(図10)。

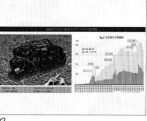

01 　 02 　 03

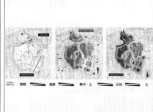

04 　 05 　 06

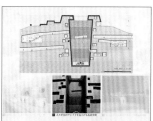

07 　 08 　 09

10

質疑応答

塚本：「自己と全体」と言う時、「全体」とは何を意味しているのですか？

河本[568]：この空間は、この敷地に備わっている機能の1つというだけです。プリミティブ（原初的）な体験のできる「原初的なランドスケープ（地形）＝土の穴のよ

サリー：この作品を、全然、全然、全然、理解できませんでした。

要するに、ロラン・バルトの言う「空虚な中心」（皇居）にある要素を分解して、日本全国に分散させた。それと同時に、周縁に広がっている日本各地の体験を、この一点に集めて、空間を再構築していったということですか？

河本[568]：象徴というものは、自己を託したり、「対象化する」ものでありながらも、そこにアイデンティティ（帰属意識）を完全に含んではいけないと思っています。
天下普請によって作られた皇居には、人々や材料など、彼らのアイデンティティが含まれていた。それらをもとに返していくことで、皇居は人々が自分を対象化する場所となり、逆に、人々がそこに自分のアイデンティティを詰め込んでいける器になるのではないかと考えています。

サリー：その器を作って、そこに再び、こういう空間が据えられていることには、どういう意味があるのですか？

う側面もあります。今回のあなたの作品の主題ではないけれど、どの敷地を選んでも、否が応にも別の側面は付いてくる。そういうことに対して、何か意見がありますか？ どうしても「ワンサイド（一方）」的な提案に見えるので、なぜ、それを反転しなければいけないのか、という疑問が残る。「これは政治的な強いメッセージだから、他の側面は関係ない」という主張でも構いませんが、今日的な意味で、こういうプロジェクトを提案する心情を教えてください。

河本[568]：プレゼンテーションでは言及しませんでしたが、皇居には、たとえば、皇居があるから都心のヒートアイランド現象は軽減される、などの側面もあると思います。しかし、浜離宮や皇居の樹木が、私たちの暮らしに何らかの恩恵をもたらしているのか、自分の中では、十分に考えられなかった。
皇居の樹木を各地に返還することを通して、皇居のヴォイド（空虚）性が全国に伝播していくことで、各所に公園ができ、各地の人々が皇居を身近に感じられるようになる、というのが自分の中での解答になります。

*文中の出展作品名は、初出を除きサブタイトルを省略。
　文末の［　　］内の3桁数字は出展作品のID番号。
*SDL=せんだいデザインリーグ　卒業設計日本一決定戦。

友渕（進行）：ここではファイナル・ディスカッションに入ります。
最初に、各審査員にこの中で高く評価する3作品、強く推す1作品（★印）と推す2作品（◎印）を選んで投票してもらい、その結果をもとに議論を進め、「日本一」、「日本二」、「日本三」、「特別賞」2作品という、受賞作品が決まっていくという思いです。

塚本：その方法でなければダメですか？
友渕（進行）：ダメではありませんが、各審査員がどの作品を推しているのかをまず把握しておきたいという趣旨です。
塚本：まず「投票ありき」ではなくて、先に各作品について、審査員が評価を述べたほうがいいと思います。と言うのは、現在、評価していない作品でも、他の審査員の指摘にピンときて、その評価が変わるかもしれないからです。最初に「投票ありき」だと、その機会が失われてしまう。もちろん、70分間という限られた時間なので、簡潔に速やかに進めましょう。
友渕（進行）：なるほど、承知しました。では、簡潔に一言ずつぐらいで。

塚本：まず、村井案『Leaving traces of their reverb』[006]について、各審査員の評価はどうですか？
岩瀬：ウクライナの時事の問題に対して、勇気をもって意見を述べるという点は、とてもかっこいい。こういう問題に対峙する作者の態度は評価できるけれど、地元の目線がない中、建築家として、審査員として、私がこの作品を評価することはとても難しい。東日本大震災（3.11）の時にも思いましたが、被災した街の遺構を残すことは取り扱いに細心の注意を要する問題で、立脚する視点によっても全く意味が異なり、その遺構を本当の意味で理解するには長い時間がかかる。東北地方の被災地を歩くと、それを痛切に感じます。何かと何かがぶつかり合い、どっちつかずの状態で残っている震災の遺構を私はヒリヒリした思いで見ざるを得ませんでした。
藤野：テーマがウクライナだから、現在、ウクライナに起きている問題が前景化しているけれど、設計の構造としては、行ったことのない場所で仮想のプロジェクトを立ち上げる、という手法です。その仮想プロジェクトで、星座などが見られるような空間をつくり、ブリッジを通している。
この種の作品の場合、この取組みが最終的に設計者自身にどうフィードバックされてきたのかが重要だと思う。けれど、この作品ではそれを「葛藤」という言葉で済ませていたところが、やや物足りなかった。せっかく新しい構造を持つ設計手法を試みたのだから、それが何を生んだのかを見せてほしい。
難しい問題に向き合ったことは評価しているけれど、

復元したと言うわりには新たに設計した部分が多くて、その理由も明快とは言えない。新たに設計することには、ためらいもあったと思う。そこをもう少しうまく表現できていたら、作品をもっと理解でき、評価できたかもしれない。
サリー：ミサイル攻撃を受けた現地の人の中には、ムツアツムリして場所でりして人や、フロホームしたいなどもいると聞いています。根本するのであれば、その人たちの共感できる建築である必要があると思う。これを見ても共感できない人が多くいると思う。だから、私は自信を持ってこの作品が推せません。
塚本：ウクライナの問題を「自分ごと」として考えるのはなかなか難しいことだけれど、作者は建築の設計を通してそれに挑戦した。その際「設計で何ができるのか」を組み立てていく過程での情報の集め方が、今までのやり方と違っているのがおもしろい。このやり方で、当事者性をどのように見つけていくのか、更新していくのか、に興味がある。その手法は、今の時代、ここまで解体され切った建築の価値をもう一度、組み立てていくには不可欠だと思う。だから、この作品の当事者性は新鮮だった。
川勝：この問題を建築ではなくて設計で解こうとしているところがもったいない。建築で解くという姿勢で取り組めば、違った表現になったと思います。
塚本：「建築でなくて設計」？　その違いは何なの？
川勝：この作品は、最終的に建物に落とし込んでいます。建築というものは、建物をこういう形で設計しなくても……。
塚本：なるほど、川勝審査員の主宰するRADのやり方のように、編集すればいいのか。
サリー：全体性を描いているけれど、この施設に思い出のある人たちが大切にしていたであろうそれぞれの部分を描いたほうが良かった。つまり、もっと多面性をプレゼンテーションしたほうが良かったと思う。SNS（Social Networking Service）から組み立てたプロセスはおもしろいけれど推せない。ウクライナが敷地でなかったら、もっと応援できたかもしれない。
岩瀬：建築を作る手法としては興味深く、当事者性を設計手法にもっと還元できていれば、この作品はずっと良くなったのではないでしょうか。
SNSなどで獲得した断片的な情報をもとに、建築の形態を立ち上げて空間化することには、新しい魅力を感じます。しかし、説明は白い柱やプロポーション（均整）の問題だけに終始してしまっていることに疑問を持ちました。その結果、単なる白い建築に結実しているので、もう一工夫ほしかった。
もっと情報の扱い方に焦点を当てて議論し、作者本人が何を大事にしたのかを聞き出したいので、SNS

や現地から何の情報を取り出して、どのような設計手法に還元したのか、資料に表現できていないのなら、新たに追加してもいいので、考えていることを教えてください。
村井[006]：SNSの写真に写っていたのはとても均質的な建物や部屋ばかりでした。たぶん、ソビエト連邦（ソ連）の時代に作られたからです。これはてんでの間で、動きたいという思いから、別別でもよいのではという思いもありました。
それで、その敷地にあったもの、地中に埋まっていたもの、もとの谷という地形、レンガ工場の産業廃棄物で埋め立てられたことなど、この土地の歴史を調べたのです。その結果、土地の上には必ず建築があって、地中に眠っている歴史を踏みつけていることを感じました。たぶん、とても重いもの。ここに建築を建てることに対して、素材に……。
塚本：だから建物を白くしたの？　体育館の動画が映っていたけれど、爆撃されて、入ってきたロシア兵──かはわからないけれど──は、体育館の中でサッカーをしていた。壁の色は独特な緑とベージュ、いや、黄色だったかな？　ともかく2色に塗られていて、東欧など、かつての社会主義国を思わせるものだった。けれど、そこには、ある種のチャーミングな部分もある。なぜ、あなたがそれらの色をすべて漂白したのか、その理由を訊いているのです。敷地の下に埋まっているものの重みを、漂白することで軽くしたい、と思ったのかもしれない。でも、色を取り除くことで本当に軽くなるのか、という話なんだ。

次に、行きます。平松案『元町オリフィス──分裂派の都市を解く・つくる』[113]。
藤野：プレゼンテーションを聞いて、都市の奥行きのある空間に複雑さを生み出すというイメージははっきりわかりました。
一方、いろいろなものを階層で分けていますが、階層ごとには独立していない。階層同士がどういう関係性を築いていくのか、もう少し説明してほしい。
塚本：階層同士を変な形につないでしまうこともあるのではないか、と思いました。
川勝：神戸はエリアごとに街や建築空間の性格がしっかり分かれていて、それがこの街の良さだと思います。だから、最初に調査している元町の高架下や商店街が独特の空間性を持ってることはよくわかります。しかし、その特徴を、「私の好きな空間」「海に向かうこの場所に」と当てはめた必然性が、よくわかりません。
サリー：商店街とは、通り沿いに店舗がズラリと並んでいる場所です。ここに「オリフィス*¹」を適用することで、通りに内在している情報が顕在化し、商店街を歩いているだけで、多くの情報が目に飛び込ん

でくるような魅力を感じます。
手法はとてもおもしろいと思います。ただし、おもしろいのは平面構成（平面計画）の操作だけです。「オリフィス」で断面計画ももっと操作できれば、たとえば、元町という平面的に広がった商店街を「オリフィ

いのではなかった。街の原理を採り入れて、時間の流れと関わるものをつくりたかったのです。
藤野：けれど、作っている空間そのものに、もっと積極的にあなたの都市観を盛り込めるはず。そこを見たかった。
「オリフィス」という言葉を提示したことは、街を目

京都の銀閣寺にある、砂で作られた円錐の「向月台」では、雨が降ると砂が流れて形が崩れるので、適宜、住職が直していると思います。この作品の砂山にも、「川に流されて崩れていくけれど、適宜、土砂を追加していることによってその形が保たれている」といった美学的な演出をしないと、建築的な価値は生まれ

はなく、断面方向をも白めって、自分は選択力がかけてしまうことは避けたかったのです。この提案がきっかけになって、階層間を越すジャンプなども起これればいいと思っています。
「体験できるから楽しい」というようなものを作りた

砂山を眺めた人たちが、ダムのありがたみを感じたり、砂の増減を風情と感じたりはするけれど、それでも、この作品は、エンジニアリングの問題に終始していると思いました。

藤野：これはランド・アートか、というのが重要なポイントです。
この作品を見た時に、本当に「川の連関」に取り組みたいのか、疑問でした。つまり、模型を見ると、工場や、

はないか、と感じたのです。「川の連関」に取り組む
のであれば、下流にあるがゆえ、砂がどのように流
れていくのか、に興味が向くはずです。
今の質疑応答で、造形へのこだわりを感じたので、
「場や地域の骨格である川の連関」という時柱の長
い主題が見えにくくなってしまいました。
塚本：東日本大震災(3.11)で被災した岩手県の陸前
高田は、復興する時に、山を削って持ってきた土を
ベルトコンベアで低い平地に運んで、土地を大幅に
かさ上げしました。そういう土木事業の光景は、確
かにかっこいい。
この作品は、海では海岸線が後退しているから、そ
れを元に戻したいという、ある種の「事物連関*3」を
扱う主題でもある。しかし、ダムはここだけではな
く下流に2つ3つあり、そこも浚渫*4したり、排砂装
置を付けたりする必要がある。けれど、この提案では、
そこに上流の砂を流し込んでいて、問題の解決とは
矛盾している。やはり、ちぐはぐな印象を受けます。

次の作品に行きます。柴田山崎村上家「リンゴ
計画　石保管のための石積み指南書」[200]。
ヤサリ……ド（資材置き場）のように、通常、裏方
で人々に見えないものを表出させて、見えるように
した。サンゴ石をフラクタル（自己相似形）に積んで
いくとして、リンゴ石は今後も成長していき、独
特の積み方によって家族的な形になる。

単にリンゴ石を保存するだけの場所だけれど、保存
……また、ドローイングが美しいと思いました。
岩瀬：すでに完成形が決まった形態だと、人々の「参
加」が「労働」に成り下がってしまう気がして、形を
作っている者としては納得しかねます。

よし、よしとも感じします。だからこそ、自由に慎
むことを許容するなど、形態や構造システムがもた
らす意味は多様に提案し得たのではないかと思う。
可能性を感じると同時に、何か惜しい気もします。
藤野：模型の形態などは魅力的です。
けれど、これがリンゴ石の置き場だとすれば、ここ
ではサンゴ石が出現に出入りする。つまり、頻繁に
サンゴ石を積んで崩すことになる。それなら、この
ように静かな風景として表現するのではなく、建築
のスケール（寸法）や素材にもっと物の出し入れ、石
を積む、石を取り除くなどの動きを具体的に表現し
ても良かったのではないか。
提示された空間が固定的で動きのないこと、プレゼ
ンテーションで、あらかじめ目的としている空間を
つくりたいという意図が感じられたこと、には納得
できていない。
川勝：この作品は、手段と目的がいつの間にか入れ
替わってしまっている。最初は、ここにリンゴ石を
集めるという目的だったのが、集めたサンゴ石でこ
の形を作ることが目的になってしまった。
ここにリンゴ石を集めることによって生まれる、周
囲のソフトアビリティ（活動、住民の行為や振舞い、
リンゴ石が運び込まれることによる空間の変化、こ
こが村にとってどういう場所で、村の生活とどうい
う関係があるのか、そこまでプレゼンテーションで
表現されていれば良かった。
塚本：リンゴ石を運ぶためのカゴ、石を少しずらす
時に使う練り棒、力を少し割ることのできる牛が少
……なぜ、石を積むためにはいろいろな道具
がある。喜界島ではそういう道具は使わないの？
柴田[260]：基本的には使わない想定で……。
塚本：想定ではなく、実際に使っていないのかどう
かを聞きたい。

……時は、より手で仮置きし、定まる場所を探し
ながら、1個1個置きます。
塚本：なるほど、サンゴ石は軽いから、そんなに道
具はいらないのか。
私も藤野審査員、川勝審査員と近い意見で、サンゴ
石を積むという過程をもっと設計の中に組み込めば
良かったのではないか、と思いました。

次、行きます。川岸家「私の弔われかた」[206]。
死ぬことを「自分ごと」として言う、というテーマは、
卒業設計としてとてもおもしろいと思った。ただし、
死ぬことが私小説で完結するところは、少し甘いと
も思う。要するに、死というのは自分だけではどう
にもならないところが大きな問題なのです。残され
た人たちがどうするかということと、自分の理想と
する死に方との間にどうやって折り合いをつけるの
か、そこまでは踏み込めていない。
岩瀬：作者が私小説として書いたことを全肯定した
時に、死んだ後の時間の経過や場所の移動について
は考えていないと説明していましたが、そこにこそ設
計の構築性があるのではないかと思います。文章を
建築化する時には、文章に抜けている行間を埋める
建築的なアイディアこそが設計の醍醐味になり得ま
す。その場所同士がとても離れているのか、近いのか、
どういう環境にあるかで建築は全然違うくる。
取り上げた主題はいいけれど、設計の部分に建築性
をあまり感じられなかった。
藤野：作者の小説を最後まで読んでいたいという気
持ちになりました。幽霊のような存在、小説家と設
計者という関係性、自分自身の死を見つめる視点を
別に設けて物語の構造を作っているところはオリジ
ナリティがあり、小説を実際に書いたのも良かった。
けれど、この設定を活用すれば、「死」に向き合うこと

ができ、語れることも増えたはずです。そうしなかったところが、もったいない。

川勝：徹底的に「私」の視点だけで計画して、作品に社会性を入れたくなかった、持たせたくなかった、と言う。けれど、その姿勢を貫いた結果、この提案

共感できました。

川本[414]：香港で起きた2つのデモに参加していたのは、生活があまり豊かでない人たちでした。中華人民共和国（以下、中国）が高額で買い取った建物を高い賃料で貸し出しても、そこを借りられずに今

デザインにも活用できると思います。

一方、アーチを使った設計手法には、この視点との対応関係が見えないので、疑問が残ります。

塚本：一歩引いた視点から見て、毎日の同じような活動が、まるで誰かが書いたシナリオをなぞって動

と、フィレベルの空間に没人感を得づらく、ひかれるところの少ないのが残念です。

藤野：空間のデザインに疑問が残りました。アーチと逆懸垂線（逆カテナリー曲線）の部分について、詳しく説明してほしい。

川勝：最初は総合性を評価したけれど、それぞれのつなぎであるインターフェース（接点）としての建築の部分が弱いと感じました。

サリー：鉄道インフラはどうしても線状になり、それによって両側にコンテクスト（文脈）の分断が生まれます。この作品は、そうして生まれた都市の界面（互いに性質の違う2つの地区の境界面）の問題に挑戦している。普遍的な題材ではあるけれど、都市の新しいつなげ方のようなものが見つかればいい、と思いました。

マクロな視点では、それが見つかって成功しているとは思います。しかし、歩行者目線のミクロな視点では、果たしてこの設計が最適なのか？ そういう疑問は残ります。

塚本：駅の線路の下の土を掘り出して、新たな空間をつくるのだけれど、そこが大き過ぎた。もっとミニマム（最小）で良かったと思います。

では次、川本案『MADE IN HONG KONG』[414]。

藤野：香港を選んだ理由は、単に、大都市として東京を選んだのか、香港を選んだのか、という違いにしか見えない。香港でなければならない理由について、もっと言及してほしかった。

川勝：期待していた、香港の現状に対する作者の考え方をほとんど聞けなかったので、結局、審査員側で勝手に深読みしているだけ。残念です。

サリー：たぶん、この作品に政治的なメッセージが込められているとは思いますが、固有のメッセージは読み取れませんでした。ただし、つくっている空間にはいろいろな取っ掛かりや魅力があるので、今後もそういうところに取り組んでほしいと思います。

塚本：香港は日本から離れたところにあるけれども、当事者性を獲得しようと設計の中で試みている。試案だけれど、意外にきちんと設計していて、本当に楽しそうな場所ができている。そこは感心しました。

岩瀬：香港の現状についての作者の意識が低かったのは残念ですが、設計の動機はとても明解なので、

この作品には（大嶋モデラ賞を授与）

時点でこの建築にピリオドを打ったのだと思います。そのピリオドの打ち方にハッとさせられました。設計者のそういう視座は伝わりました。模型はよく理解できませんでしたけれど。

塚本：模型を見ると、作業場に丸太が転がっていたり、作業場の屋根の先端に渡してある雨樋をトイレに伸ばして、トイレに雨水を溜めていたりする。また、2階の屋根の下のテラスには机と椅子が1個ずつあって、机の上にカップと本が置いてある。見る者の想像をかき立てるよう、かなりマニアックに作り込んでいて、良くできていると思います。とても楽しんで作っているのが、見る者にも十分に伝わってくる。

岩瀬：建築の設計プロセスにおける多様な共有のあり方や、共同性について示唆的な側面を炙り出しているという意味で、興味深い作品です。ただし、作品中でD邸を名建築と紹介していますけれど、D邸が名建築たる理由を聞きたいです。

土居[490]：名建築とされた要因としては、まず、パネルに記載した伝統的な建築の継承性が挙げられます。また、今回は特に言及しませんでしたが、D邸の舞台である神奈川県の横須賀では船の塗料を住宅に使う慣習があり、それを模型の赤い小屋で表しています。このように、地域で流通している材料を使用するという地域性を取り入れていることも挙げられます。

藤野：これもD氏という物語を設定することで、作者自らを問うプロジェクトだと感じました。結果として、提案された建築は、比較的、学生の立場で一般的な建築の範疇に落ち着いている。けれど、雨をどう捌く、勾配をどうつける、といった、専門家にとっては当たり前の「物性」に気づく機会はめったにないので、このプロジェクトを通して、そのことが現実的な「物性」に関する知識として作者の身に付いたのだとしたら、そのプロセスには価値があったと思います。

塚本：続いて、大岩案『都市の再生速度——現代的鑑賞から考える東京駅の劇場』[501]。

サリー：シークエンス（場面の連続性）に「速度」という要素を加えて、建築空間を分解していくところはとても共感できて、魅力的な発想だと思いました。このような視点は、ランドスケープ（景観や地形）の

だけピントを合わせてミニチュアのように見える写真を撮影する手法（逆ティルト撮影）がある。この計画でも、このような手法を使って調整すれば、単に全体を映す動画だけではなく、焦点を絞った動画も多数作ることができ、さらに豊かな演劇性が生まれるのではないだろうか。

川勝：再生と演劇とが、どのように相性がいいのか、疑問です。いずれにしても「演じる場」としての「劇場」を作るなら、演劇としっかり格闘してから設計してほしかった。その部分が淡泊なので、「劇場的なもの」を何か作りたかった、という作者の意図が見えてしまった。提案したビルディング・タイプ（建物類型）が劇場であるのなら、この劇場を作ることによって、今の演劇がどう変わるのか、という命題にきちんと向き合い、現在の劇場への批評性を持つことが重要だと思いました。

塚本：最後の作品、河本案『中心について——天下普請の反転による対自空間の導出』[568]。

天下普請を反転するアイディアには興味を持った。けれど、それをクレーターのような形態にする必要があるのか？ 作者は自分の設計している内容を、できるだけ対象化しようとしているのだろうけれど、この提案の中に、作者の存在が見えないということを強く感じています。

岩瀬：作者は「自己」のこととして説明しているけれど、生まれた空間には没入感がほとんどない。手法としてはとても力強いのですが、私はその力強さのワンサイド性（一方的さ）に同調できませんでした。

藤野：手法には魅力を感じました。しかし、質疑応答では、単に作者が説明したいことを、とめどなく説明するだけで、本当に大事な部分の説明はノイズに埋もれてしまったのが残念です。主張をもっとシンプルな形で伝えることの重要性に自覚的になるべき。

川勝：日本を象徴するもの、それはすべての日本人にとっての象徴なのか。このテーマ設定は、いろいろな問いを含んでいると思います。

一番、問題だと思ったのは、天皇の存在を残したまま皇居を開放するということ。一見、社会に開いているようでありながら、実は権力構造を温存したままの状態だということになる。このように権力構造

ID	氏名	塚本	岩瀬	嶋野	サリー	川嵜	合計得票	合計得点	
006	村井 琴音				○		1	1	日本一対象外へ
119	平松 那基子		◎				1	1	日本一対象外へ
241	奥田 涼太郎		★			○	?	4	日本一候補 → 日本一候補
260	柴田 蓮乃助 山崎 聡 村上 きこ	◎					1	1	日本一対象外へ
286	川岸 平祐				○		1	1	日本一 川岸案へ
365	石川 航士朗 糸賀 大介 大竹 平雅				▲	◎	?	4	日本一候補 → 日本一候補
414	川本 航佑	◎					1	1	日本一対象外へ
490	土居 晃太	★	◎	◎		★	4	8	日本一候補 → 日本一
501	大岩 樹生			★			1	3	日本一候補 → 日本一候補
568	河本 一樹			◎			1	1	日本一対象外へ

凡例
*★は「強く推す」1票、3得点。
*◎は普通に「推す」1票、1得点。

を見えなくしたり、弱くなっているように見せることで、逆に、権力構造が強化されているという危うさを感じます。

「木を全国に返還する」ことも、戦後、天皇が全国を行幸することで、日本を一体化した活動を再編成した活動のようにも見える。もう少し権力やアイデンティティ(帰属意識)の多様性などに目を向けて設計していたら良かった。

リリー:社会性が求められる土地に設計しているのに、でき上がったものは、人々が自己と向き合う空間というより、作者が己と向き合っている空間になっていると思いました。

説明を聞かずに作品を一見する分には、作者の力量がとても現れているので、評価は難しいです。

友渕(進行):ファイナリストの内、3作品が発言できていないので、その機会を設けます。まず、川岸案『私の弔われかた』[286]から。

川岸[286]:先ほど指摘された内容をこの何十分間か考えていました。

私の中でも、葬式は死者を送る側のものです。けれど、この作品では、あえて逆に、送られる側から葬式を考えるというテーマで設計しました。

しかし、やはり送る側を無視はできないことがわかり、今回はそこが「気づき」だと思いました。

サリー:墓の提案をするのに、そのプロセスが自邸から始まっているところは、視野が広いし、魅力的です。けれど、そこに死と向き合う本人以外の他者も入ってきたら、なお良かったのではないかと思いました。

友渕(進行):では、石川+糸賀+大竹案『生活景の結い』[365]。

石川[365]:デザインに使ったアーチとカテナリー曲線への疑問が出ましたが、そこには、地域や敷地近くの資源を何かしら駅の中にデザインとして取り込んでいくことをめざしたという意図があります。地域の資源を資源再生という形で循環させ、活かしていくプログラムとデザインの両方を考えていました。アーチは都電荒川線のプラットホームから、カテナリー曲線は飛鳥山の連結した斜面の形態からデザインに引用しました。

友渕(進行):最後、河本案『中心について』[568]も一言お願いします。

河本[568]:卒業設計にあたって、最初に「自分が何者か?」というテーマからスタートしました。自分の要素を汲み取っていく中で、自分が日本人として生まれ、日本で生きていくことを自覚する。そうした人々のアイデンティティが皇居に戻り、人々の拠り所になり、象徴となる。象徴というものは自分たちがつくるものではなく、他者によりつくられ、やがて人々により信仰の対象や遺産になっていくものだと思います。

……は、緑地率などよって張り巡らされる植栽の隙間にの分がカルデラのように掘り込まれる、という反転のプロセスにより「他者性」作られるものが建築であるべきだと思います。

友渕(進行):では、それぞれの意見を踏まえて、投票に移ります。審査員は1人3票で「強く推す」1作品(★→リー3得点)と普通に「推す」1作品(◎即→1得点)を選んで投票してください。

(審査員一同 投票)

友渕(進行):土居案に票が入りましたが、最も得点の多いのは、「強く推す」2票が入った土居案『建築家のパラドクス』[490]で8得点。その他に「強く推す」票が入ったのは、奥田案『海への「おくりもの」』[241]が4得点、石川+糸賀+大竹案『生活景の結い』[365]が4得点、大岩案『都市の再生速度』[501]が3得点です(表1参照)。普通に「推す」1票のみの6作品は、現時点で「日本一」にするのは難しいということで、これらを外して議論を進めてもいいですか?
審査員一同:(了承)

塚本:4人の票が入った土居案『建築家のパラドクス』[490]に投票しなかったサリー審査員は、この作品は絶対に認めないのか、それとも、もう1票追加で入れるのであれば、この作品に入れてもいいぐらいの気持ちなのか、教えてください。

サリー:ファイナリスト10作品はどれもよくできていて、どれが「日本一」になってもいいぐらい、仕上がえもしっかりしていました。

世界に対して「日本一」の卒業設計だと言える作品はどれだろうと考えた時、石川+糸賀+大竹案『生活景の結い』[365]は総合的に良くできているし、個々のプラン(平面計画)もおしなべていい。この作品なら世界に誇れるのではないか、と思って「強く推す」票を入れました。

土居案『建築家のパラドクス』[490]は、嫌いではないし、ハッとさせられました。ただし、模型は必要なかった、逆にないほうが良かったと思っています。模型はあくまでも1つの時間軸の断面で切ったものなので、この建築がここからまた変化していくならこの模型には意味がない。ということで、票を入れませんでした。

友渕(進行):次に、3得点と4得点の3作品([241][365][501])に、最後のアピールをしてもらいましょう(表1参照)。まずは、奥田案『海への「おくりもの」』[241]からお願いします。

奥田[241]:僕の興味は、広域のランドスケープ(地形や景観)と、それによって生まれる土木事業や土木構築物、それによって建築がどう立ち上がるのかということにあります。

今回、ダムと海を扱った時に、立ち現れた建築がつくり出すものをアート的な側面で説明することができましたが、この作品は、「置き土」にするだけではなく、河川の流域をきちんと読み解いて建築化していくことで、建材として骨材になる段階があったり、土壌改良した土砂を使って地元の人たちが林業用の苗木を育てたり、農業をしたりというソフト面の提案にまで行き着きます。

塚本:あのプラント(工場)は必要なのですか?

奥田[241]:ダムに沈んでいる砂の粒子には、細かいものと粗いものが混じっていますが、まず、それらを一緒に浚渫*4して、乾燥させます。それを分級機*5で分ける作業が必要で、その工程を経て置き土になります。また、骨材にするためには1回砕いてからふるいにかけ、土地改良機を通す必要があります。あのプラントは、そういう工程を最小限の面積とボリューム(規模)で立ち上げ、連続させたものです。

塚本:最初に浚渫した時の浚渫土とはどういうもの

なのか、最後に、積み上がって山になった時にはどういう粒径になっているのか、これはもう絶対に変わることのない不変の工程なのです。そこを押さえておかないと、説得力がないんだ。そういうプレゼンテーションをすれば良かったと思う。

一部で、そこを言いてはいけないのです。

友渕(進行)：続いて、石川+糸賀+大竹案『生活景の結い』[365]。

石川[365]：この卒業設計は、卒業論文で乗換駅について調べたところから始まっています。最初のプレゼンテーションで、岩瀬審査員から、ラチ（改札）外の乗換えがあると指摘されましたが、コロナ禍（COVID-19）以降、移動する機会が少なくなってきた状況で、駅に求められるのは旅客の輸送だけではなく、駅周辺の街の人々にとって楽しめる場所であることではないかと思ったのです。

論文では、駅の構内で完結せずに街を歩く乗換えを調査して、その概念を使うと駅構内だけではなく街自体も駅としてとらえることができる。都心で起きている、駅を中心に大規模な商業ビルを乱立させるような開発ではなく、地域にある商店街などの資源を使って街自体を駅としてとらえる開発が、これからの時代に必要となるのではないかと考えました。

この卒業設計では、既存のもの、もともと街にある資源をそのまま使うという考えを活かしています。藤野審査員に指摘されたカテナリー曲線の意味も同様で、飛鳥山という都市にはなかなかない、豊かな自然の残る公園を駅として使うことができるのではないか、という勝手な理由からカテナリー曲線で駅とつないで……。

藤野：飛鳥山公園を資源ととらえて、駅とカテナリー曲線でつないだ、というのは言葉上はつながるけれど、実際には無理がある。資源と説明しているのに、あれほど大量の土を掘っていることも疑問だ。

岩瀬：飛鳥山公園が待合所になるなど、積極的に既存の駅を解体していくような視座がもっとあったほうがいいと思いました。

石川[365]：飛鳥山公園に駅の機能をどんどん染み出させていけば、公園も駅としてとらえることができる。これからの駅は、列車を待つだけではなく、公園のように使えたり、単に訪れたり、自由に利用できるようになってもいいと思います。全長12.2kmの都電荒川線の途中に人々が関わり合える拠点を1つ作る、つまり、互いに離れていても沿線の人々の知り合えるような空間が駅として立ち現れる、というのをやりたかったのです。

大岩[501]：僕は卒業論文で劇場を取り上げていて、コンバージョン（用途転換）した劇場をいろいろと見る中で、演劇は場所さえあればどこでもできるということを実感しました。シアター（劇場）の語源であるテアトロンは客席という意味らしく、舞台がどう作られるか、どうお膳立てされるかより、私たちが客席から作品を見て、何を感じるかのほうが大事なことだと思っています。

サリー審査員からの「なぜアーチなのか？」という質問に答えると、何かが見えてまた見えなくなるという、「見える、見えない」のリズムがこの作品にはとても大事なことで、自分たちが何かを考える瞬間をアーチがつくる、ということを意図しています。

僕もそうでしたが、駅にいるのは、次の駅に向かうことしか考えていない人がほとんどです。けれど、建築を学んで空間を見る力を養ったことで、駅にあるさまざまな場所や、駅で起こっている多様な出来事に気づくことができました。それで、誰もがそういうことに気づけたらいいと思って、この作品を設計したのです。それを無理やりに気づかせる方法ではなく、消費に向かう現代の人々が便利に使っている方法に乗せて作ったところが特徴です。

友渕(進行)：3作品の説明を踏まえて、評価の変化があれば、票を移動できます。

りますか？

塚本：ありません。

サリー：土居案『建築家のパラドクス』[490]には票を入れていませんが、「日本一」にしていいと思います。

藤野：いいと思います。

川勝：サリー審査員の指摘のように、土居案『建築家のパラドクス』[490]は、提案力が評価されたというより、卒業設計というものを一番うまくとらえて、解釈して、そこでできる最大限のパフォーマンスをやり切っているところが評価された。これを「日本一」にすることについて議論したほうがいいのでは？

岩瀬：そういう見方をすると「卒業設計のフォーマットにうまく乗った」作品ということになってしまいます。そういうまとめ方はしないほうがいいと思います。

サリー：ファイナリストの作品ではありませんが、卒業設計展で評価されるための傾向と対策だけを考えたような出展作品がいくつかありました。卒業設計展がそういう場所になってはいけないと思いますが、「日本一」になった作品には、手法、表現、物量、切り口など、どうしても次世代の学生の参考にされ、手本になるという側面があります。そういう意味で、土居案『建築家のパラドクス』[490]は、建築空間だけではない独自の切り口で提案している作品なので、次世代の手本になってもいい、「日本一」にしてもいいと思います。

表2　2回めの投票：上位3作品への投票（1人1票追加）

ID	氏名	塚本	岩瀬	藤野	サリー	川勝	合計得票	合計得点	
006	村井 琴音				◎		1	1	受賞対象外へ
113	平松 那奈子		◎	●	●		3	3	受賞候補
241	奥田 涼太郎		★			◎	2	4	受賞候補
260	柴田 達乃助 山崎 麗 村上 きこ	◎					1	1	受賞対象外へ
286	川岸 美伊				◎		1	1	受賞対象外へ
365	石川 航士朗 糸賀 大介 大竹 平雅				★	◎	2	4	受賞候補
414	川本 航佑	◎				●	2	2	受賞対象外へ
490	土居 亮太								日本一
501	大岩 樹生	●	●	★			3	5	受賞候補
568	河本 一樹				◎		1	1	受賞対象外へ

凡例：
＊★は強く推す1票、3点。
＊◎は普通に推す1票、1得点。
＊●は追加で推す1票、1得点。

いよ。

友渕(進行):4得点の作品を「日本一」「日本二」にするのが順当ですが、それ以外の作品を推すこともあり得ます。

藤野:まず「日本一」以外の受賞4作品を決めたらどうですか?

友渕(進行):では、もう1作品、どれも受賞作品にするか、追加の投票で決めましょう。追加で1人1票(1得点)。「日本一」以外で、次に推す作品に投票してください。

(審査員一同 投票)

友渕(進行):集計の結果、5得点が大岩案『都市の再生速度』[501]、4得点が奥田案『海への「おくりもの」』[241]、石川+糸賀+大竹案『生活景の結い』[365]の2作品、3得点が平松案『元町オリフィス』[113]、2得点が川本案『MADE IN HONG KONG』[414]になりました(表2参照)。3得点以上の4作品も受賞作品としてよろしいですか?

審査員一同:(了承)

友渕(進行):それではこの4作品からまず「日本一」「日本三」を決めていきます。
最多得点、5得点になった大岩案『都市の再生速度』[501]を「日本二」にしてよろしいですか?

藤野:予選通過100作品(100選)にも、自分で作った規範の中で自作を語る作品がたくさんありました。大川作品と〔 〕川作品は、率直に建築空間の地力と向き合っているところをまず、評価しました。
都市空間にある移動空間の中で、最も延床面積の大きいのは電車の床です。その電車と接続している駅で生まれる動的な風景がどのように見えるのかを、多視点から表現しようとしています。
重要なのは視点場*6であり、言わば、カメラの構造のような作りになっている。アーチが連続している場所を電車が等速度でくぐり抜けていくという動きは、車内外の視点場にいる人がそれぞれシャッターを切っているようなもので、アーチの大きさに応じて、どこに焦点を当ててピントを絞っていくのかを決定する。独創的な方法で、印象的な風景をつくっているところを評価します。

友渕(進行):それぞれ「強く推す」票を入れた審査員から一言もらいます。サリー審査員「強く推す」石川+糸賀+大竹案『生活景の結い』[365]、岩瀬審査員の「強く推す」奥田案『海への「おくりもの」』[241]。それぞれ、「日本二」にするべきという意見があれば、推薦ください。

サリー:卒業設計に1位も2位もないと思います。議

塚本:フランスのランドスケープ・デザイナーで園芸家のジル・クレマン(Gilles Clément)の著書『動いている庭』(Le Jardin en mouvement、1994年)の中に「谷の家」というスケッチが出てくる。彼は当然、フランス式庭園の歴史を学んだのだけれど、フランス式庭園はとても幾何学的な造形が強くて、すべての植物をまずその形に刈り込んで、その後のメインテナンスでは、ひたすら完成された姿を再現するように刈り続けていく。それに対してクレマンは、敷地に生えている植物1つ1つの性質、たとえば、1年草、2年草、多年草の違いや、土壌のpH(酸度)など、幅広い知識を理解した上で、植物を競合させる。植物に介入できるよう、自分が歩けるスペースも作った。そうすると、庭の姿がどんどん変わっていくのです。この方法ならメインテナンスの手間を省き、かつ植物たちが生き生きするような形の庭を作ることができる。「動いている庭」というのはとてもいいコンセプトなのです。
それで、土居案『建築家のパラドクス』[490]を最大限評価するなら、動いていることを完成図面ではなくスケッチの連続で示そうとしたことと、それをどこかで止めてプレゼンテーションしなければならな

い……という時に、夫婦らしの間、〔 〕シナリオ化したこと。その2点がとてもおもしろい。

友渕(進行):審査員から異論はないということですので、土居案『建築家のパラドクス』[490]が「日本一」に決定です。おめでとうございます(表1参照)。

審査員一同:(了承)
場内:(拍手)

友渕(進行):続いて、「日本二」「日本三」と、「特別賞」2作品を選定します。
まず、4得点の2作品から「日本二」「日本三」を選びたいと思います。
奥田案『海への「おくりもの」』[241]には岩瀬審査員の「強く推す」票と川勝審査員の「推す」票が、石川+糸賀+大竹案『生活景の結い』[365]にはサリー審査員の「強く推す」票と川勝審査員の「推す」票が入っています。塚本審査員長と藤野審査員はいずれの作品にも票を入れていないので、2人がどちらに票を入れるかで、決めたいと思います。

藤野:もう、大岩案『都市の再生速度』[501]の余地

論をするための手段として「日本一」「日本二」を決めるのだと思いますが、そのような手段を目的化しないように、気をつけないといけない。SDLの意義を守るという意味で、他の学生や次世代の手本となる...

点になった大岩案『都市の再生速度』[501]でよろしいでしょうか？（表2参照）

川勝：大岩案『都市の再生速度』[501]は、とてもおもしろい提案だと思います。しかし、新しい都市演劇、そこでの人々の振舞いが演劇的に見える瞬間、...

て卒業設計に取り組む学校もあれば、教員の指導も受けずに2カ月ぐらいで設計する学校もあって、バラバラです。だから、そういう違いは問わないでいいと思います。

河川における「事物連関」に対する作品が正しいとは思えない。下流には2つぐらいダムがあるし、他にもいろいろな問題があるから、この作品は、どう考えても無駄なことをしているようにしか見えない。「事物連関」から考えているなら、すぐにおかしいことだと気づくはずです。
このように、一連の「事物連関」のすべては見ずに、一部の「事物連関」だけを見て、作者の都合のいい、部分的な「事物連関」を視覚化することは良くないし、そういうことをしてはいけないと思うのです。

友渕(進行)：それぞれの評価が審査員間で共有できたと思います。
それでは、「日本二」は、追加の投票で最多得点、5得

サリー：石川+糸賀+大竹案『生活景の結い』[365]は3人で設計しているから提出物の量が多いのは当たり前ということですが、私は人に順位を付けるのではなく、作品に順位を付けると思っているので、人数に関する勘案はいらないと思います。
藤野：私も頭の半分ぐらいはそう思っているのですが……。卒業設計のフォーマットの違いと評価の関係性の問題ですね。
サリー：模型を、後輩の学生20人ぐらいに手伝ってもらう作品もあるではないですか。SDL2014で「日本一」になった『でか山』（本書159ページ、『SDL2014 Official Book』参照）の模型は絶対に1人では作れない。
塚本：たとえば、教員の指導を受けながら1年かけ

と石川+糸賀+大竹案『生活景の結い』[365]の2作品について、もう少し検討してはどうでしょうか？
審査員一同：(了承)
友渕(進行)：では、「日本二」は、大岩案『都市の再生速度』[501]です（表3参照）。おめでとうございます。
場内：(拍手)

友渕(進行)：続いて「日本三」を決めなければいけません。議論の中で決めるのは難しそうなので、投票にしたいと思いますが、いかがですか？
審査員一同：(了承)
友渕(進行)：では、審査員は、奥田案『海への「おくりもの」』[241]と石川+糸賀+大竹案『生活景の結い』[365]の2作品から、「日本三」にふさわしいと思う1作品に投票してください。

(審査員一同　投票)

友渕(進行)：奥田案『海への「おくりもの」』[241]が3票、[241]と石川+糸賀+大竹案『生活景の結い』[365]が2票です（表4参照）。
奥田案『海への「おくりもの」』[241]が「日本三」に決定です。おめでとうございます。
場内：(拍手)

友渕(進行)：そして、「日本三」への決選投票で惜しくも敗れた石川+糸賀+大竹案『生活景の結い』[365]と、2回めの投票で3得点だった平松案『元町オリフィス』[113]が「特別賞」となります（表5参照）。おめでとうございます。
場内：(拍手)
友渕(進行)：以上でファイナル・ディスカッションを終了します。

表3　日本二決定（協議）

ID	氏名	塚本	岩瀬	藤野	サリー	川勝	合計得票	合計得点	
113	平松 那奈子		◎	●	●		3	3	受賞候補
241	奥田 涼太郎		★			◎	2	4	日本三候補
365	石川 航士朗 糸賀 大介 大竹 平雅				★	◎	2	4	日本三候補
490	土居 亮太								日本一
501	大岩 樹生	●	●	★			3	5	日本二

*議論を経て、表2の投票結果をもとに、最多得点の作品を「日本二」に決定。

凡例：
*★は強く推す1票、3得点。
*◎は普通に推す1票、1得点。
*●は追加で推す1票、1得点。

表4　日本三への投票（1人1票）

ID	氏名	塚本	岩瀬	藤野	サリー	川勝	合計得点	
241	奥田 涼太郎		◎	◎		◎	3	日本三
365	石川 航士朗 糸賀 大介 大竹 平雅	◎			◎		2	特別賞
490	土居 亮太							日本一
501	大岩 樹生							日本二

凡例：
*◎は普通に推す1票、1得点。

表5　特別賞決定（表2の投票結果をもとに決定）

ID	氏名	塚本	岩瀬	藤野	サリー	川勝	合計得票	合計得点	
113	平松 那奈子		◎	●	●		3	3	特別賞
241	奥田 涼太郎								日本三
365	石川 航士朗 糸賀 大介 大竹 平雅								特別賞
490	土居 亮太								日本一
501	大岩 樹生								日本二

凡例：
*◎は普通に推す1票、1得点。
*●は追加で推す1票、1得点。

編註
*1　オリフィス：本書22ページ編註4参照。
*2　ランド・アート：土や岩、木など自然の素材を使い、屋外で大規模に展示する美術作品。
*3　事物連関：本書7ページ編註1参照。
*4　浚渫（しゅんせつ）：本書63ページ編註1「浚深土」参照。
*5　分級機：さまざまな大きさが混在している粒子を、一定のサイズごとにより分ける装置。
*6　視点場：本書14ページ編註2参照。

どうやって建築の価値を組み立て直すか 　　　　　　塚本 由晴（審査員長）

かなり長い時間、議論できたのは良かったと思います。受賞しなかった作品も、ファイナリスト10選に残ったことは、それだけでとても価値のあることです。

総評ということで、まず1つ言っておきたいのは、今回、圧倒的にすぐれていると思われる作品はなかった、ということです。その意味では、どの作品が「日本一」になってもおかしくない展開ではあった。圧倒的な作品がなかったということは何を意味するのか？　もしかしたら、卒業設計とは何をしたらいいものなのか、ということを学生たちはよくわからなくなっているのではないか。もちろん、卒業設計にはいろいろなものがあっていい。ただし、SDLのような自作を他者に問う場に挑むのならば、やはり建築の価値をどうやって再構築するか、どうやってもう1回、社会の中で価値ある建築を組み立てられるのか、という課題にチャレンジしてほしいと思います。

今、建築は、「とにかく時間内、予算内に終わらせる」「できるだけ安く作る」という状況に追い込まれている。つまり、時間と経済に厳しく追い詰められています。時間は経済に取り込まれてしまうから、結果的に、何事にも経済的価値が求められてしまう。それは同時に、建築の空間というものが経済に取り込まれてしまったということです。今では、建築の価値が本当に解体され切っています。1970年代に「建築の解体」という議論があり、昨年に亡くなった建築家、磯崎新がそういうマニフェストを掲げていました。しかし、現実には20年ぐらい前、2000年頃から建築の価値は解体されてしまった、という印象があります。建築家たちは、街はもっとこうなったほうがいい、建築はこう作られたほうがいいと思っているし、そうすべきだとわかっている。けれど、社会はそうならない。建築家たちが信じている価値、もしくは建築を作るこによって生み出せると思っている価値が、社会的にあまり尊重されていない、つまり、建築の価値は解体されてしまったということです。

こうした状況の中で、どうしたら建築の価値をもう1回、組み立て直せるのかということに、私もチャレンジしています。だから、学生たちにもそこにチャレンジしてもらいたいと思いますが、そのきっかけとなり得るものがあります。

1つは、建築について議論する時に、当たり前になっている「空間」の概念を疑い、それに対抗する言葉や、それを批判する言葉を編み出すことです。ファイナルでも「空間」という言葉がたくさん出てきましたが、それに代わる言葉が編み出されないと、結局は今までと同じように「空間」という言葉で建築を語ることになってしまう。ファイナルの議論に出た「連関」という言葉が、「空間」に代わる新たな概念になるのではないか、と少し可能性を感じ始めています。

その一方、建築を検討するための手段もやはり、昔から変わらず「空間型」なのです。「空間型」とは、平面図、立面図、断面図などの図面によって建築空間を表す世界共通の手段で、これがないと建築は作れない。とても大事なものだけれど、図面を通して見る「空間型」の世界では、どうしても幾何学的な整合性、尺度の整合性が優先される。そこでは、すべての建築空間について議論しやすい。けれど、一旦、「空間型」の世界に入ってしまうと、その建築の背景にあるものや、私がよく言っている「事物の連関」（本書7ページ編註1参照）は、逆に見えなくなってしまう。だから、最近は建築の表記法を変えたほうがいいと思っています。

「日本一」になった土居案『建築家のパラドクス──制御不能な野性の面影』[490]の建築家D氏の失踪の指す意味が、最初は全然わからなかった。けれど、ポートフォリオをずっと読み込んでいく内に、この作品の意図は、建築というものを、その最終形ではなく、別の形で表現しようとしている点にあるのではないか、と思うようになった。もしかしたら深読みかもしれないし、この作品のすぐれているところはそれだけではないのだけれど、セミファイナルとファイナルでは、その点を励みに、[490]を評価する発言をしてきました。もし、学生ですら、従来の建築の表記法に対する認識が変わり始めているのであれば、建築はこれからもっと変わっていき、建築の価値を再考しようという動きが出て来るのではないかと思っています。

物が作られるプロセスに注目した作品も、本当はもう少しファイナリストに残ってほしかったけれど、ほとんど残らなかった。建築の価値の再構築に向けてのきっかけとしては、物の作られるプロセスに着目するという方法もあるし、他にもいくつかあります。学生たちには、今後それについて考えてほしいと思います。

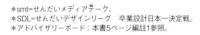

塚本 由晴

審査員長

それぞれの卒業設計

渋谷を通るたびに思い出す

私の卒業設計は、1986年時点の東京、渋谷駅に減築、増築を施し、渋谷の街のダイナミックさ、猥雑さを飲み込みながら、1辺100mの立方体に近づけていくもの。
2023年現在、まさに再開発が進行中で、超高層ビルの林立する渋谷だが、当時、私の考えた計画は全然違っていた。タワー同士が空中でスーパースラブ＊1によりつながり、スラブの上にも下にも新たなパブリック・スペース（公共空間）と言うか、立体的な都市の外部空間をつくろうとした。
今も、渋谷を通るたびに、その卒業設計を思い出す。

編註
＊1　スーパースラブ：従来より軽量で高強度の床構造体。

つかもと・よしはる／建築家、東京工業大学大学院環境・社会理工学院教授

1965年　神奈川県茅ヶ崎市生まれ。
1987年　東京工業大学工学部建築学科卒業。
　　　　パリ建築大学ベルビル校(U.P.8)在籍(-1988年、フランス)。
1992年–　貝島桃代とアトリエ・ワン設立、共同主宰。
1994年　東京工業大学大学院理工学研究科建築学専攻博士課程単位取得退学。
1996年　博士(工学)取得。
2000年　東京工業大学大学院理工学研究科建築学専攻助教授(-2004年)。
2003年　ハーバード大学大学院デザイン学部(GSD)客員教員(-2007年)。
2004年　東京工業大学大学院理工学研究科建築学専攻准教授(-2015年)。
2007年　UCLA客員准教授(-2008年、アメリカ合衆国)。
2015年　東京工業大学大学院理工学研究科建築学専攻教授(-2016年)。
2016年–　東京工業大学環境・社会理工学院(建築学系建築学コース)教授

建築、公共空間、家具の設計、フィールドサーベイ(現地調査)、教育、美術展への出展、展覧会キュレーション、執筆など幅広い活動を展開。「ふるまい学」を提唱して、建築デザインのエコロジカルな展開を推進し、建築を産業の側から人々や地域の側に引き戻そうとしている。
近年の主な建築作品に、『BMW Guggenheim Lab』(2011年)、『みやしたこうえん』(2011年／2012年度グッドデザイン賞ベスト100)、『恋する豚研究所』(2012年)、『Canal Swimmer's Club』(2015年、ベルギー)、『Search Library in Muharraq』(2018年、バーレーン)、『JR尾道駅』(2019年)、『ハハ・ハウス』(2021年)など。
その他の主な受賞に、Wolf Prize Laureate in Architecture 2022(イスラエル、「建築における民俗誌的な人間の生きる場としての特性の重要性を強調した著作や実践」に対して)など。
主な著書に、『メイド・イン・トーキョー』(共著、鹿島出版会刊、2001年)、『ペット・アーキテクチャー・ガイドブック』(ワールドフォトプレス刊、2001年)、『図解　アトリエ・ワン』(TOTO出版刊、2007年)、『Atelier Bow-Wow: Behaviorology』(Rizzoli New York刊、2010年、アメリカ合衆国)、『WindowScape──窓のふるまい学』(フィルムアート社刊、2010年)、『アトリエ・ワン　コモナリティーズ──ふるまいの生産』(LIXIL出版刊、2014年)など。

JR尾道駅／2019年／Photo: Atelier Bow-Wow

岩瀬 諒子
審査員

それぞれの卒業設計

建築というあやふやさ

建築家として独立して約10年になった。円借に反り設計の教育に携わ［...］ちゃ［...］いつ正ちに□りりつ卒生時代せ主んでしょう。当時の私はと言うと、2回生最後の課題で早々に、建築の正体とやらがわからずに心が折れてしま［...］［...］人▢▢ごシ▢■□▢▢む〟り〕〔■〕、〟▢〕可瓶え□乗り、卒業設計展し出席り□同級生の姿を少し後ろめたい気持ちで眺めていた。

その後、進学した大学院を休学して海外で建築実務や多様な価値観を学んだことが転機となり、自分なりの視点で建築について再考するチャンスを「大学院」に戻っし、その後ろめたさから逃れるために、学部時代に取りそびれていた設計課題を、学部の学生に紛れてすべて履修し切ったのだった。最後に、憧れの高松伸教授がかけてくれた「これは卒業設計に値する」という言葉で、それまで囚われていた呪縛のようなものから少しだけ解放された気がした。

卒業設計という形では1つの区切りを付けられなかった私だが、当時、不安に感じた建築の正体とやらは今、興味の対象へと変化した。周知のことと思われがちな事実や規範を疑い、再考する時、この「わからなさへの探求」こそが、新たな見方や発見を手繰り寄せ、変化する社会におけるものごとの本質や新しい創造へ導いてくれるような気がするからだ。

いわせ・りょうこ／建築家、京都大学大学院助教

1984年　新潟県新潟市生まれ。
2007年　京都大学工学部卒業。
2008年　EM2N Architekten 勤務(-2009年、スイス)。
2010年　京都大学大学院工学研究科都市環境工学専攻修士課程修了。
2011年　隈研吾建築都市設計事務所勤務(-2012年)。
2012年　慶應義塾大学理工学部システムデザイン工学科助手(-2014年)。
2013年-　岩瀬諒子設計事務所設立、主宰。
2014年　東京藝術大学美術学部建築科教育研究助手(-2019年)。
2019年-　京都大学大学院工学研究科建築学専攻(建築設計学講座)助教。

主な建築作品に、『KUSANAMI』(2013年／2013年U30ガラス建築の設計競技最優秀賞)、堤防のリノベーション『トコトコダンダン』(2017年／平成29年度日本造園学会賞設計作品部門、2018年度グッドデザイン賞金賞(経済産業大臣賞)、2019年土木学会デザイン賞奨励賞、2022年日本建築学会作品選集新人賞)、『子どもの家』(2021年)、『満寿美公園』(2022年)、『石ころの庭』(2022年)など。
主な展覧会出展作品に、U-30 Architects Exhibition 2013『だんだんばたけでハマベをつくる、立売堀のマーケットプレイス』(2013年)、第17回ヴェネツィア・ビエンナーレ国際建築展日本館展示『ふるまいの連鎖：エレメントの軌跡』(2021年)など。
その他の主な受賞に、東京藝術大学美術エメラルド賞(2018年)、第16回ベストデビュタント賞(空間・インテリアデザイン部門、2019年)など。

トコトコダンダン／2017年／Photo: Shinkenchiku-sha

藤野 高志
審査員

それぞれの卒業設計

何かと戦い、こじらせて、今につながった。

私の卒業設計(以下、卒計)は『森の都』というニ々〟冊冊画世、旨□板切り由紙、燃やした扉のオブジェである。これら3つで東北大学の卒計に課せられたノルマ「A1判サイズで□□□□□■〔〕〟〕〔〔〔〔〕〔〔いっしてしまり⊓ない、という評価で卒業も危ぶまれた。学内の賞も、優秀作品としての雑誌掲載も、卒計コ〔フ〔トの山品も無縁だった。当時はそれで良いと思っていた。何かと戦っている感じがしていた。たぶん、かなりこじらせていた⊓

当時から建築を通して、物事の関係性や時間の移り変わりを表現したいと思っていた。だから、建築の時間的一断面を重視する建築メディアや設計課題のあり方に疑問を感じていた。今振り返ると、漫画で建築の時間表現に挑戦する以上に、模型と図面を放棄することが重要だったのかもしれない。

そうやって大学4年生の時に考えたことは今につながっている。『森の都』は「生物建築舎」へ。「森」を構成する単位は「生物」、「都市」を構成する単位は「建築」、それらを並置して事務所の名前にした。

今回の「SDL2023」では、予定調和的でない作品を期待する。今の学生の抱く生の疑問が、どう作品に表現され、どう議論されるのかを楽しみにしている。

ふじの・たかし／建築家、東北大学大学院准教授

1975年　群馬県高崎市生まれ。
1998年　東北大学工学部建築学科卒業。
2000年　東北大学大学院都市・建築学専攻博士前期課程修了。
　　　　清水建設株式会社本社設計本部勤務(-2001年)。
2001年　はりゅうウッドスタジオ勤務(-2005年)。
2006年-　生物建築舎設立、主宰。
2012年-　東北大学工学部建築・社会環境工学科非常勤講師(-2015年)。
　　　　前橋工科大学工学部建築学科(現・工学部建築・都市・環境工学群建築都市プログラム)非常勤講師。
2017年-　東洋大学理工学部建築学科非常勤講師。
　　　　武蔵野大学工学部建築デザイン学科非常勤講師。
2018年-　お茶の水女子大学生活科学部人間・環境科学科非常勤講師。
2020年-　成安造形大学空間デザイン領域住環境デザインコース客員教授。
2021年-　大阪市立大学(現・大阪公立大学)工学部建築学科非常勤講師。
　　　　群馬県住生活基本計画2021策定委員会委員。
2022年-　東北大学大学院工学研究科都市・建築学専攻准教授。

主な建築作品に、『天神山のアトリエ』(2011年／2013年日本建築学会作品選集新人賞)、『貝沢の家』(2015年／日本建築学会作品選集2018)、『鹿手袋の蔵』(2016年／日本建築学会作品選集2020)、『鹿手袋の保育園』(2017年／SDレビュー2017朝倉賞)、『上毛新聞住宅展示場ハウスラボ』(2019年／日本建築学会作品選集2023)、『広野こども園』(2019年／令和3年度日事連建築賞奨励賞、第37回福島県建築文化賞優秀賞)、『ケーブルカー』(2020年／WADA賞2020、ウッドワン空間デザインアワード2021最優秀賞(伊東豊雄賞))など。
主な著書に、『地方で建築を仕事にする』(共著、学芸出版社刊、2016年)、『卒業設計で考えたこと。そしていま 3』(共著、彰国社刊、2019年)、『c-site.3:Other 他者』(共著、da大 in print刊、2021年)など。

天神山のアトリエ／2011年／Photo: Takashi Fujino

話題を呼んだのも束の間、驚くべきスピードで文化活動は経済活動に度屈され、それらは当たり前のように取り壊されていった。

卒計では、経済活動を否定することなく建築を提案できないかと考え、商業施設を建設するために取り壊されてしまった建物を対象に、過去に遡って再計画を行なった。大学院では、経営戦略と建築デザインをテーマとして研究に取り組んだ。日建設計でも同様のことを考えながら、実践の機会を窺っている。卒計をやったからといって、卒業できるわけではないのかもしれない。

さり一・かえで／建築デザイナー、ファッションモデル

1993年　京都府生まれ。
2016年　国内外のデザイン・ファーム（デザイン事務所）に在籍（-2018年）。
2018年-　慶應義塾大学大学院政策・メディア研究科修士課程修了。
　　　　日建設計勤務。NAD（Nikken Activity Design Lab）コンサルタント。
　　　　ABEMAニュース レギュラーコメンテータ。
2020年-　日本科学技術振興機構（JST）サイエンスアゴラ推進委員。
2021年-　ヘアサロンTAYA SDGsアンバサダー。

主な活動として、日建設計のNADを拠点に、建築や事業を提案する傍ら、ダイバーシティ（多種多様であること）に関する講演や社会活動へ携わる。2022年、Forbes JAPAN 30 UNDER 30（日本発「世界を変える30歳未満」30人）に選出。
https://www.kaedehatashima.com

感じていた。そこで、自作自演である卒計の枠組みを逆手に取り、近代社会の典型的なビルディング・タイプ（建物類型）を参照した構築物を設計し、事後的にそれを劇場へとコンバージョン（用途転換）するという手法を採用した。そうすることで、意図的に建築の形式と内容との間にずれを生み出し、設計者自身もコントロールできないような他者性がこの構築物に宿ることを期待した。そうして設計した手描き図面は、最終的にフォトグラム*1の手法を用いて印画紙に線の痕跡を焼き付けた。図面や模型が単なる説明のための手段ではなく、それ自体が建築の内実を体現するような強度（説得力）を持った表現や方法は可能か、という関心は、私の現在にもつながっている。

今でも、卒計の提出間際に、暗室の暗闇の中で一人孤独に作業していた際の、現像液のすっぱい匂いが時折、鼻を突く。ちなみに、学内での評価はボロボロ、学外展でも某審査員から表現が「暗い」と言われるなど、何ともすっぱい結果だったことも付け加えておく。

編註
*1　フォトグラム：カメラを用いずに、印画紙の上に直接、物を置いて感光させる写真技法。

かわかつ・しんいち／建築キュレーター、リサーチャー

1984年　兵庫県宝塚市生まれ。
2006年　京都工芸繊維大学工芸学部造形工学科卒業。
2008年-　同学大学院工芸科学研究科建築設計学専攻修士課程修了。
　　　　RAD（Research for Architectural Domain）設立。
2019年-　京都精華大学デザイン学部非常勤講師。
2020年-　大阪市立大学（現・大阪公立大学）工学部建築学科非常勤講師。
　　　　摂南大学理工学部住環境学科非常勤講師。

主な活動として、2008年に建築リサーチプロジェクトRADを立ち上げ、都市や建築に関する調査、建築展覧会のキュレーション、市民参加型ワークショップの企画と運営などに取り組む。
主な企画に、「KENCHIKU｜ARCHITECTURE Paris-Tokyo」（2013年、フランス）、「SUUJIN MAINTENANCE CLUB」（2015年、京都）、「アートが街を表現する──循環するコモンズたちの都市」（2018-19年、東京）、「Architecture Pass Kyoto──建築が生まれるところ」（2022年、京都）など。

TOILET（日建設計東京ビル、オールジェンダートイレ）／2023年／Photo: Kaede Sari

Architecture Pass Kyoto／2022年／Photo: Kaori Yamane

＊アドバイザリーボード：本書5ページ編評1条明
＊smt=せんだいメディアテーク
＊SDL=せんだいデザインリーグ 卒業設計日本一決定戦。

五十嵐 太郎

セミファイナル・コメンテータ、ファイナル・オブザーバ

いがらし・たろう／建築史家、建築評論家、東北大学大学院教授

1967年 フランス、パリ生まれ。
1990年 東京大学工学部建築学科卒業。
1992年 同学大学院工学系研究科建築学専攻修士課程修了。
1997年 同、博士課程単位取得後退学。
2000年 博士（工学）取得。
2005年 東北大学大学院工学研究科都市・建築学専攻准教授（-2008年）。
2008年- 同、教授。

第11回ヴェネツィア・ビエンナーレ建築展日本館（2008年）コミッショナー、あいちトリエンナーレ2013芸術監督、『戦後日本住宅伝説』展（2014-15年）、『インポッシブル・アーキテクチャー』展（2019-20年）、『WINDOWOLOGY』展（2020-22年）の監修、『3.11以後の建築』展（2014-15年）や『QUAND LA FORM PARLE』展（2020-22年）のキュレーションを務める。第64回芸術選奨文部科学大臣賞美術部門新人賞（2014年）を受賞。
主な著書に、『建築家の東京』（みすず書房刊、2000年）、『日本建築入門』（ちくま新書、筑摩書房刊、2016年）、『モダニズム崩壊後の建築』（青土社刊、2018年）、『現代建築宣言文集』（共編著、彰国社刊、2022年）など。

小野田 泰明

予選審査員、セミファイナル・コメンテータ、ファイナル・オブザーバ

おのだ・やすあき／建築計画者、東北大学大学院教授

1963年 石川県金沢市生まれ。
1986年 東北大学工学部建築学科卒業。
1993年 同学にて博士号（工学）取得。
1997年 東北大学大学院工学研究科都市・建築学専攻助教授（-2007年）。
1998年 UCLA（アメリカ合衆国）客員研究員（-1999年）。
2007年- 東北大学大学院工学研究科都市・建築学専攻教授。
2010年- 重慶大学建築学院（中華人民共和国）客員教授。
2012年- 東北大学大学院工学研究科都市・建築学専攻長（-2014年）。同学大学院災害科学国際研究所災害復興実践学教授。
2015年 香港中文大学客員教授（-2016年）。
2020年 日本建築学会建築計画委員会委員長。

建築計画者として参画した主な建築作品に、『せんだいメディアテーク』（2000年）、『横須賀美術館』（2006年）、『東北大学百周年記念会館 川内萩ホール』（2008年）など。
東日本大震災後は、岩手県釜石市にて復興ディレクター、宮城県石巻市復興推進会議副会長、宮城県七ヶ浜町復興アドバイザーなどを務めながら各地の復興計画に参画。アーキエイド発起人（2011年）。
主な受賞に、日本建築学会作品賞（2003年、阿部仁史と共同）、同著作賞（2016年）、公共建築賞（2017年、阿部仁史らと共同）など。
主な著書に、『プレ・デザインの思想』（TOTO出版刊、2013年）など。

齋藤 和哉

予選審査員、セミファイナル司会、ファイナル・オブザーバ

さいとう・かずや／建築家

1979年 宮城県仙台市生まれ。
2001年 東北工業大学工学部建築学科卒業。
2003年 同学大学院工学研究科建築学専攻修士課程修了。阿部仁史アトリエに勤務（-2004年）。
2004年 ティーハウス建築設計事務所に勤務（-2009年）。
2010年- 齋藤和哉建築設計事務所を設立、主宰。

主な建築作品に、『浦和のハウス』（2019年）、『金蛇水神社外苑 SandoTerrace』（2020年／日本建築学会東北支部第42回東北建築賞作品賞、2021年度グッドデザイン賞）、『JINS会津若松店』（2022年）など。

市川 紘司

Photo courtesy of Koji Ichikawa.

セミファイナル・コメンテータ

いちかわ・こうじ／東北大学大学院助教

1985年 東京都生まれ。
2008年 横浜国立大学工学部建築学科建築学コース卒業。
2011年 東北大学大学院工学研究科都市・建築学専攻博士前期課程修了。
2013年 中国・清華大学建築学院（中華人民共和国）留学（-2015年）。
2015年 東京藝術大学美術学部建築教育研究助手（-2018年）。
2017年 東北大学大学院工学研究科都市・建築学専攻博士後期課程修了。
2018年 明治大学理工学部建築学科助教（-2020年）。
2019年- 桑沢デザイン研究所非常勤講師。
2020年- 東北大学大学院工学研究科都市・建築学専攻助教。

主な著訳書に、『天安門広場——中国国民広場の空間史』（筑摩書房刊、2020年／2022年日本建築学会著作賞）、『家をつくる』（王澍著、共訳、みすず書房刊、2021年）など。

小杉 栄次郎

予選審査員、ファイナル・オブザーバ

こすぎ・えいじろう／建築家、秋田公立美術大学教授、team Timberize理事

1968年 東京都生まれ。
1992年 東京大学工学部建築学科卒業。磯崎新アトリエに勤務（-2001年）。
2002年 KUS一級建築士事務所を設立（-2015年）。
2011年- NPO法人team Timberizeを設立、理事。
2013年 秋田公立美術大学美術学部美術学科景観デザイン専攻准教授（-2018年）。
2017年- 一級建築士事務所コードアーキテクツを設立、共同代表。
2018年- 秋田公立美術大学美術学部美術学科景観デザイン専攻教授。

建築・都市の設計理論と実践を専門とし、木質・木造建築の新たな可能性を追求している。
主な建築作品に、『下馬の集合住宅』（2013年／第41回東京建築賞「共同住宅部門」奨励賞（2015年）、他）、『JR秋田駅待合ラウンジ』（2017年／Wood-Design賞2017最優秀賞（農林水産大臣賞））など。
主な著書に、『都市木造のヴィジョンと技術』（共著、オーム社刊、2012年）など。

佐藤 充

予選審査員、セミファイナル・コメンテータ、ファイナル・オブザーバ

さとう・みつる／建築家、東北芸術工科大学准教授

1980年 宮城県仙台市生まれ。
1999年 高校卒業後、独学で建築を学ぶ（-2003年）。
2005年 東北芸術工科大学大学院芸術工学研究科環境デザイン領域修士課程修了。早川邦彦建築研究室に勤務（-2009年）。
2010年 東北芸術工科大学デザイン工学部建築・環境デザイン学科特別講師（-2020年）。
2011年 東北工業大学ライフデザイン学部生活デザイン学科非常勤講師（-2020年）。
2013年- SATO+ARCHITECTS設立、主宰。
2021年- 東北芸術工科大学デザイン工学部建築・環境デザイン学科准教授。

主な建築作品に、『瓦山の家』（2014年）、『南光台東の家』（2019年／2022年度グッドデザイン賞）、『木町通の家』（2020年／日本建築学会東北支部第42回東北建築賞）など。

友渕 貴之

セミファイナル・コメンテータ、ファイナル司会

ともぶち・たかゆき／建築家、地域計画者、宮城大学助教

1988年　和歌山県海南市生まれ。
2011年　神戸大学工学部建築学科卒業。
2013年　同学大学院工学研究科建築学専攻博士課程前期課程修了。
2016年-　一般社団法人ふるさとの記憶ラボ理事。
　　　　和歌山大学COC＋推進室特任助教(-2018年)。
2018年-　宮城大学事業構想学群価値創造デザイン学類助教。
2020年-　特定非営利活動法人「まちづくりスポット仙台」理事。

主な活動に、宮城県気仙沼市大沢地区における復興計画(2021年日本建築学会賞(業績・復旧復興特別賞))、造成計画、住宅設計、コミュニティデザインなどの総合的な集落デザイン、オープンスペースにおけるアクティビティ促進に向けたデザイン活動、『直島建築──NAOSHIMA BLUEPRINT』(2016年)の制作といったアートワークなど。
主な受賞に、気仙沼市魚町・南町内湾地区復興まちづくりコンペ　アイデア賞(2012年、気仙沼みらい計画として)、気仙沼市復興祈念公園アイデアコンペ総合部門／モニュメント部門　優秀賞(2018年、共同受賞)など。

濱 定史

予選コメンテータ、セミファイナル司会

はま・さだし／山形大学助教

1978年　茨城県石岡市生まれ。
2002年　武蔵野美術大学造形学部建築学科卒業。
2004年　筑波大学大学院芸術研究科デザイン専攻修士課程修了。
2005年　里山建築研究所に勤務(-2007年)。
2009年　筑波大学大学院人間科学研究科芸術専攻博士課程修了。
2010年　東京理科大学工学部第一部建築学科補手(-2012年)。
2012年　同、助教(-2017年)。
2017年-　山形大学工学部建築・デザイン学科助教。

主な活動に、日本およびアジアにおける伝統的な建築構法の研究、歴史的建築の保存・再生設計など。
主な共著に『小屋と倉』(建築資料研究社刊、2010年)、『建築フィールドワークの系譜』(日本建築学会編、昭和堂刊、2018年)など。

本江 正茂

予選審査員、セミファイナル・コメンテータ、ファイナル・オブザーバ

もとえ・まさしげ／建築家、東北大学大学院准教授、宮城大学教授

1966年　富山県富山市生まれ。
1989年　東京大学工学部建築学科卒業。
1993年　同学大学院工学系研究科建築学専攻博士課程中退。
　　　　同、助手(-2001年)。
2001年　宮城大学事業構想学部デザイン情報学科講師(-2006年)。
2006年　東北大学大学院工学研究科都市・建築学専攻准教授。
2010年　せんだいスクール・オブ・デザイン校長(-2015年)。
2015年-　東北大学大学院工学研究科フィールドデザインセンター長。
2020年-　宮城大学事業構想学群価値創造デザイン学類教授(クロスアポイントメント)

システムデザイン作品に、『時空間ポエマー』、『MEGAHOUSE』など。
主な著訳書に、『シティ・オブ・ビット』(W.J. ミッチェル著、共訳、彰国社刊、1996年)、『Office Urbanism』(共著、新建築社刊、2003年)、『プロジェクト・ブック』(共著、彰国社刊、2005年)など。
http://www.motoelab.com/

中田 千彦

予選審査員、セミファイナル・コメンテータ、ファイナル・オブザーバ

なかた・せんひこ／建築家、宮城大学教授

1965年　東京都生まれ。
1990年　東京藝術大学美術学部建築科卒業。
1993年　コロンビア大学大学院建築・都市・歴史保存学科　Master of
　　　　Architecture(建築修士課程)修了(アメリカ合衆国ニューヨーク州)。
1994年　東京藝術大学美術学部建築科常勤助手(-1997年)。
1997年　京都造形芸術大学通信教育部専任講師(-2000年)。
　　　　コロンビア大学大学院建築・都市・歴史保存学科研究員(-2000年)。
2000年　京都造形芸術大学芸術学部環境デザイン学科助教授(-2003年)。
2003年　新建築社に在籍。『新建築』誌、『a+u』誌副編集長(-2006年)。
　　　　東京藝術大学大学院美術研究科建築専攻博士課程満期退学。
2005年　rengoDMS：連合設計社市谷建築事務所プロジェクトアーキテクト。
2006年　宮城大学事業構想学部デザイン情報学科准教授(-2016年)。
2016年　同、教授(-2017年)。
2017年　同学事業構想学群価値創造デザイン学類教授。価値創造デザイン学類長(-2020年)。
2020年-　同、学群長、事業構想学研究科長。

主な活動に、企業のブランド・ビルディングと空間デザインに関連する記事の作成、国土交通省、慶應義塾大学、日本建築センターとの共同によるプロジェクト、建築・空間デジタルアーカイブス(DAAS)の設立など。

厳爽さんに見守られながら歩むSDL

福屋 粧子(ふくや しょうこ)

厳爽(やん・しゅあん)さんが、2022年12月に52年の短すぎる生涯を終え、あの世へと旅立たれた。厳しい闘病生活であったことを感じさせず、最後まで颯爽と生き抜いた生涯であった。

厳さんは、宮城学院女子大学に着任した2004年以来、仙台市内で活動する教員仲間の中心的メンバーの1人だった。また、アドバイザリーボードや実行委員会など、SDL創成期からの主要なメンバーの1人でもあった。毎年、SDLの予選とファイナルの会場だけでなく、開催準備のための定例会にもできる限り出席し、学生たちにていねいなフィードバックをしていた。やさしくも厳しく、的確なコメント、すらりとした立ち姿、そして、やさしい微笑みに、同席する誰もが憧れを感じていた。

彼女の研究分野は医療福祉建築の建築計画であり、日本国内だけでなく、北欧の施設や生活についての幅広いリサーチから、弱者に寄り添った建築のあるべき姿を長年にわたって研究する第一線の研究者であり続けてきた。SDLの予選審査でも、その視点を活かし、ともすれば図面が地味なために見落とされることもある、きちんとした調査をもとにした生活空間、子供の空間、マイノリティ（少数派）や弱者のための空間などをテーマとした卒業設計には足を止め、ポートフォリオをめくって長い時間見入っていたことが思い出される。

今回、過去のオフィシャルブックを見返して、その中に彼女らしい言葉を見つけた。2010年の「二元論の限界」、2012年の「生活者に耳を傾けて」「ひと言コメントしたい」だ。

「ひと言コメントしたい」の中で彼女は、「（予選）審査では、①建築として表現が美しいもの、②社会の問題にきちんと向き合って取り組んでいるもの、③建築計画がよく考えられているもの、の3点を基準に票を入れた。そして、最終的には残らないだろうけれども、ひと言コメントしたい作品を3つ選んだ」ことを書いている。彼女が着目していた3つの基準は、これからの卒業設計でますます重要になってくると感じる。

ずっと厳さんに見守られ、歩んできたSDL。厳さんの声が、コメントが、もう聞けないなんて、正直、まだ信じられない。今年も、来年も、厳爽さんが残した声を聞きながら、各々の作品の声に耳を澄ます、そんなSDLであってほしいと願っている。

厳爽さんのご冥福を心よりお祈り申し上げたい。

写真・左：2022年8月29日、フランス、パリに滞在中の厳爽さん。 *Photo courtesy of Yan Shuang's family.*
中（上下）：SDL2011で審査にあたる厳爽さん。 *Photos by Izuru Echigoya.*
右下：亡くなる約2週間前の2022年11月、参加者をインターネット回線でつなぎビデオ会議アプリ「Zoom」を利用した、台湾の中原大学と東北工業大学とのオンライン・エスキスに参加した厳爽さん（下段右）。SDL2023の岩瀬諒子審査員も参加（下段中央）。

＊SDL＝せんだいデザインリーグ　卒業設計日本一決定戦。
＊アドバイザリーボード：本書5ページ編註1参照。

登録作品数：604作品(637人)　　出展総作品数：433作品(459人)　　審査対象出展作品数431作品(457人)

*データの内容は、出展者の応募登録の際に、公式ホームページ上で実施したアンケートへの回答をもとに集計したもの(STEP 1-2: 2023年1月10日～2月5日)。

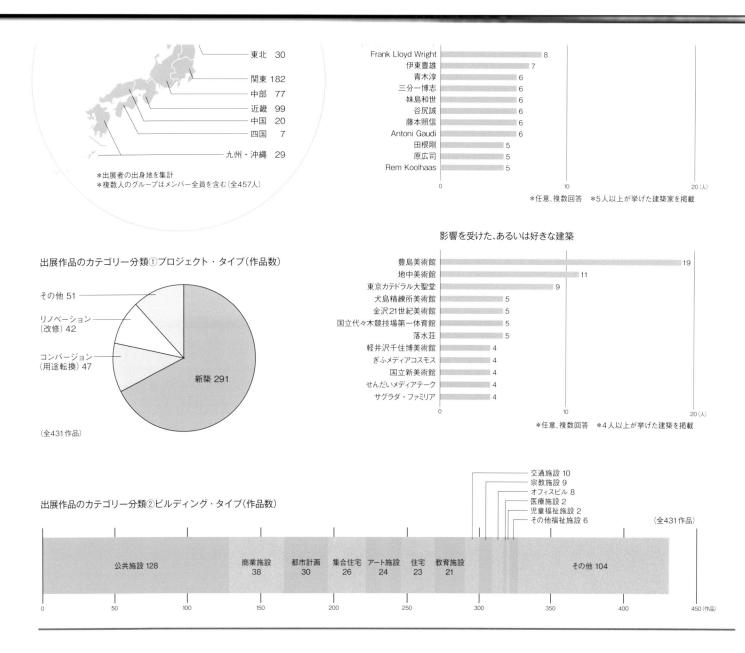

東北　30
関東　182
中部　77
近畿　99
中国　20
四国　7
九州・沖縄　29

＊出展者の出身地を集計
＊複数人のグループはメンバー全員を含む（全457人）

Frank Lloyd Wright　8
伊東豊雄　7
青木淳　6
三分一博志　6
妹島和世　6
谷尻誠　6
藤本壮介　6
Antoni Gaudi　6
田根剛　5
原広司　5
Rem Koolhaas　5

0　　　10　　　20(人)

＊任意、複数回答　＊5人以上が挙げた建築家を掲載

影響を受けた、あるいは好きな建築

豊島美術館　19
地中美術館　11
東京カテドラル大聖堂　9
犬島精錬所美術館　5
金沢21世紀美術館　5
国立代々木競技場第一体育館　5
落水荘　5
軽井沢千住博美術館　4
ぎふメディアコスモス　4
国立新美術館　4
せんだいメディアテーク　4
サグラダ・ファミリア　4

0　　　10　　　20(人)

＊任意、複数回答　＊4人以上が挙げた建築を掲載

出展作品のカテゴリー分類①プロジェクト・タイプ（作品数）

その他 51
リノベーション
（改修）42
コンバージョン
（用途転換）47
新築 291

（全431作品）

出展作品のカテゴリー分類②ビルディング・タイプ（作品数）

交通施設 10
宗教施設 9
オフィスビル 8
医療施設 2
児童福祉施設 2
その他福祉施設 6

（全431作品）

公共施設 128
商業施設 38
都市計画 30
集合住宅 26
アート施設 24
住宅 23
教育施設 21
その他 104

0　　50　　100　　150　　200　　250　　300　　350　　400　　450 (作品)

>>> SDL2023の新たな展開

新型コロナウイルス(COVID-19)の感染拡大が始まってから、すでに3年が経った。今年の「せんだいデザインリーグ　卒業設計日本一決定戦(以下、SDL)2023」は、ファイナルの会場であるせんだいメディアテーク(以下、smt)1階オープンスクエアに観客席を設け、限定された人数ではあったが、4年ぶりに観客を入れての開催となった。

SDL2023では、smtの改修[*1]による臨時休館に伴い、例年、smt5、6階のギャラリーで行なわれる出展作品の展覧会を、仙台市の中心地に位置する商業ビル「仙台フォーラス[*2]」の7、8階で開催した。

2003年の第1回大会から、SDLは「公開性」「公平性」と並ぶ3つの基本ルールの1つ、「求心性」(卒業設計大会のシンボルとなるような、誰もが納得する場)を遵守してきた。そんなSDLのシンボルであるsmtを離れて展覧会を開催することは、かなりの冒険であった。

結果として集客はうまくいき、期せずして、全国的に地域の課題となっている空き地・空き家有効活用した、例にもなったと言える。20年にわたってsmtを中心とする定禅寺エリアで培われてきた「建築文化」を、市の中心エリアにも展開し、仙台の街全体の課題に取り組むことにつながったのは、とても意義深いことであった。

>>> SDL出展者たちの目覚ましい活躍

大規模改修の時期を迎えたsmtと同様に、SDLも歴史を積み重ねてきた。そのことを実感させられるのは、近年、かつてSDLの壇上で熱気あふれる議論を闘わせたファイナリストをはじめとする出展者たちの目覚ましい活躍ぶりである。世界的に活躍する人物もどんどん登場してきている。

中でも、SDL2006の日本三を受賞した(『SDL2006 Official Book』参照)建築家の大西麻貴さん(o+h)とは、SDLが縁となって、これまでにsmtで企画を一緒に実施したこともあり、その活躍をたびたび間近に見てきた。たとえば、smtの鷲田清一館長を軸としたトークセッション「鷲田清一とともに考えるパート2　ドートクのじかん(2じかんめ)」(2019年)や、smtを設計した伊東豊雄を中心とする建築家たちによる「みんなの家」を取り上げたシンポジウム「みんなの家って何だろう」(2022年)では、smtを本会場に各地とオンラインでつなぎ、多くの建築関係者たちとのトークショーを共催した。その一方で、大西さんは建築設計の傍ら自ら出版社を立ち上げ、著作『青華──伊東豊雄との対話』(o+h books刊、2022年)を刊行するなど、その多様な活躍は目を見張るほどだ。

『ヴェネツィア・ビエンナーレ国際建築展』

日本館(2023年6月)。

日本館展示会場内。

日本館のピロティ。

向かって右から
大西さん、筆者、
百田さん。

SDL2006でプレゼンテーションする大西さん。

Photo by Nobuaki Nakagawa.

Photos of La Biennale di Venezia courtesy of the author.

>>> SDLから世界に飛び出した出展者たち

2023年の5月下旬、思い立って、私は『ヴェネツィア・ビエンナーレ国際建築展[*3]』を訪れた。展覧会では、日本館の展示キュレーターを大西麻貴さんが、副キュレーターを百田有希さん(o+h)が務め、2023年にsmtで展覧会を開催[*4]した建築設計事務所ドットアーキテクツが、日本館の「ピロティ・ワークショップ」を担当するという。それで、smtとの共催者がさまざまに関わっている今回の国際プログラムを、この眼で見ておきたいという欲求に揺り動かされたのである。何よりもSDL2006以来、成長を見続けてきた大西さんたちの活躍を見たかった。

『ヴェネツィア・ビエンナーレ国際建築展』の日本館は、建築家、吉阪隆正の設計で1956年に竣工し、イタリア、ヴェネツィアの地で半世紀以上にわたって日本の建築や歴史を紹介してきた。今回の展覧会では、他の展示作品に加えて、日本館の建築そのものも展示物[*5]ととらえ、大西、百田の両名が、テキスタイル・デザイナー、窯業家、デザイナー、編集者、金工師、アニメーターといった異分野の専門家からなるチームとともに、展示者とともに、腰を据えて取り組んできた。まさに「愛される建築」を実践している。

>>> 「愛される建築を目指して」

会場に並び、制作された模型、什器、再編集した書籍などの様々な仕掛けや造作物を見ながら、歳月の流れの速さを感慨深く思うとともに、改めて、SDLをはじめとした新タイプのイベントに携われて大いに好運だった、という実感が湧いていた。

会場を巡る中、「愛される建築を目指して」という展示のコンセプトを掲げたパネルの文字に目が止まり、ふと、2016年に急逝した建築家の小嶋一浩が、審査員長を務めたSDL2011で「卒業設計」について述べた「10年先に向けて遠投せよ」「一番大事なことは10年語るな」という2つの言葉を思い出していた。

彼は語りかけた。「SDLでは、途中まで票を集めていても問いかけや思考の乏しい作品は脱落する。模型やドローイングが魅力的に見えても、それだけでは10年ももたない。卒業設計は、ずっと10年くらいは噛み続けて、味がなくても噛み続けるガムのように、噛み応えのある問いやテーマを探し出す行為だ」と(『SDL2011オフィシャルブック』6~7、88ページ参照)。

とは言え、自分の問い(種)を10年先に向けて遠投し、10年も沈黙し切れる人はそう多くはない。しかし、大西さんは当時から、「10年先に向けた遠投」をしていたに違いない。それが17年たった今年、今回の展示として実り、ヴェネツィアに届いたのだと思った。

初夏のヴェネツィアの風は本当に爽やかで、日本館の開口部からピロティ(上階を柱だけで支えた屋外空間)まで吊るされたモビールはキラキラと輝き、木陰の憩いの場には各国の若者たちが大勢集っていた。

smtの大規模修繕を終え、来年、SDL2024の展覧会では、私も学生会議[*6]の会場局の学生とともに、smtとSDLの原点に回帰し、次の10年に向けて、出展作品の効果的な展示方法の実現にぜひ取り組んでいきたい。10年先まで投げる種を、ヴェネツィアで見つけてきたのだから。

原註
*1　smtの改修：大規模修繕の工期は館全体で2022年8月1日~2023年4月27日(中断あり)。今回の改修では、全館の照明がLED照明へ切り替えられ、館内は共用部分や事務所部分を含め、見違えるほど明るくなった。1階のオープンスクエア、3階の図書館、5・6階の市民ギャラリーは特に視認性が向上した。展覧会では、展示設営の作業効率の改善、新たな展示方法や鑑賞空間の演出が期待される。
*2　仙台フォーラス：宮城県仙台市青葉区一番町にあるショッピングセンター。イオングループのファッション・ビル「フォーラス」の第1号店として1984年(昭和59年)に開業。
*3　ヴェネツィア・ビエンナーレ国際建築展：『第18回ヴェネツィア・ビエンナーレ2023』。ガーナ系スコットランド人の建築理論家レスリー・ロッコ(Leslie Rocco)を総合ディレクターに迎え、「Laboratory of the Future(未来の実験室)」をテーマにした展覧会(会期：2023年5月20日~11月26日)。
*4　smtで展覧会を開催：『contact Gonzo×dot architects 定禅寺パターゴルフ???倶楽部!!──協働と狂騒のダブルボギー(2打オーバー)』(会期：2023年1月11日~2月5日)。
*5　日本館の建築そのものも展示物：日本館の側面にはタープ風の屋根が架かり、開口部からピロティにかけてモビールが吊るされた。人々が交差するピロティは憩いの場と解釈され、バーのような設えに。日本館の特徴である構造壁にはアニメーションを投影。屋内展示空間では、多様なつくり手が日本館のコンセプトや造形と向き合いながら構想、制作した模型、什器、再編集した書籍などが展示された。
*6　学生会議：仙台建築都市学生会議。本書5ページ編註2、162~163ページ参照。

しみず・たもつ
1971年、山口県下関市生まれ。1994年、多摩美術大学美術学部芸術学科卒業。1994-99年、山口県徳山市美術博物館（現・周南市）美術担当学芸員を経て、1999年からはせんだいメディアテーク学芸員。現在は企画・活動支援室長。主な共著書に『博物館の歴史・理論・実践──挑戦する博物館』（京都造形芸術大学 東北芸術工科大学 出版局 藝術学舎刊、2018年）など。

Photo by Izuru Echigoya.

EXHIBITOR

431 作品

Portraites by the exhibitors.
Photos except as noted by Toru Ito, Izuru Echigoya.

出展作品撮影協力：越後谷 出
撮影：越後谷 出＋加藤建築都市事務所

作品名		
顔写真	**ID** 氏名 しめい 学校名 学部名　学科名	作品パネル 作品模型
作品概要／コンセプト		
審査講評		

ID = SDL2023応募登録時に発行された出展ID番号。下3桁表示

100 = 予選通過作品（100選）

SF = セミファイナルの「01_個別審査投票」で得票し、「02_10選出審査（せり）」の対象となった作品

F = ファイナリスト、受賞名は別記

n1 = 日本一　**n2** = 日本二　**n3** = 日本三　**SP** = 特別賞

＊100選には審査講評を付記。
＊予選通過作品（100選）、予選未通過作品の順で、ID順に掲載。

本書105-149ページのリストは、「SDL2023」に応募した出展者の登録申請時の情報をもとに作成。
学校学部学科名は、学校の改組再編などにより入学時と卒業時の名称が異なるものがあるが、原則として出展者の登録申請時の名称を優先し、混在する場合は「SDL2023」開催時点の名称に統一した。
作品名は、原則として出展時のものに変更した。「作品概要／コンセプト」は、読者の混乱を避けるために、
原文をもとに、提出されたパネルとポートフォリオを参照の上、一部、文章を変更したり、意味の取りにくい点を修正したり、数字や記号などの表記を統一した。
予選通過100作品（100選）に付記した「審査講評」は、予選審査員と予選コメンテータ（アドバイザリーボード）5人が執筆。
執筆：[小]＝小杉 栄次郎、[佐]＝佐藤 充、[恒]＝恒松 良純、[中]＝中田 千彦、[濱]＝濱 定史

＊SDL＝せんだいデザインリーグ　卒業設計日本一決定戦。
＊アドバイザリーボード＝本書5ページ編註1参照。
＊出展全431作品の内、展覧会会場に展示されたのは予選通過100作品（100選）。
＊展覧会会場で展示されたID019、068、080、113、124、156、165、286、418、435、550のパネルとポートフォリオは、予選で審査した電子データから掲載図面などが大幅に改変されていた。
そのため、セミファイナルで、大会規約に則して上記11作品を審査対象外にすべきか審査員に判断を仰いだ結果、規約違反に留意しつつ審査されることとなった。

積層する許容と記憶
私有空間の変遷と継承

002

潟業の建築
干潟風景を守る桟橋建築の提案

013

2022年のロシアによるウクライナ侵攻で、爆撃されたスポーツ施設に関する257件のSNS（Social Networking Service）上の口コミ、写真、動画をもとに施設を再現した上で、さらに新たな施設を計画した。消滅した建築が人々に残した経験を、建築を介して継承する方法を提案する。

審査講評

現在、私たちは戦争という理不尽な事件に直面し続けている。ウクライナで1年にわたって繰り広げられている悲劇とその惨状に作者は反応し「建築すること」で対峙する。主にSNSで得た、破壊された土地や建築の歴史などの情報を手掛かりに、それを誤読することにより、新たな建築と歴史として再構成したことに評価が集まった。［小］

すべては「subject」を通して存在するという、哲学者、カントの相関主義。これを前提とした現代では、建築の「object」としての力が弱まる方向へと進んでいると考え、建築の力を取り戻すため、「ゼロ化」を提案する。

審査講評

作者は、建築が自立的に評価される存在となることをめざし、その方法論を確立しようとする。周辺の環境からではなく、地域の産物などから得られる形態を建築へと転用する独自の方法を展開している点がおもしろく、評価された。［小］

花遊百貨小路

007

大竹 平 おおたけ たいら
京都大学
工学部　建築学科

商店街から切り取った要素を使って、商店街を百貨店へと再構築する。商店街は百貨店を包む器となり、百貨店が商店街を展開する触媒となる。街の雰囲気を継承し、愛着を熟成していく、古くて新しい商いの場。

審査講評

住民に愛されてきた商店街で、ていねいな現地調査をして採集した建築的特徴や、関係者へのインタビューなどの情報をベースに、その街らしさを再編集し立体化している。スクラップ・アンド・ビルド*1による安易な開発や百貨店という既存の建物類型への批評として建築を計画している点、美しいドローイングや模型などが評価された。［小］

編註　＊1　スクラップ・アンド・ビルド：老朽化などの理由により建物を解体し、同じ場所に新たな建物を建築すること。

路上都市アルカディア

017

矢野 泉和 やの いずみ
熊本大学
工学部　土木建築学科

都市とは、そこに住まう人々、街の様相の変化、住民の原風景であり、私たちは土地に縛られ窮屈に暮らしている。しかし、路上生活者は、土地の面的な概念に縛られない都市のアルカディア（理想郷）で暮らしている。

審査講評

路上生活者の生活を「自由」と定義し、その生活における振舞いと大阪市西成区から採集した空間要素を用いて、街の個性を引き継ぐ都市開発の可能性を模索した上、高密度な建築再開発計画を提案している。（建築の？）デザインは一見、複雑に見えるものの、全体の構成がシンプルな点には少し疑問を感じる。しかし、自身のフィールドワーク（現地調査）から得た情報をベースに設計している点が評価された。［小］

019

船越 卓 ふなこし たく
京都工芸繊維大学
工芸科学部 デザイン科学域

「ソーラーアーク」は、ソーラーパネルの広告塔として2002年、開館した。しかし、パナソニックはソーラーパネル事業から撤退し、2022年、解体が決定。そこで私は、「ソーラーアーク」の再利用を提案する。

Solar Ark
Housing Project

審査講評
パッシブ・エネルギーのモニュメントでさえも、耐用年数に基づく寿命では……作者は4つの批評性をコンセプトに掲げ、集合住宅への用途転換を提案している。社会が抜け出せない近代資本主義の呪縛に対する痛烈な批評としての建築であり、力作である。[小]

027

吉田 周和 よしだ しゅうわ
東京理科大学
工学部 建築学科

思いやる意識への第一歩だと思う。水の濾過構造の建築化と水動線から生まれる、都市と自然のあり方を、東京の外濠を通して再考。水質改善の過程が見られ、水や外濠と触れられる空間を提案する。

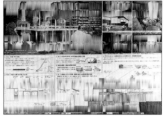

審査講評
東京、市谷の外濠の水を濾過し、歴史的には水都である東京……置としてだけではなく、親水施設として設計し、人々が水の流れをダイナミックに体験できるような空間をデザインしている点が評価された。[小]

あたらしい遺跡
ghost in the object

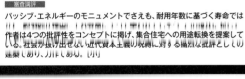

020

酒井 良多 さかい りょうた
京都大学
工学部 建築学科

……修行場。ここに、百年前から千年後へ続く5つの「あたらしい遺跡」をつくる。世界に開かれた……の孤……物語以前の気配に満ち、あなた自身の語りと内省を導く巡礼的生活の舞台となる。

審査講評
美しくオリジナリティにあふれたドローイングで展開される、瀬戸内の島の物語。昭和の遺構を遺跡として巡礼の場に再生し、千年先までつなげるストーリーが秀逸で説得力もあり、高く評価された。[小]

雪の生きる場所

020

北野 湧也 きたの ゆうや
京都工芸繊維大学
工芸科学部 デザイン科学域

雪国、上越地方のアイデンティティ（独自性）であるはずの雪は捨てられ、その居場所を失っている。都市を支える火葬場も同様に居場所を失っている。境遇を同じくする両者は、相補的に共生しながら居場所を確立していく。

審査講評
雪国の除雪作業は、都市防災上の意味で必須であるが、形が残らないという意味で浪費的(非生産的)と受け取られる面もある。そのように疎まれる活動としての除雪を、毎年、出現する特別な空間を創出する活動へとシフトさせた。さらに、現代社会では都市から引き離された火葬場というプログラムを付与することで、雪国ならではの建築と景観を生み出そうという提案。建築工法に雪を利用しようとしている点も評価された。[小]

その鉄が映すもの
扇島製鉄所継承計画

021

千葉 祐希 ちば ゆうき
京都大学
工学部 建築学科

一大産業が残していく広大な土地をどのように次の世代へ継承していったらいいのか。忘れられた土地で、再び、人の手によって都市とのつながりを取り戻すための計画を提案する。

審査講評
日本の高度経済成長を支えた京浜工業地帯にある鉄鋼業跡の未利用地を、歴史、景観、環境という3つの軸を設定して再生する計画。再生計画で用意されている3つの見学コースで連続する風景を、数多くのドローイングで巧みに表現している点が評価された。[小]

「共有」から紐解く集合住宅の再編

032

岩崎 維斗 いわさき まさと
信州大学
工学部 建築学科

「集まって住むこと」の本質的な意味は「共有」することにある。本計画では、「自然環境の共有」「空間の共有」「情報の共有」「知識の共有」「あらわれの共有」の5つの視点から「共有」を繙（ひもと）き、集合住宅のあり方を再編する。

審査講評
「共有」というキーワードから集合住宅のあり方を再考した作品。「自然」「空間」「情報」「知識」という4要素の共有に加えて、住戸から屋外へと染み出す住み手の個性を「あらわれ」と称し、それを互いに認め合う「第5の共有」から空間を構成している。経済的な合理性や各住戸完結型の集合住宅に対する批評的な作品として評価された。[小]

下町共進化

035

植物観察から「植物の性質」を抽

現代山岳修験道
崇拝体験が結ぶ　山と神と人

054

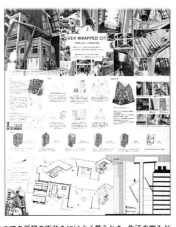

美しい低層風景を内包する、取るに足りない建築群。都市開発の一歩は、私たちの街角にとってあまりに大きい。大きな一歩の1つである高層化を利用し、淘汰されかけた低層風景たちが再び、高層化した都市に覆い被さる。

定型化しつつある路地という都市形態の解釈について、槇文彦の設計手法をヒントに新しい解釈に展開させる。

審査講評

再開発などで高層化する無機質な建築への批評的作品。かつての低層の街並みにはよく見られた、生活の営みが街路にはみ出す景観を、周辺の高層化するビルに寄生するように垂直に上下方向へ展開し、その土地の歴史を継承するビルディングタイプ（建物類型）を作り出そうとしている点が評価された。[小]

審査講評

建築家、槇文彦の建築空間研究をベースに、路地と建築の空間的特徴を相対化した上で、路地空間を体験できる都市建築を提案している。少し図式的になり過ぎているきらいはあるが、空間を論理的に創出しようとしている点が評価された。[小]

蘇生橋
土木建造物の長寿命化と憩いの空間化

052
宮崎 博志 みやざき ひろし
慶應義塾大学
理工学部　システムデザイン工学科

江戸時代、橋梁は交易の場として賑わっていたが、交通の発展に伴い空虚な空間と化し、現在では老朽化も進んでいる。本提案では、橋梁に人々の日常生活を介入させることで活気を蘇らせるとともに、点検、補修の日常化を模索する。

揺らぎの中で無限を謳う

068
小川 隆成 おがわ りゅうせい
東京理科大学
工学部　建築学科

私は卒業設計を通し、現代の枠組みの外側にある暮らしと、そこにある建築を模索してきた。そこにある暮らしは自らの意思により、場を選択する能動的な暮らしであった。暮らしとは永遠の模索なのだ。

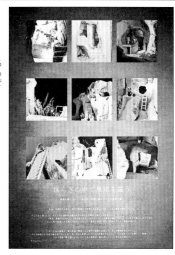

審査講評

東京の隅田川に架かる言問橋は、対岸をつなぐ重要な交通土木構造物として長らくこの土地的風景の一部となってきた。こうした土木構造物には、継続的なメインテナンスや管理が必要なことに着目し、橋の下部にメインテナンス用の足場を兼ねた公共空間を挿入することで、新たな親水空間と景観を生み出している点が評価された。[小]

審査講評

作者が生活してきた住宅の敷地を対象に、「建てる」ではなく「掘る」という行為を手掛かりとして、日記とドローイングにより、住まうための根源的な場について徹底的に掘り下げ、「住む」という行為を検証している。そうした独自の建築手法を展開している点が評価された。[小]

東京に建物群に乗って現代の美術館

071
松本 茜 まつもと あかね
日本女子大学
家政学部 住居学科

都市と地形やインフラが終わり合う、連続性を持った構造に無っていむ。しかし、東京では、その連続性が合理的な建築によって断絶されている。建築、あるいは、そこでの人々の経験でつなぐことはできないだろうか。

■審査講評
東京、首都高速道路のジャンクションに、建築空間を折り重ねていく人間、自動

オフィスビルの解体と象徴化

081
渡邊 未悠 わたなべ みゆう
未来科学大学＋
工学部 建築学科

「箱」としてのオフィスビルの林立がつくり出す都市景観。加えて、オフィスビルの内部空間とそこで働く人々の空間体験は、豊かなものと言えるのか。この問いに対して1つの提案を提示する。

■審査講評

大地と植物と建築と
108

073
鯉見 助 さりみ たりく
東京工芸術美術大学
■■工学部
デザイン科学科

降り注ぐ雨は土へと浸み込み、建築の中を巡る。その結果として、植物たちが自然に根付いて生きる。そして、そこが人々にとって新たな活動の場となる。そのように、豊かな自然物が循環する建築。

■審査講評
地球環境保護の観点などから、近年では建築緑化への関心が高まり、その実例も増えているものの、多くの緑化建築が植物に必要な光や土、水といった自然物を軽視した装飾的な緑化に成り下がっている、という現状への批評。作者は植物へのリサーチと環境シミュレーションを用いて、植物の生育環境と人の執務環境とを融合した建築を提案している。[小]

被斜体
横滑りするイメージ
100

084
秋野 駿平 車■■ しゅんぺい
日本大学
理工学部 建築学科

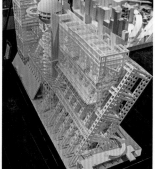

写真とは、建築の同一化の理（ことわり）であり、我々が「転倒した世界」へと参入する手立てであった。写真の建築が目に親しくなった今、改めてその偽証性と向き合う。安定を逃れて、イメージを横滑りさせる試みである。

■審査講評
東京、お台場のフジテレビジョン本社ビルを対象に、「マスメディアそれ自体が、国家的イメージの誘導であった」と、インターネットの普及によるマスメディアの終焉を描いた過激な作品である。モニュメンタルな建築を転倒させたことが、設計者の言う「隠蔽されたものを暴く」ことになっているかどうかは疑問。イメージが先行し、作者の意図を十分に表現できていないように思えてしまう点が残念である。[佐]

落語建築
妄想から生まれる都市の滑稽噺
100 SF

080
中山 亘 なかやま わたる
九州大学
芸術工学部 芸術工学科

我々、一般庶民（いわゆる弱者）の日常は、元来、ユーモアにあふれているはずである。ふいに、建築が個人のユーモアを描き出す化身となって日常に立ち現れた時、我々は人間の生きる喜びを今一度、目撃することとなる。

■審査講評
落語文化を背景として、東京の浅草を舞台に人の振舞いから生まれる即興的な建築を提案。そこで生活する人物の振舞いを収集し、ユーモアを持って分析した結果を建築へと昇華するプロセスは非常に興味深い。一方で、最終的にアウトプットされた建築は、形態操作についてはていねいに示されているものの、内部空間の魅力を読み取ることのできない点が残念である。[佐]

まちをまちあい室に
LRTの行き交うまちの未来
100 SF

097
古川 翔 ふるかわ かける
九州大学
工学部 建築学科

LRT（軽量軌道交通）が走る街と、街のすき間に生まれる新たな待合室の未来像。束ねられた線路にすき間を与えることで、街も建築も人の行動も変化する。

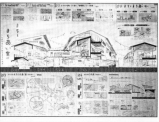

■審査講評
岡山県の倉敷駅を対象として、LRTにより、街を再編集した作品である。地方都市の交通がもたらす都市の問題を精緻に炙り出し、これまでの線的な鉄道と都市の関係がLRTの導入によって面的に広がった、歩きたくなるウォーカブルな都市を描き出している。設計プロセスと作者の世界観に思わず引き込まれる、ていねいなドローイングが秀逸である。[佐]

都市の郊外は限界を迎える。今

住戸内で生活が完結する現代の建築群、それを減築などでリノベーション（改修）する。部材や機能、構造を不完全なものにし、不足分を他の建築で補い合う。住民たちのコミュニティの場が生まれる、「補い合う」建築がつくる集落。

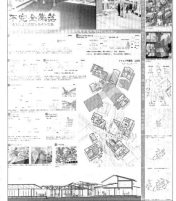

不完全集落

審査講評
「完全な建築は建築内で完結し、他者との関係が希薄になる。不完全であることによって他者との交流が醸成される」という作者の視点には、とても共感できる。また、リノベーションによって既存集落を不完全な状態にしようとしていることにも共感できる。しかし、実際に設計されたのは、リノベーションにとどまらず、増築によって道路を横断し、既存建築よりも大きなものとなっている。これが対象地に対して適切な手法であったかは疑問である。[佐]

長寿社会を迎えたXX年後、私たちが青春時代を過ごした建物群は、ノスタルジー（郷愁）の象徴へと変貌を遂げた。情緒的な価値を高めるコンバージョン（用途転換）を経た「SHIBUYA109」では、「不朽」と「変転」とが交錯し、己や社会の道程と転換を感じさせる。

審査講評
長寿社会における東京、「SHIBUYA109」のノスタルジーという情緒的価値を持つコンバージョン計画。かつて若者文化の発信地だった場所で起こるノスタルジーの「発見と転換の場」がコミカルに表現されているが、高齢者がマジョリティ（多数派）になった時代における空間エレメント（要素）の変容には実にリアリティがあり、長寿社会における新たな建築表現を示唆している。[佐]

日吉台地下壕博物館

100
楊井 愛唯　やない めい
日本大学
理工学部　建築学科

戦後77年が経過した現在、戦争の記憶の風化が進んでいるように感じる。そこで、戦争遺跡である横浜の日吉台地下壕において、戦争を空間で体験させる博物館を提案する。

審査講評
慶應義塾大学日吉キャンパス内に現存する戦争遺構「日吉台地下壕」を用い、戦争を追体験させる博物館である。来館者は全長4.6mという地下壕で、時間軸を伴うシークエンス（連続する場面展開）を体験することによって、風化しつつある歴史をより深く継承するというプログラムが、断面図、年表とともにドローイングによって見事に表現されている。一方で、個々の空間に対しては、来館者の感情を喚起する形態を決定するための操作プロセスが十分に示されていない。[佐]

奥を引き出す
都市の奥に残存する景観を引き出す、角地の渋谷警察署の建て替え計画

108
杉山 太一　すぎやま たいち
梶谷 菜々美　かじたに ななみ
宮下 敬伍　みやした けいご
早稲田大学
創造理工学部　建築学科

東京、渋谷の南東の角地に建つ渋谷警察署。渋谷の地にふさわしい、街の奥に潜む景観を、この角地に引き出す。場所の記憶を紡いでいける新しい時代の警察署には、どのような姿がふさわしいのだろうか。

審査講評
市民に開かれた、新たな東京、渋谷警察署の建替え計画。渋谷警察署と裏にある神社とを結ぶ参道を計画し、参道と既存ペデストリアン・デッキ（高架式の大型歩道）とを巨大なヴォイド（吹抜け）でつなぐという、一見すると大胆な提案は、渋谷の都市構造の精緻な調査をもとに、市民への開放エリアと警察署のエリアをていねいにゾーニング（区画分け）し、さらに、構造計画まで練られた力作である。市民への開放エリアがこれほど立体的であることの必然性が示されるとなお良い。[佐]

113
平松 那奈子 ひらまつ ななこ
京都大学
工学部 建築学科

神戸の三宮、元町エリアを歩いた時の、自然と足が街に引き込まれていくような感覚、時間。□□□□□うこのエリアの1単位を導いた。□のエリアに見れる一点透視図のようなシーン(場面)の消失点とその周囲を囲む「枠」をもとに街を分析し、オリフィスを活かす場所のつくり方を考える。

神戸市三宮の元町エリアを歩いた時に、気がつけば、自然と足が街の中に引き込まれていた、という体験から、都市のオリフィス*3構造に着目。対象エリアを精細に調査、分析した上で設計に至っている。そのプロセスには一貫性があり、独特のタッチで描かれるドローイングには、作者の豊かな感性を感じさせられる。[佐]

編註 *3 オリフィス:本書22ページ編註4参照。

130
針生 智也 はりう ともや
金沢工業大学
建築学部 建築学科

私たちは、□頃過ごす□常空間の本来の魅力を認識することができているのだろうか。日本映画界の□□□□□□小津□□□□に□□、□常の魅力を再認識するための小津調建築を考える

□□□□□□を撮影□□映法を分析し、映画的要素を抽出し、それらを建築空間に変換することで、何気ない□□させるという独創的な設計手法による本作品は、隣人の生活がまるで映画のワンシーンのように壁面に現れ、他者との関係性まで変える魅力を示唆している。欲を言えば、団地として群を成した時の魅力まで言及してほしい。[佐]

安寧乃地 ₁₀₀

119
相原 憐都 あいはら りんと
日本大学
生産工学部 建築工学科

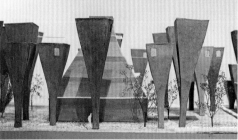

□□□□□地の時、建□□□□□□□□□□は、時間とはないだろうか。今回、「墓地」という場を信じて、時間に□形を与え、人間と建築とつなぐ新たな空間を提案する。

人の心と建築を近づけることをめざし、東京の府中米軍基地跡を墓地にする計画。作者は、心と建築の関係に焦点を当てて、本作品を設計しているが、近い将来、全国各地の地方都市で問題になるであろう、墓地の維持管理についての提案ともとれる秀作である。4種の高さの異なる墓標が継承者の有無によってサイズを変える点や、故人を弔う空間へのアプローチなど、計画の細部を読み取れなかったことが残念である。[佐]

あかるい関係 ₁₀₀
architecture as a relation between subject and object

124
須藤 寛天 すとう よしたか
東北工業大学
建築学部 建築学科

□主客の関係の揺らぎは、美術館で得られる体験の1つである。じっと作品を見る時、鑑賞者は作品との間にさまざまな関係を結ぶ。空間的なアートの発展形として、都市的なアートと鑑賞体験を計画した。

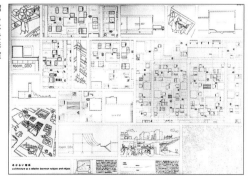

審査講評

広大な敷地に、点在するボリューム(塊)と雲のような1枚のスラブ(床板)のみで構成された美術館は、建築というスケール(規模)を超え、1つの都市のようである。この超越したスケールによって、美術館における鑑賞者と作品との間に、「作品 - 鑑賞者」のみならず、「制作 - 展示」、「日常 - 非日常」など、さまざまな関係性が偶発的に発現するという、新たな鑑賞体験を計画している。少ないテキストと繊細なドローイングによる表現そのものが、作者の意図する鑑賞体験のようである。[佐]

不協都市のリハーモナイズ ₁₀₀ _{SF}
3つのアプローチにより都市個性を持つ音建築の提案

136
都丸 優弥 どまる ゆうや
東海大学
工学部 建築学科

大規模土地開発により生まれた都市、新百合ヶ丘(神奈川県川崎市麻生区)。発展する都市で育まれる、箱に閉ざされた芸術文化。分離している「都市個性」を今一度結び、「不協丘陵都市」新百合ヶ丘をリハーモナイズ(再構成)していく。

審査講評

都市の変遷を踏まえた上で、音楽理論のリハーモナイズ(和音の再構成)の概念を用いた設計手法によって、敷地コンテクスト(背景)を引き受け、都市との新たなつながりをもたらす音建築。綿密な音空間のゾーニング(区画分け)によって構成された屋内外空間を、見応えのあるCGと模型で表現している点が秀逸である。[佐]

交錯するユビキタス ₁₀₀

136
岡野 麦穂 おかの むぎほ
東京理科大学
工学部 建築学科

交錯するユビキタス

変わりゆく街、東京の金町における駅前団地再生計画。ユビキタス(普遍性)の交錯によって、人々の「建築的知性」をくすぐり、「これから」を許容する新たな世界を提案する。

審査講評

東京都葛飾区の金町駅前を対象とした団地の提案である。機能主義を脱却し、ユビキタスが交錯する空間によって人々が能動的に居場所を見出し、さまざまな事象が関係し合う寛容さを窓口した作品。住居とそれ以外の空間がパッチワークのように入り交じった、生活の魅力が伝わる見応えのあるパース(透視図)と、ていねいなダイアグラム(図表)には、説得力があり、力作である。[佐]

住み手が入れ替わる時、建物を
ネルやポートフォリオには…

都市には、使われずに放置されている屋上広告塔や看板、需要に対して過剰である電話ボックスなど、多くの余剰物が存在している。その余剰物を使って建築行為を行なう「カラス人間」を追うことで、人間の絶対主義を問う。

自閉症スペクトラム(ASD)は「先天的な脳の特性と環境要因の相互作用」によって表出する障害である。障壁とされてきたASD者の体験世界を空間化する。障壁を取り除くのではなく、「つなぐ」障壁のあり方を設計する。

審査講評

非常にインパクトのある作品名が興味をそそる。提案内容は、カラスのようなカラス人間が、人間が見放した余剰物を資源とし、都市から採取し、都市のニッチ(引き間)に巣食うというものである。一見するとホームレスのようであるが、カラス人間は、都市を地形と見立てて読み解き、知性あふれる暮らしが展開している。作者は、カラス人間を、「建築能力を手に入れた社会的弱者」と言っているが、社会的弱者であることは必要なのか？ カラス人間を肯定すべきである。[佐]

審査講評

日常の空間を「いつもの場所」として、そこを取り巻き、変化する周辺との関係について、多くのスタディ(検討)を行なっていることが評価され100選(予選通過)となった。作品では、発達障害の自閉症スペクトラムの症状を有する個人と社会の間にある障壁について法則を3つ提示し、空間を構築している。多様な空間を構築しているが、その形態の生成プロセスを他者と共有化できると、より理解が進む。具体的な空間を提案するのであれば、兵庫県の敷地条件を明確にするべきと感じた。[恒]

不沈
箱舟が繋ぐ未来

152
奥井 温大 おくいはると
大阪工業大学
工学部 建築学科

豪雨対策として雨水や河川水を一時的に受け止める調節池が建設されるが、果たして無機質な調節池を造ることが正解なのだろうか。そういった考えから、新たな水インフラとの向き合い方を検討し、提案する。

審査講評

水災(水害)が起こることを前提とした、船のような建築の提案である。増水した川の水を敷地が引き受けることで、周囲に対する防災機能を有し、建築が水面の高さに浮上することによってその全貌が顕わになるという、治水から導き出された力作である。建築を地下に埋めたことにより、建築自体の日常の魅力が示されていない点が残念である。[佐]

スキマより愛をこめて

156
楠本 まこと くすもと まこと
東京理科大学
工学部 建築学科

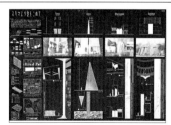

スクラップ・アンド・ビルドが横行する時代、古い建物に対する人々の見方を変えたい。「のぞく」という人間の本能的な行動を利用する。「スキマ」を「のぞく」という行為を通して、街ゆく人に、建物の存在を考えてほしい。

審査講評

作品名の「スキマ」と、そこで発生させる「のぞく」という行為に注目が集まり、100選(予選通過)に選出された。建築としては、スクラップ・アンド・ビルド[*4]ではない建築への記憶や思い出に着目している。空間を提案するプロセスと敷地(状況)には関係があるのか、その場所であることの意味は、などについてパネルやポートフォリオからは読み取れなかった。もう少し物語の背景があってもいいのではないか。[恒]

編註 *4 スクラップ・アンド・ビルド：本書105ページ編註1参照。

165
葛谷 寧鵬 くずたに ねいほう
滋賀県立大学
環境科学部
環境建築デザイン学科

光とは、時間であり空間である。「間」「境界」の空間性を持つ「華原の中つ国」にとって、空間は風景になり、半ば明るさ、暗さ、顕かさ淡さとして形容される。虚の象徴、無限性を孕んだ光の庭、心象に建つ建築、原風景。

■審査講評

皇居東御苑に、身寄りのない子供のための空間を提案している。4票を獲得し100選（予選通過）となった。空間を構築する□□に向けては、景観の見え方（断面）に着目している。ランドスケープ（地形や景観など）の操作から設定したレベルにより、空間を断面計画をもとに構築している。つくられた空間の魅力は理解できるが、構築されるプロセスについて議論したい。[恒]

187
若井 咲樹 わかい さき
□□大学
工学部　建築学科

心ひかれた 廃城が解体され、更地になった。住むための「機械」と謳われた住宅において、「壊れる」ことは死を意味するのだろうか。荒廃という□□□□□を考え、□□する、人が「棲まう」あり方を考える。

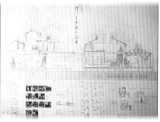

■審査講評

京都市の廃城となった住宅をモチーフに、設計者の伝える□□□□□□□□□□□ □上の□□も断面□している。再生や修復とは違う建築の時間の過ごし方の提案などが評価され、100選（予選通過）となった。操作によって残された空間と朽ちていく空間とを立体的な景色として見てみたいと感じた。[恒]

都市の第8チャクラ
現代社会が抱える二項対立を脱構築する仮設庭園建築

168
平野 和代 ひらの かずよ
慶應義塾大学
□□□□□　□□□□□□□

再開発工事のために何年も閉鎖されたままの土地を開放する。あらゆるものを二項に分けて考える現代社会において、弱者とされる側のための「ソト空間（屋外空間）」が少ない現状から、どんな生物の居場所にもなる庭園型建築をつくる。

■審査講評

東京都渋谷区神宮前の敷地で、社会的な背景を踏まえ、仮設庭園建築として提案している。多くの図面とイラストから意欲的な作品として6票を獲得し、100選（予選通過）となった。都市の抱える問題を二項対立としてとらえ、差別や弱者など、取り組むポイントを明確にしている。提案された空間がこの問題を解決できるのか、その効果が周囲に拡大していく姿が期待される。[恒]

189
菅森 拓夢 すがもり たくむ
明治大学
□□□□□

東京、池袋のチャイナタウンに、「ステレオタイプ」を手掛かりに設計した建築を点在させる計画。それらを巡り、もう一度チャイナタウンを通して、「ステレオタイプ」に対する見え方を変えた世界が、新東京中華街である。

新東京中華街構想
ステレオタイプを再考する建築群の実験的提案

■審査講評

東京、池袋を敷地に、都市の問題とそれらを解決するエレメント（要素）を挿入していく過程を提案している。統一感のある人目を引くプレゼンテーション（パネルとポートフォリオの表現）から5票を獲得し、100選（予選通過）となった。プロローグとして語られるステレオタイプの「中国」と街並みの関係性、中華街構想が地域の問題を解決するプロセスであること、既存の街との関係について解説がほしい。[恒]

Remix

169
大橋 真色 おおはし まいろ
明治大学
理工学部　建築学科

建築に新しい時間を持ち込んで、建築計画学に凝り固まった空間構造を解きほぐす。「Remix」では、建築に映画の時間を投入し、映画に建築の空間を介在させる。映像が空間を拡張し、建築は新たな力を得る。

■審査講評

静岡県浜松市に立地するホスピス（緩和ケアの施設）の提案である。建築が人の心に与える影響を敏感に感じ取り、空間のあり方を再構成し、映画をモチーフにすることで、現実と非現実の時間の流れをビジュアル化しているなど、繊細な表現から100選（予選通過）の評価を得た。抽象化された空間への共感はできるが、なぜこの平面計画なのか、空間はどのように表現されているのか、など訊いてみたい。[恒]

大地を育む
砂丘の環境（風・砂・水）と過ごす生き物（植物・動物・人）が作り出す新しい風景

190
川口 颯汰 かわぐち そうた
京都精華大学
デザイン学部　建築学科

鳥取固有の大地である鳥取砂丘には、さまざまな生命が宿る。そこにある生命すべてを受け入れる砂丘のあり方を考える。砂丘が常に成長するように、この大地も変わり続ける。砂丘に宿る生命すべてが共存した風景を提案する。

■審査講評

鳥取砂丘を対象として、砂丘の変化に注目している。自然との関わりから実験的に空間のつくられ方を提案するなど、ていねいな調査が評価されて4票を獲得し、100選（予選通過）となった。砂丘であること、砂丘のこれからあるべき姿などについて、観光としての砂丘と生活の場である地域とによって、相反する考え方があることを感じさせられた。砂丘に建築はどのように関わることが良いのか、作者の踏み込んだ考えを聞いてみたい。[恒]

神居、堰里に灯る
産業遺産が繋ぐアイヌ文化伝承の風景
100
196

噴火と住まう
火山の噴火がもたらす空の恵みから成す建築集落の在り方
100
210

建築学部　建築学科

市民のさまざまな活動を許容する、柔軟性の高い空間が広がる現在の図書館。この空間は、私たちに過度な自由を与えていないだろうか。そこで、「連想」が生まれるメディア間の重なり、「情報のあわい」を表現する。

東京都世田谷区、羽根木公園の図書館の計画である。敷地と施設、光や緑を感じる空間構成などを検討した上で、計画している。提案する空間に感じられる可能性から、3票を得ての100選（予選通過）である。提案されている16の要素は、建築のどこで発生し、そこでどんな過ごし方を期待できるのか、などプログラムの展開される場面の表現がもっとあってもいい。[恒]

3Dプリンタ（3DP）による集合住宅の設計。建築に屈性（刺激により一定方向に曲がる性質）を与えることで、建築は3DPならではの空間と形態を取得する。「安住屈性」に留まらず、他の建築屈性を設計のアルゴリズム（計算式）に組み込み、多様で有機的な空間を表現する。

3Dプリンタを用いた建築空間の提案である。今後の建築の可能性へのアプローチとして注目され、100選（予選通過）となった。従来の技法にとらわれない空間の創出方法について検討している。形態を決定するプロセスと、結果として出現した空間の魅力などについて、意見を交換してみたい。[恒]

MARNI@Tokyo.
100

209
關戸 麻結 せきど まゆ
芝浦工業大学
建築学部　建築学科

新しい自分と出会う試着室。客は従来の試着室を抜け出し、建物内のあらゆる場所で試着ができる。常に、服なしでは他人を認識できないこの社会で、もっとていねいに服を体験し、服を自分自身のものにする方法を求めて設計した。

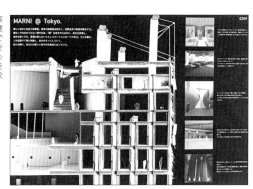

服を探すという、日常において、ほぼすべての人が体験する行為に注目し、東京の銀座を舞台に、服飾に関する建築を提案している。象徴的な表現によるプレゼンテーション（パネルとポートフォリオの表現）から、4票を得て、100選（予選通過）となった。提案された装置と描かれたパース（透視図）は魅力的であるが、空間の連続性などに疑問が残る。[恒]

料理的建築
100

233
市花 惠麻 いちはな えま
明治大学
理工学部　建築学科

料理をつくるように建築をつくれたら、どんな世界が広がるだろうか。これは、未来において、料理のレシピのような「建築レシピ」が流通している世界の物語である。とある地方都市では、人々がレシピをもとに、さまざまな個性あふれる建築をつくっている。

建築をつくる過程を料理に例えて提案している。モックアップ（模型）を作製し、レシピの表現などを検討している。さらに、料理を盛り付けて人に振る舞うように、建築を地方都市の中に挿入していくレシピまで準備している。発想のユニークさと、料理本を模した、魅力的な表現から4票を得て、100選（予選通過）となった。[恒]

236
井筒 悠斗 いづつ ゆうと
名古屋工業大学
建築学部 建築学科

金沢市東兼六町は、谷地によって空き家群と均質化した都市とに二分されている。小学校は新しい動線としてとうり街を紡ぐと同時に、街に織り込まれていく。個性を失った街に活力を与え、」」思えるまちづくりをめざす。

243
森本 爽平 もりもと そうへい
法政大学
デザイン工学部 建築学科

街の固有な地域、誰の物でもない「山」、孤立した地域の織りなす源泉風景をインフラとし、日常の延長としての風景へ昇華させる。消費される「誰が為の風景」から、暮らしに継承される「自が為の風景」への転換を図る。

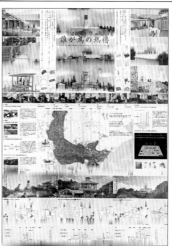

審査講評
金沢市の敷地で小学校の統廃合と地域との関わりについて提案している。現地をしっかりと調査した上で、精査した事項をていねいに空間に落とし込んだ、意欲的な作品だと評価され、100選（予選通過）となった。俯瞰した模型　　　　室内と屋外の関わりや、それぞれの見え方などの表現があっても良かった。
[恒]

審査講評
静岡県 熱川温泉の源泉を主なエネルギー源とした、地域で活用するためのシステムの提案。かつて温泉街として盛況　　　　　　　いくこの地ならではの問題点について読み解いている。地域の問題焦点の可視化や、そこから得ることのできる要素の抽出など、ていねいな調査が評価され100選（予選通過）となった。
[恒]

山を建てる
消失した山の再編

237
佐藤 直樹
名古屋工業大学
工学部 社会工学科

山を削って栄えた街に大量の土が降り注ぐ時、新たな山の「かたち」を創造する。都市に吸収された残土を資源として、過去の山と現在の遺構とを対峙させる。街の中心の開かれた自然公園が、200年前の生態系を呼び戻す。

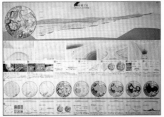

審査講評
愛知県瀬戸市の採土場に山をつくるランドスケープ（地形と景観）への提案。人間が暮らすことで街をつくり、都市化する過程で発生する残土を蓄積していくことで人工的な山を形成し、長い月日を経て自然に回帰していくプログラムに注目が集まり、5票を獲得しての100選（予選通過）となった。[恒]

サンゴヤマ計画
石保管のための石積み指南書

260
柴田 達八郎 しばた たつのすけ　小崎 瞳 　　村上 東子
早稲田大学
創造理工学部 建築学科

隆起珊瑚礁によって形成された、鹿児島県の喜界島。人々は台風の度に、浜に打ち上げられるサンゴ石で石垣を積んだ。時は移ろい、サンゴ石は打ち上げられなくなった……。これはサンゴ石の石垣を伝承していくための建築である。

審査講評
奄美諸島の喜界島を対象に、珊瑚を取り巻く環境と人々の暮らしとの関わりに着目している。印象的なプレゼンテーション（パネルとポートフォリオの表現）から5票を得ての100選（予選通過）となった。堆積されていく珊瑚の構造物が地域の日常とどのように関わっていくのか、などを伝える表現があっても良かったかもしれない。[恒]

海への「おくりもの」

241
奥田 涼太郎 おくだ りょうたろう
武蔵野美術大学
造形学部 建築学科

ダムは水だけでなく土砂をも堰き止めている。土砂供給の減った河口部の海岸線は減退し、消波ブロックが並んだ風景へと姿を変えた。長野県のダムを敷地とし、約70km先の海へ砂を送り届けるための建築を提案する。

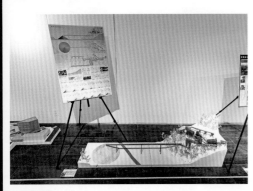

審査講評
山から海へ、河川を流れて運搬されてきた土砂に着目している。その流れをダムによって遮られる現状を、人や建築の介在によって還元する。ダムに堆積する土砂を置き土として精製する過程の中で、地域の産業への活用や建築材料としての可能性などを検討している。わかりやすいプレゼンテーション（パネルとポートフォリオの表現）から5票を得ての100選（予選通過）となった。[恒]

雨を紡ぐイエ
雨がつくる多様な暮らし

274
金澤 紗弥 かなざわ さや
茨城大学
工学部 都市システム工学科

「雨は煩わしいもの」という認識がある。それゆえ、雨を排除する建築のあり方が考えられてきた。風や光などの自然環境と人との付き合い方を考えると、雨についても同様に、人の暮らしに取り入れられる可能性を見出せるのではないか。

審査講評
東京都墨田区、雨を生活の中に取り込んだ集合住宅の計画。建築の要素と雨との関わりをパタン化して組み合わせることで建築を形成している。プレゼンテーション（パネルとポートフォリオの表現）の見やすさや理解のしやすさ、システムの検討などが評価され100選（予選通過）となった。[恒]

ケンチCube: あなたもなれる、ケンチキューバーに。
建築をひらくためのゲーム制作

辿り着かない少女
誘導建築

在していた。今こそ、原宿に文化創造力を取り戻す時。「記憶のかけら」を拾い集めて、記憶のバトンをつないでいく。

早稲田大学
創造理工学部　建築学科

これは、東京、渋谷の大地を引き剥がし、谷底に隠れつつある「シブヤ」を現出させ、渋谷の次の百年間の要となる建築である。サイバー空間（ネットワーク上の仮想空間）に飲まれつつあるクリエイターの発信の場を、実空間に引き戻す。

審査講評

多くの関心と羨望の眼差しを集める街の点景をアーカイブ（記録保存）し、それらの固有性を集合知（知識の蓄積）化する試みによって建築を形成しようとする記述は、建物の実現がある範囲で大変アナログ的な行為の累積によってもたらされるという特性を味方につけることで、空間の魅力を醸し出していると言える。[中]

審査講評

「コブ斜面を巧みに滑走するスキーヤーの動きのように、渋谷という街の地形に従ったコンテンツ（構成要素）の滞留を再構築することに成功した建築のように」とト書きを入れたくなるような提案だった。「渋谷はおもしろいに決まっている」という声が聞こえてきそうで、むしろその声がノイズのような気もする。[中]

私の弔われかた

286
川岸 美伊　かわぎし みい
東京理科大学
工学部　建築学科

弔いが作業と化し、画一的な儀式となっている今、人生の終わりをどのように飾るか。本来、「弔われかた」には、人それぞれの形があるのではないだろうか。これは、私が私のために考える「私の弔われかた」の設計。

実存のバベル
身体のよりよい使用の為の都市における寓話としてのアーキテクチャ

308
伊藤 那央也　いとう なおや
武蔵野美術大学
造形学部　建築学科

都市の権力行使の根拠となる「建築」に、私たちの身体が関わるという「現代性」に対するアイロニー（皮肉）。資本が内在する欲望の建築化。消費により駆動し、反復する状況をフィクション（空想）として記述する、アンビルド建築（実現を目的としない建築計画）の提案。

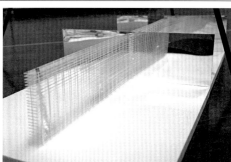

審査講評

他者の死に遭遇する。その場面を自身の死と重ね合わせながら、そこでの空間体験のようなものを小説の一部として記述することで成立させようとする試みである、と理解した。何かの事件性のようなものを導入することで、とらえようとする空間の輪郭を浮き上がらせようとすること（手法や姿勢）に興味を持った。[中]

審査講評

建築設計事務所のスーパースタジオ（Superstudio）やフューチャーシステムズ（Future Systems）が寓話のリプレゼンテーション（表象化や再現）に興味があったかどうかはさておき、こうした先達の取組みを自身のドローイング・スキル（技術）で強烈に再定義しようとしているようで、そのイメージの美しさに驚愕した作品である。[中]

311
越智 恒成 おち こうせい
金沢工業大学
建築学部 建築学科

「住む感覚」は、山は、小さな自然への対話の中で、地域や場所、地形について深く知ることで得られる。「時間」に縛られる観光地で、短期間でも体験を通して、旅行者に「住む感覚」を芽生えさせるための宿泊施設を、岡山県の犬島に提案する。

■審査講評
計画地の特性を活かし、地面に身を預けるような形で、分節された機能を配置しつつ、やわらかいつながりによって全体をまとめようとする上品な試みに好感を持った。埋設された空間と浮遊する空間とのつながり方が興味深い。[中]

333
大久保 芽依 おおくぼ めい
名古屋工業大学
工学部 社会工学科

まちづくり、てのあたりに前れ、人がまちをつくり、そのまちから人が育っていく。未来の子供たちへの贈り物はみんなで考えたかった。まちにたたずむ小さな山のあり方を住民と考えた。

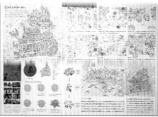

■審査講評
ぽっかりと残された生態系に建築を付置していく作法を示す計画として興味深い。その残された生態系には長年の人間の営みを深く刻み込まれているので、純粋な生命環境ではないところが、この設計を人間性の高いものに至らせる重要な要因となっていることはよくわかる。[中]

「僕」の再読

312
川田海介
金沢工業大学
建築学部 建築学科

あなたが故郷を振り返った時、誇りを持って「特別だ」「美しい場所が残っている」と言えるだろうか。その場所で得られる経験の質を高め、自己再確認のための、精神の支えとしての、建築を提案する。

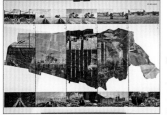

■審査講評
自分探求、あるいは自己発見を枕にしたその語り口には特段の鋭さはないが、取り上げ、切り出した点景の数々は非常に美しく魅力的で、その再構成だけでも建築として興味深い。他方、結果としての設計には、計画全体に通底する強い感慨があるのか、その見出しが難しい。[中]

痕跡への応答
釜石鉱山選鉱場跡地における資料館の提案

334
門脇 東正
工学院大学
建築学部 建築デザイン学科

解体され、擁壁と基礎のみになってしまった選鉱場跡。遺構たちは、次第に自然の中に飲み込まれ、人々に忘れ去られてしまう。単に擁壁を囲い、展示するだけの資料館ではなく、擁壁の配置とデザインをヒントにした、新しい資料館を設計する。

■審査講評
野晒しとなった鉱山の遺構に対して、建築で何かしらその存在感の強度を上げるために取り組むことができるとすると、やはり、それは人々が郷愁を感じられる建築的な要素を編み込むことしかないのか？ その問題提起を自身の計画の中で語らっているような提案。[中]

拝啓 祈りの言葉、あなたに届けます。

315
櫻井 詞音 さくらい しおん
長岡造形大学
造形学部 建築・環境デザイン学科

周囲を山々に囲まれ、人里から離れた栃木県の中禅寺湖で、「生」と「死」に向き合う。新しい「命」にとって、希望のような、願いのような「理想郷」と呼べる産院の提案。

■審査講評
圧倒的なランドスケープ（景観と地形）の中で、施設の計画に意欲的に取り組んだ作品。歴史的、地形的な条件の読み出しと、その再構成の手法は興味深い。実際には、こうした計画で、手付かずの部分というものを残すことは難しいが、その再構築や再生をどう扱えるかも重要な課題であることを示している。[中]

しあわせな家族の解体方法

336
番屋 愛香里 ばんや あかり
大同大学
工学部 建築学科

「娘であるわたし」から、さらには「建築家としてのわたし」から、家族に宛てた4つの家のリノベーション（改修）による「わたしの家族のこれから」の提案。

■審査講評
設計者自身の家族のタイムライン（年表）を描き直し、その過去における出来事と未来に起こりそうな出来事をていねいにつなぐ作業の中で、家族を構成する各個人の特徴的な振舞いを記録しつつ、そのアーカイブ（記録保存）から空間を導き出そうとする努力は実におもしろい。さらに時間を跳躍して、自分自身の未来とこれら（アーカイブ）を接続して一貫性を見出そうとするところに魅力を感じる。[中]

埋工学部　建築学科

はみ出さない人間像を理想とする社会において、精神疾患に対し異常を正常にする治療を行なう病院とは異なり、表現療法などで患者の内的世界の解放を促し、患者が自己感覚を取り戻す転地効果を目的とする建築の提案。

審査講評
精神疾患を癒やすべきではない病としてとらえようとした時に、それを常態として社会が引き受けてしまった時の、社会インフラとしての建築の設計に挑戦しているように見える。無数のドローイングの背後に透けて見えるもう1人の私との対話の記録が、具体的に物質としての建築に置き換えられているようでおもしろい。[中]

町田計画　画質工計

身の周りのさまざまなものに身体的な興味を抱く子供に対して、大人は環境を対象化し風景を「眺めて」いる。かつて子供だった大人が、再び、驚きや発見のもたらす身体の経験を得られる「風景に入る」空間を考える。

審査講評
自分と屋外環境とを裏返す行動に出ることで、インサイドアウト（屋内から屋外）、アウトサイドイン（屋外から屋内）の両刀遣いで建築を嗜もうとする意欲がとてもおもしろかった。白黒の素材でその背叛する世界を描こうとするのは賢明とは言え、わかりやすさがむしろ悪目立ちしてしまっているように感じさせてしまうのは残念。[中]

Case-α「生々流転」

363
大槻 瑞巴　おおつき みずは
日本大学
生産工学部　建築工学科

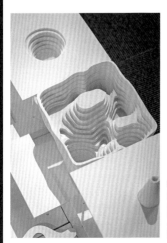

20世紀初頭の芸術運動「デ・ステイル」期の絵画の造形理念を建築化した、オランダの「シュレーダー邸」をCase-1と仮定し、異なる絵画の造形理念によりCase-αを設計する。絵画を見た者が、そこからさまざまな要素を抜き出し、+αを加えて空間化を行なう。

審査講評
絵画に描かれている森羅万象は、その描き手を通じて世界から召喚された具体的な世界の細部である。それを今一度、設計者が独自に考案したフォーミュラ（方程式）に流し込み、大きく一体的な空間として可視化した作品。この一連の手続きには、他に類を見ない優秀さがある。[中]

無言のまちで綴られたもの
『コロナ禍日記』の建築化

374
佐野 桃子　さの ももこ
関西学院大学
総合政策学部
都市政策学科

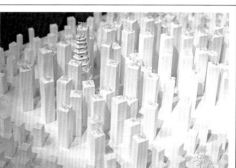

新型コロナウイルス感染症（COVID-19）により、大きく制限された人々の暮らしを、当事者たちの記録「コロナ禍日記」によって読み解き、その期間にあり得たかもしれない家を模索する。当時の社会状況が、人々にどういう住み方を強いたのか、その記録としての建築。

審査講評
疫病の災禍の中で個人個人がどのように自分との時間に溺れてしまっていたのか。それを是として、時に、建築空間がこうした意識を受容するものとして無数に生成されていく容態を集合体として示そうとしているところがおもしろい。最終盤の円形の建物からは少々、観念的な印象を受けるが、そこまでこの題材を引き伸ばして語り切ろうとする意欲には驚かされた。[中]

山梨県早川町における、残置され役立てた残土を用いた築造計画

386
芝 麻由香 しば まゆか　林 嘉地 はやし だいち　竹田 雄紀 たけだ ゆうき
早稲田大学
創造理工学部　建築学科

リニア中央新幹線の敷設工事に伴い、山梨県早川町に巨大な残土収置き場がつくられた。「仮置き」残土を生かした、変化する建築を設計する。街がゆっくりと発展していくため、残土を能動的に活用することを考える。

■審査講評
国家的な大土木工事によってもたらされる残土を仮置きするためには、その工事が行なわれている場所の風土や自然環境とどう折り合いをつけるのか。むしろ、それは不可欠であり、やむなく生じた残土の質量を使って地上絵を描くように、土地と関わりを持とうとする感覚は秀逸。しかしながら、建築としての土木工学的な解法が、先の勢いを引き受けきれているのかに疑念が残る。

418
小工 市健
広島工業大学
環境学部
建築デザイン学科

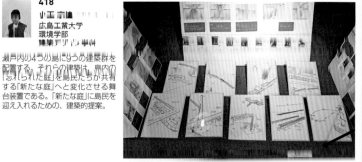

瀬戸内の4つの島に9つの建築群を配置する。それらの建築は、島内の「忘れられた庭」を島民たちが共有する「新たな庭」へと変化させる舞台装置である。「新たな庭」に島民を迎え入れるための、建築的提案。

■審査講評
自身が旅をした瀬戸内の4島に、島の記憶や舞台装置を挿入し（中略）、この舞台装置となる建築要素を付加することで、日常では忘れられ、見えづらくなっていた景色に会うことができる（中略）実感を持って表現されており、予選通過となった。[濱]

生木の風化と循環を体感する
原始の思考と現代の技術で再生する人工林

419
千原 未莉 ちはら みおり
日本女子大学
家政学部　住居学科

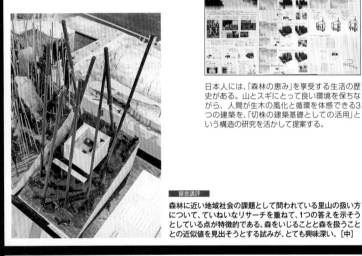

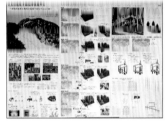

日本人には、「森林の恵み」を享受する生活の歴史がある。山とスギにとって良い環境を保ちながら、人間が生木の風化と循環を体感できる3つの建築を、「切株の建築基礎としての活用」という構造の研究を活かして提案する。

■審査講評
森林に近い地域社会の課題として問われている里山の扱い方について、ていねいなリサーチを重ねて、1つの答えを示そうとしている点が特徴的である。森をいじることと森を扱うこととの近似値を見出そうとする試みが、とても興味深い。[中]

紙影—shiei
ランプシェード設計システムの提案

427
工藤 楽香 くどう もとか
慶應義塾大学
環境情報学部　環境情報学科

誰でも簡単にランプシェードを作ることができるシステム。ユーザが壁面に映したい画像と、好きな照明器具の外形データを入力すると、レーザー・カッターにより、自動で紙製のランプシェードが出力される。

■審査講評
影をコントロールして、壁面に自由な画像を表現できるランプシェードのシステムの提案。新しい物を生み出す設計や制作においては、抽象的な発想を色や形、材料や施工法など具体的な現実に落とし込む必要があるが、その過程で初期のコンセプトは削がれてしまう危険がある。本提案のシステムは、アイディアだけでなく、抽象的な発想から自動的に部品を作り上げるまでの難しいプロセスを実現しているところが評価された。[濱]

MADE IN HONG KONG

100
SF
F

414
川本 航佑 かわもと こうすけ
工学院大学
建築学部　建築デザイン学科

香港をフィールド・サーヴェイ（現地調査）し、採取した建築的モチーフをカタログ化する。敷地を実測調査する中で発見した「ギャップ空間」に、カタログの要素を複数組み合わせた構築物を挿入することで、「香港的遺伝子」を持った建築装置を設計する。

■審査講評
自身が幼少期に7年間暮らした香港の街を調査して、家具や建築、都市に対する付加物などを香港の遺伝子としてカタログ化した提案である。これらの遺伝子を組み替えたり、組み合わせたりすることで、その都市の特徴や雰囲気を引き継ぎつつも、新しい装置を生み出すことに成功している。都市に対する提案のリアリティ（現実味）と迫力あるプレゼンテーション（パネルとポートフォリオの表現）が評価され100選（予選通過）に。[濱]

音像の採譜
音の記譜法が紡ぐ私の記憶

100

435
土居 将洋 どい まさひろ
東京理科大学
工学部　建築学科

音には、空間や記憶から想起される「映像性」がある。音により生まれる「音像」を、考古学における遺跡発掘のように、その場所から発掘し、それをもとに建築を設計する。本設計では、現象としての建築とその記譜法を提案する。

■審査講評
音からイメージされる空間や映像である「音像」をもとに建築を設計する手法と記録方法を提案した作品。無意識下における音の記憶によって映像と空間が作られ、その作られた空間を受け入れるように機能を当てはめていく行為は、偶発的で興味深い。音だけに絞る意味、でき上がった空間における実際の音環境やその効果、周辺への影響など、議論の余地はあり、挑戦的で意欲的な設計手法が評価された。[濱]

継承する壕
古墳と連なる都市の墓地

446
佐藤 奈々恵 さとうななえ
牧野 優希 まきのゆうき
伊藤 光乃 いとうみつの
早稲田大学
創造理工学部 建築学科

血縁者や引取り手のいないことから「無縁仏」とされ、都市から取りこぼされた人々はどこへ行くのか。都市が変わりゆく中、現在の墓地は、墓の機能を失い「壕」の地形として残る古墳と対照的である。埋葬のプロセスを含む新たな墓地の提案。

審査講評
東京の芝公園に、新たなランドスケープ(景観)となる公園のような墓地を設置し、都市における墓地のあり方を再考した作品。無縁社会と呼ばれる現代に有縁無縁の壕のような合同墓地を作り、今では都市の周縁に配される墓地を、埋葬というプロセスを通じて都市の中心に取り戻すという、宗教観や死生観について問題提起する挑戦的な提案である。都市の歴史をもとに生成されたランドスケープには魅力があり、予選通過となった。[濱]

小学校5.0
Diversity school構想

472
荒島 淳二 あらしまじゅんじ
京都芸術大学
芸術学部 環境デザイン学科

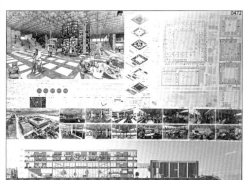

0472

より良い教育環境を提供し、予測の困難な状況にも対応できる学校とはどのようなものであろうか。また、公共性を考えた際に、パブリック空間としての小学校では、どのような活動を行なえるのか。その形と可能性を今一度考える。

審査講評
教員や児童、教育内容など小学校に関するソフトウェアは変化し続けているが、建築空間としては変化が乏しい。周辺の環境を取り込みながら、緑地を創出し、公共の閉じた人の居場所であった小学校を地域に開く計画であり、小学校を再考する提案である。一見、ボリュームは大きいが、グラウンドレベル(地上階)を開放的な場所として地域に開くことで、小学校だけでなく地域や街が一体となって子供を教育できる環境をつくる提案は、地域環境の形成やまちづくりとしても魅力的であり、予選通過となった。[濱]

時を超えた大地の護り場
つくば市金田城趾に重ねる仮り暮らしの長屋

457
片岡 俊太 かたおかしゅんた
日本工業大学
建築学部 建築学科

茨城県つくば市の金田城趾は、平城の小田城が襲撃を受けた際に、一時的に避難する城として使われていた。本計画では、現代の一時的な避難場所である「仮り暮らし」に合わせた長屋を設計する。

審査講評
つくば市の中世城郭、曲輪跡を、一時退避の場所、仮暮らしの共同住宅として設計している。生活を他者との共同とすることで、人間の本来持つ社会性を取り戻す試みである。中華人民共和国の地方農村部で見られる「ヤオトン」と呼ばれる地下居住民家のように、地下に住宅を埋め込むことで、社会から退避する場所として視覚的にも隠れたデザインになっている。共同生活による効果や史跡保存に対する疑問はあるが、表現と提案の意義が評価された。[濱]

建築家のパラドクス
制御不能な野性の面影

490
土居 亮太 どいりょうた
明治大学
理工学部 建築学科

ある建築家D氏が理性に則して独創的な建築を探求するが、そこには、建築に備わる野性的な自律性が面影として表れてしまう。建築家が制御することのできない建築の野性の面影こそ、建築の本質的な姿と言えるのではないか。

審査講評
失踪した建築家の傑作とされる建築が発見され、その建築の形状を分析し、古今東西の建築の伝統や構成原理などを、人間の業のような「建築家のパラドクス(矛盾)」ととらえて、建築家の思考を探索していくストーリーは刺激的である。でき上がった建築には、作者の「パラドクス=業」が出ているのだろう。自身が制作した建築を事後的に分析していく表現が高く評価された。[濱]

自他の葺き替え
「むさしの方式」を背景としたこの先のコミュニティ形成建築

468
三井田 昂太 みいだこうた
神奈川大学
工学部 建築学科

自分と他人、両者の関係はその時々によって変化していった。建築は変わらぬ形のまま、そこに取り残されている。現代の自分と他人を再考し、この先の変わりゆく両者の距離感に呼応した建築を提案する。

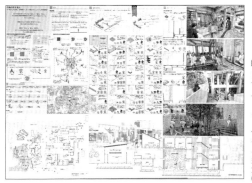

審査講評
自らコミュニティを運営し、参加する「むさしの方式」によるコミュニティ協議会について、既存のコミュニティセンターを「葺き替え」ととらえて増改築した提案。設計した空間は、時と場合に応じて変化できる。フレーム(単純な木軸)を手がかりとして多様な場を作ることができ、都市に本来存在する多様なコミュニティに、自律させる力を呼び戻す。変化する時代において、どんな組織や空間にも新陳代謝が必要であり、それを実現するにはていねいなリサーチと、その結果に対応するデザインを求められる。この作品は緻密な分析と実現性の高さが評価された。[濱]

Inspire
新都市へ拓く「東京駅・宙口」

494
渡邉 純平 わたなべじゅんぺい
日本大学
生産工学部 建築工学科

瞬く間に開発されていく都市の姿。私たちは、後世に何か残せているのだろうか。江戸期の「道」が東京に継承されたように、東京という都市の「レイヤ(層)」について再考する。「空」という領域に新たな価値を与えた。

審査講評
ドローン(無人航空機)や空飛ぶ自動車の登場により交通インフラが激変したと仮定し、近代の交通網の象徴である東京駅を対象に、新しい都市の核となる塔状の駅を構想した作品。都市の記憶装置として、伝統の継承された東京の都市形成のさまざまな手法を設計の要素として抽出し、新たな解釈のもとに積み重ねる。東京駅に作る必然性の有無については議論となったが、世界観を構築する抜きん出た表現力が評価された。[濱]

都市の再生速度
現代的鑑賞から考える東京駅の劇場

501
大岩 樹生 おおいわ みきお
法政大学
デザイン工学部 建築学科

繰り返す日々の電車の中、「終点、東京」。アナウンスに気づき、ふと窓の外に目をやると、赤いアーチの中で男女が口喧嘩をしていた。ここで起きることは、すべて演劇の戯曲に過ぎない。

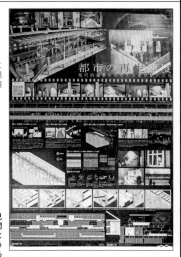

審査講評
東京駅のプラットホームを劇場ととらえ、人の「見る」「見られる」関係を考察した意欲作である。作者は劇場の空間を分析して、観劇と空間の関係を抽出し、東京駅を劇場と見立て、現代の我々の生活を戯曲を演じているかのようにとらえている。演劇では、観客が場を共有して観劇する体験にこそ意味がある。駅という、それぞれの人生がさまざまな速度で交錯する場を劇場と見立てる設定は魅力的であり、予選通過となった。[濱]

ラフトターミナル
安芸津での牡蠣供給連鎖における風景の動的再編

543
一原 林平 いちはら りんぺい
近畿大学
工学部 建築学科

広島県東広島市で、牡蠣養殖の1年のサイクル（作業の流れ）を、養殖場の従業員、観光客、街の住人が見る景色の中に落とし込む。その景色を、この街の新たな付加価値として、人口減少による後継者不足で残り9軒となった牡蠣養殖の作業場を再編成する。

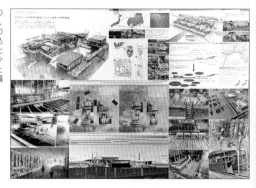

審査講評
広島県東広島市安芸津において、牡蠣養殖場と居住地域を再編する提案。海との関わりが少なくなった現代において、海上に沖縄国際海洋博覧会(1975-76年)の『アクアポリス』のような浮島状で、職住一体となる新しい養殖場を設計し、牡蠣養殖の過程を作業員以外の来訪者にも見せながら、新たな場を作る。産業と海に浮かぶ筏状の建築が風景を再編していく様子は刺激的かつ魅力的であり、予選通過となった。[濱]

一休集伝器
祖母からの伝承と焼き鳥を介した集いの創出

503
梅澤 達紀 うめざわ たつき
神奈川大学
工学部 建築学科

祖母の経営していた店舗「やきとり一休」の秘伝のタレと技術を継承である私が伝承し、店舗の解体材から、焼き鳥を焼く集伝器(什器)の設計制作を行なう。これは提案であるとともに、焼き鳥が持つ「人と人をつなぐ力」を活用した地域活動を展開する。

審査講評
祖母の営んでいた焼き鳥屋を、閉店に伴い作者が継承したプロジェクト。焼き鳥屋がさまざまな人をつないでいたことを発見し、店舗を構成していた部材を人をつなぐ「集伝器」として再構築する。これは提案であるとともに、実験の記録であり、魅力的である。物を介在させながら人をつなぐ可変的な仕組みにより、各々の場所を変化させ、焼き鳥を介して人々を積極的につないでいく活動記録は小気味良く、100選(予選通過)となった。[濱]

ついぎのすみか
終×次 動くみどりに伴う終築

550
池田 穂香 いけだ ほのか
近畿大学
建築学部 建築学科

「緑と建築の共生」とは、現在の建物側から見た共生ではない。「動く緑」とともに建築も動くことで、木当の「緑と建築の共生」が実現する。自然を愛する老夫婦が住む「動く緑」を伴う住宅、2人の終の住処のための「終築」。

審査講評
人間も植物も生き物ととらえ、生き物のすみかとしての住宅を設計した作品。共生という言葉を正面からとらえ、一見すると浸蝕された建築だが、人間中心の空間から多様な生物のための空間へと、価値の転換を試みる意欲作である。[濱]

混色する小さなせかい
横浜市黄金町の障がい者表現支援施設

515
北林 栞 きたばやし しおり
工学院大学
建築学部 建築デザイン学科

ダウン症の弟が「外の世界」とつながることのできる場所を提案する。アートによって再開発された街、横浜、黄金町の木造住宅密集地に、「塗り重ね」と「混色」という更新手法を用いて、支援施設と「外の世界」との中間領域をつくる。

審査講評
現在の障害者支援施設は、アートのような自己を表現することには向いていない。アートをテーマに再開発されている横浜市黄金町において、アートと支援施設を重ね合わせて、障害者が表現活動のできる新たな施設を提案している。単管パイプによる仮設的なデザインは、誰もが自ら空間を積極的に改変できる仕組みになっていて、モノクロの世界をカラフルに塗り重ねる設計の表現とも重なる。表現できるということには喜びがあり、我々は無意識にその喜びを享受していることに気づかされる提案である。[濱]

渋谷コモンズタワー
既存超高層ビルのコンバージョン

555
岩崎 航 いわさき わたる
芝浦工業大学
建築学部 建築学科

超高層ビルは、用途の数も種類も限定されてしまう融通の利かない建築である。現在、過剰供給されているオフィスビルを、オフィス以外へコンバージョン(用途転換)する。また、各階に運搬用のドローン(無人航空機)・ステーションを設置する。

審査講評
交通や流通システムが、ドローンなど新しいテクノロジーによるシステムに変化したと想定し、既存の超高層オフィスビルのあり方を問う作品。現在の超高層ビルでは、外界とつながるには地上からアクセスしなければないために、階層ごとの用途は限定される。しかし、交通や流通システムの主流がドローンなど空中を移動するものに変わると、外皮となるペリメータ・ゾーン[6]が、建物内から外界につながる部分へと変わる。既存のビルのコンバージョンの提案であるが、これらが実現した際の新しい都市の流通システムや生活を期待する。[濱]

編註
*6 ペリメータ・ゾーン：本書38ページ編註1参照。

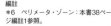

中心について
天下普請の反転による対自空間の導出

568
河本 一樹 かわもと かずき
芝浦工業大学
建築学部 建築学科

自己とは曖昧で、不確かなものである。戦後あるいは学生運動以後、日本人は無意識の内に、「中心」について議論したり、「中心」を認知したりできなくなった。そこで、かつて天下普請により日本の中心に作られ、人々の「即自」を生み出した皇居を反転する。

審査講評
現代の日本人は「中心」について議論できずにいるとして、皇居を日本人が自己を取り戻すための建築へと再構築する。歴史を繙(ひもと)き、江戸城の築城時に各地から集められた樹木を掘り起こしてこの場所に戻す。掘り起こされた地盤や、かつての日本人にとって精神的支柱であった江戸城を反転させて、地下に埋めた礼拝堂など新しい「中心」をつくる提案である。江戸城が精神的支柱であったのか、自己のアイデンティは皇居と対峙しているのか、など議論を呼ぶ刺激的で挑戦的な提案であり、予選通過となった。[濱]

未来へ紡ぐトポフィリア
家島諸島男鹿島採石遺構再生計画

598
菱川 陽香 ひしかわ はるか
武庫川女子大学
建築学部 建築学科

人間によって姿を変えられた、兵庫県の男鹿島を後世に伝えるため、採石場の特性を活かして島の新たな魅力を引き出し、「トポフィリア(場所への愛)」を抱ける場所をつくり出す。

審査講評
石材が採掘され、かつての地形から変化した兵庫県の男鹿島に、自然と人工物とが交錯する土地の特性を活かした農園やビジターセンターをつくる提案。幾何学形態をした建築が採石場の高低差をつなぐ設計には迫力がある。採石という産業行為をもとに提案しても良かったと思うが、採石を負の歴史ととらえず、トポフィリアとして現代に提示する姿勢は誠実であり、評価された。[濱]

電脳極界試論

595
並木 佑磨 なみき ゆうま
芝浦工業大学
建築学部 建築学科

近年、注目度が高まるメタバース(仮想空間)。これまで、仮想空間上でデザインされてきた建築物の多くは、仮想空間の特性を極限まで活かしたデザインとは言えない。そこで、仮想空間上ではどのような建築設計ができるのかを試した。

審査講評
夢の世界を舞台にしたSF映画『インセプション』に出てくるような、仮想空間で建築を再考したもの。仮想空間内であればこそできる建築を考え、重力は鉛直下方ではなくアバター(分身となるキャラクタ)が立地するさまざまな面上に対して発生すると仮定し、建築を含んだ物体のスケールは自由に拡大縮小する。質量との関係や時間軸の設定など不明な点はあるが、建築設計における縮尺は相対的なものであり、形状は重力により規定されている、ということを改めて確認できる提案である。[濱]

おきゃくする建築
地方文化を内包した疑似家族による住まい方の提案

599
片岡 晃太朗 かたおか こうたろう
岡山理科大学
工学部 建築学科

近年、単身者の増加や高齢化問題などから、家族形態は変化を求められている。本計画では、高知県吾川郡いの町の既存建築を舞台に、高知県特有の交流である「おきゃく文化」を内包した新しい家族形態を提案する。

審査講評
時代により変化する家族関係を問い直す作品。かつてのような家制度が変化し、単身世帯の増えた現代において、疑似家族として来訪者を家族のように受け入れる「おきゃく文化」をもとに、多様な住民、来訪者を受け入れる。RC(鉄筋コンクリート)造の大型旅館の上層階を減築し、木造家型の縁側空間をファサード(建物正面の立面)に取り付けることにより、積層する「おきゃく文化」を表現している。地方の観光地の変容や家族の関係などを議論できる提案である。[濱]

地域に溶ける線状大学

003
吉田 紅葉 よしだ くれは
東北芸術工科大学
デザイン工学部　建築・環境デザイン学科

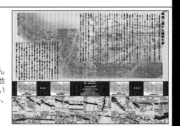

かつて、岐阜県の忠節駅から本揖斐駅まで18.3kmを結んだ名鉄揖斐線。1914年から91年間親しまれた揖斐線跡地には、2022年現在、線状敷地のみが残される。大学という建築を大学らしく存在しないよう質素な要素で構成し、廃線で学ぶきっかけを創造する。

みち　活性する
時空間の設計手法提案

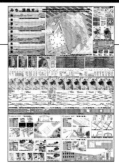

015
竹内 勇真 たけうち ゆうま
日本福祉大学
健康科学部　福祉工学科建築バリアフリー専修

自身の原風景である長野県の諏訪湖を中心とした、諏訪盆地の活性化を目的とする。諏訪湖、諏訪盆地の遡及分析を通じて浮かび上がった、敷地に潜むアクティベーション（活性化）の源をつなぎ止めていくことで、時空間を立ち上げる建築を計画する。

長屋化廃校建築
人、もの、自然の循環更新計画

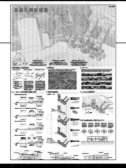

005
須田 真理 すだ まあや
名古屋市立大学
芸術工学部　建築都市デザイン学科

地方の廃校を工場と図書資料館にコンバージョン（用途転換）する。宮城県栗原市で、時間が止まった廃校、諸問題を抱える伊豆沼、少子高齢化が進む街、という3つの要素と各々の時間軸を掛け合わせ、人、生物、物の新しい循環を提案する。

響きノアンソロジー
カンディンスキー作品におけるSymphonicな絵画構成を通して

016
我如古 和樹 がねこ かずき
琉球大学
工学部　工学科建築学コース

現在、私たちの生活では意識の分散が可能になり、人々は同時にさまざまな領域をとらえている。心身がアンビバレント（相反的）な状況において、画家、カンディンスキー（Wassily Kandinsky）の理論を用いた建築を設計した。空間と人々の活動が響き合う建築を提案する。

道に開かれた大きな軒下
歴史都市の活動を包摂するジャンクションとしての建築

008
近藤 誠之介 こんどう せいのすけ
京都工芸繊維大学
工芸科学部　デザイン科学域

住人減少、高齢化を見据えた新しい地方都市インフラとして「スモール・モビリティ（小型移動手段）」や「移動ファニチャ（家具）」のネットワークを仮定し、モビリティ・ハブを設計。祭のハレ舞台から高齢者ケアをはじめとする日常まで、幅広く都市活動を包摂する。

公共を畳む
伸縮する公共施設の提案

022
岡部 志保 おかべ しほ
信州大学
工学部　建築学科

人口減少や高齢化が問題となっている地方都市、長野県坂城町において、用途に応じて伸縮できる公共施設を計画する。室の伸縮により公共施設はさまざまなプログラムに応え、街の活動を支える。

島じまいの物語
豊かな離島の終わり方

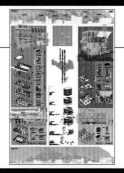

009
岡田 梨々花 おかだ りりか
島根大学
総合理工学部　建築デザイン学科

近年、観光化を望まない離島は、人口減少に歯止めを掛けられず、静かに終わりへと向かっている。愛媛県魚島を対象に、港湾地区に聳え立つ公共建築群の終わりと重ねながら、離島の豊かな終わり方について考えた。

牛舎が繋ぐ地域の和
信濃町振興計画

023
石原 大雅 いしはら たいが
信州大学
工学部　建築学科

街に取り残された牛舎が街を活性化するきっかけにならないだろうか。風景を形成してきた街のアイデンティティ（主要な要素）を再編し、新たな人々の居場所を計画することで街の振興につなげる。

山谷行

010
袋谷 拓央 ふくろや たくおう
大阪工業大学
工学部　建築学科

1500年の歴史が堆積してできた鯖街道を、地元の素材や地形を生かしながら作る「人の駅」を通して、かつての人々のように、移ろう自然や風景を感じ取り、自然と人間を結び付ける「人の道」へと再編する提案。

流転的保存再生

025
加藤 龍 かとう りゅう
工学院大学
建築学部　建築デザイン学科

凍結保存されている産業遺産では保存し切れない、施設同士のつながりや街との関係性などを保存する。舞台は新潟県、佐渡島の5つの鉱山業遺産。5つの遺産に対して異なる保存再生を行ない、連続して体験することで、来訪者は過去と現在を楽しめる。

人生休憩所

011
雪本 紗弥香 ゆきもと さやか
大阪工業大学
工学部　建築学科

学校に通わないという選択をした子供たちの「人生休憩所」を提案する。周りの目を気にする子供たちが、大阪府和泉市の信太森神社を中心とする街に溶け込み、学校と自宅以外の広い世界や多様な生き方を知るきっかけをつくる。

ヨシと共に育つ幼稚園

026
中尾 啓太 なかお けいた
信州大学
工学部　建築学科

ヨシ原の中に幼稚園を設計提案する。子供は、ヨシという1年で急激な変化を見せる植物と身近に関わることで、さまざまな体験を得る。地域の人々もヨシを育てることで地域の文化に触れ、新たなコミュニティを築き上げていく。

い・か・す・な・ら
奈良に新たなイメージ発信拠点の創出

029
鈴木 凌太 すずき りょうた
大阪電気通信大学
工学部 建築学科

地元である奈良を題材として、かつて遊園地があった土地で、宿泊施設、店舗、運動公園から成る複合施設の設計に取り組む。郷土の誇りを基礎として、文化や歴史の力を活かし、観光産業を盛り上げていくことをめざす。

見えない世界をみること、見える世界にふれること

038
丸田 紗羽 まるた さわ
東京理科大学
工学部 建築学科

人は、知覚できる情報の8割を視覚から得ている。視覚障害者たちは、世界をどのようにとらえているのか。「見る」こととは無縁の視覚障害者のための美術館を設計する。

タテのシモキタ
路地空間の再解釈による文化保存計画

030
奥野 和迪 おくの かずみち　矢野 滉希 やの こうき
長島 怜生 ながしま れお
早稲田大学
創造理工学部 建築学科

東京、下北沢において、路地は古着、音楽、演劇の3文化を特有のものにしている。「路地性」を「偶発性がもたらす印象的な出会い」と解釈し、再開発によって撤去される建築を1つの敷地にまとめて移築し、路地をスキップフロアによって作り出す。

同窓会アパートメント
大学同窓会の再評価による新しいコミュニティのかたち

039
遠藤 あかり えんどう あかり
金城学院大学
生活環境学部 環境デザイン学科

「同窓生」という人々のつながりに着目し、それを生活に直接関わる共同体として再評価した集合住宅を提案する。「同窓生」と暮らすという選択肢が、この高齢化社会を照らす新たなスタンダード(標準)となることをめざして。

住まいと商いの井戸端コンデンサー

033
西本 帆乃加 にしもと ほのか
名城大学
理工学部 建築学科

都会の街は、背の高い箱(箱形の建物)の連続で、入口は1階に1つだけ。人々の隠れた賑わいが建築を通して街にあふれ、いつでも井戸端会議のできる日常を設計する。大人になっても帰ってきたい場所として存在し続ける、都市の住まい方を考える。

時間×建築
伏見稲荷の陰影が導く時間の建築化

040
俣野 将磨 またの しょうま
摂南大学
理工学部 住環境デザイン学科

時間感覚を忘れかけた現代社会に時間の価値を取り戻し、時間に溶け込み、人の心の余白を埋める建築を考える。時間を可視化する方法の1つとして影を利用し、遠くを想い、時の移ろいを感じられる建築を提案する。

地域と廃棄物の関係性の再構築
都市郊外における、中間処理場のリ・デザインを通した地域活性化の提案

034
吉田 紀治 よしだ としはる
明治大学
理工学部 建築学科

一般市民にとって、廃棄物の処理の実態は見えづらいものであり、その中で生じている再利用のあり方が本当に適切なものかはわかり得ない。廃棄物と適切に向き合いながら、地域活性化を図る新たな方法論を模索する。

人と地域を接ぐ
可変する地域施設による吉備高原都市のリ・デザイン

041
洲脇 悠人 すわき ゆうと
岡山県立大学
デザイン学部 建築学科

岡山県、吉備高原都市の地域施設の核として機能する「きびプラザ」を、今までの固定された建築から可変する建築へシフト(移行)させることで、誰もが平等なサービスを受けられ、あらゆるニーズに対応できる場所にする。

刻まれた線の追憶

036
中村 萌香 なかむら もえか
東京理科大学
工学部 建築学科

「昔ここに、何があったっけ?」。幼い頃の記憶をすぐに思い出せなくなってしまう。更地にして新築を繰り返す現代の都市開発のあり方への疑問から、「土地の記憶」を継承し、未来への拠り所となる建築を提案。

大地を詠む 居場所を紡ぐ
大地と建築の差異から居場所をつくる

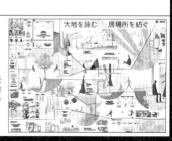

042
柳町 一輝 やなぎまち かずき
信州大学
工学部 建築学科

大地と建築との差異に生まれる住民の居場所を用いて、長野県の野沢温泉における新しい居場所を提案する。傾斜地における大地を繊細に読み取り、多様な居場所を形成するための空間を紡いでいく。

森が「カタる。」

037
高橋 了太 たかはし りょうた
武蔵野大学
工学部 建築デザイン学科

「地方ならではの場所を開発するべきではないのか」と思い、山梨県山梨市の万力公園で木を「伐採し、使って、植えて、育てる」ことで森の木々のサイクルをつくり、木々をストック(備蓄)する。ストックした木々で、人々と自然の共存できる空間を提案する。

ヒトとモノがめぐる、おすそわけ
居場所とちょうどいいつながりのあるこれからの都市のカタチ

044
田代 麻華 たしろ まはな
武蔵野大学
工学部 環境システム学科

ちょうどいい「人の居場所」のない都市の中で、極小の公共施設であるバス停が小さな居場所になっていることを発見した。バス停を建築化することで、ちょうどいい居場所とつながりをつくり出す。

切り折り重なり貼り庵

045
成枝 大地 なりえだ だいち
九州大学
工学部 建築学科

1枚の長い紙から曲線的な空間を折り上げる。端材を出さずに、正六角形を組み合わせた特殊な断面形状のハニカム構造体を設計できる折り紙式製法を建築に応用する。紙だからこそ実現できる、軽量でコンパクトな折り畳める仮設建築を提案する。

復林が導く真価

051
川北 隼大 かわきた しゅんた
福井大学
工学部 建築・都市環境工学科

近年、街の更新が進む中で、森林は放置されがちだ。先代が遺した森林資源を更新し、後世へつなぐべきである。福井県越前市武生を舞台に、林業と市民の接点を建築によって広げる。やがて森林は、人々の生活の一部になる。

戦争について堂々と語る方法

046
幸地 洸樺 こうち ひろか
千葉大学
工学部 総合工学科

戦争について語るのは難しい。悲しみ、怒り、多くの感情がそれを邪魔するからだ。戦争を伝える建築は、そうした感情に拍車をかけてきた。しかし、私は語りたいと思った。そこで、戦争を語るための建築を設計した。

都市と自然を境界層で紡ぐ
吉祥寺と井の頭公園が形成する滞留型文化機能の構築

053
大野 維親 おおの いちか
東海大学
工学部 建築学科

東京の吉祥寺街区と井の頭公園に面した敷地に、人工空間と自然空間における人々の行動の差を混在させた文化施設を提案する。地形や通風などを生かし、抽出した公園内の空間をもとに「イノコウモデル」による多様性のある回遊的な空間を計画した。

身体で「みる」
視覚中心社会における新しいスーパーマーケット

047
田崎 真理菜 たさき まりな
日本女子大学
家政学部 住居学科

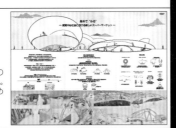

現代社会において人々は、技術の発達により、視覚以外の身体機能の使用頻度が低下し、心の豊かさを喪失している。視覚頼りの目で「見る」のではなく、身体で「みる」ことをめざす、新しいスーパーマーケットの提案。

都市の故郷

055
川上 玄 かわかみ げん
大阪工業大学
工学部 建築学科

大阪市上本町の分断された街の関係を対象として、人々の故郷観を想起させるように働き方、住まい方をつくることで、場所と建築、場所と人、人と人の距離を多様化するオフィス、住戸を含む複合施設を提案する。

都市の中に生態系を
都市の中で根を張って生きる感覚

048
小宮田 麻理 こみやだ まり
近畿大学
建築学部 建築学科

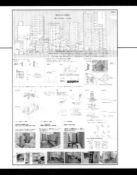

人々が流れ続ける都市空間の中で根を張って生きられるために、地盤面から建物の最上階まで、すべての人間の集まる場所に接続している「避難階段」をきっかけとして、街区の新しいあり方を再考する。

海郷の架け橋
串本町中部地域における避難ネットワーク拠点

056
劉 亦軒 りゅう いけん
神戸大学
工学部 建築学科

和歌山県串本町中部地域では、津波による地盤沈下が起こり得る。そこで、避難システムの5つの部分を街に貫通させ、山と街の両方に避難施設を作る。

生彩を放つ杜
ランドスケープから始める狭小動物園全面リニューアル計画

049
坂井 ゆき さかい ゆき
札幌市立大学
デザイン学部 デザイン学科人間空間デザインコース

「柵で囲われた外」と「自然と断絶した均質な内」で暮らす動物たち。作業効率を重視して、同様に作られる動物園のあり方に疑問を感じる。水風、木影、自然光を感受する斑のある棲。その中で暮らす彼らは、生命のエネルギーを放つ。

堂々たる撞着

057
長央 尚真 ながお しょうま
神戸大学
工学部 建築学科

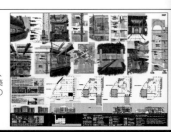

人間の欲望によって合理性は崩れるため、都市空間には、矛盾した部分がある。これらを設計手法に取り入れ、建築を構築する。あらゆるものが便利になった時代に、一種の非合理性を混在させ、人々に新しい視点を与える。

農のある日々を
まちで紡ぐ界隈性

050
鴨田 靜乃 かもだ しの
東京理科大学
工学部 建築学科

人間関係の希薄化する現代社会が背景。1人で生きていけるようになった今でも、人は悩みを抱えながらも共生することを選ぶ。「農」の持つ相互扶助の精神、緑(自然)とのふれあいを利用して、人々のつながりを強化し、心の健康を促す。

トンボの翅の中で茶の香りを楽しむ

058
北野 智 きたの さとし
大阪産業大学
デザイン工学部 建築・環境デザイン学科

トンボの翅は、飛行時に風の流れが速い外側と、ほぼ無風の内側とで構成されている。屋外に半分開いた状態で風の穏やかな領域は、茶の香りを新しい形で楽しめる場所と考えた。トンボの翅を応用した新しい形で、茶の香りを体感できる施設を提案する。

街へ溶け込む刑務所

060
長畑 将史 ながはた まさし
大阪工業大学
工学部 建築学科

再犯率の減少には受刑者と一般人との関わりが大切とされ、受刑者の更生システムは時代とともに変化している。それに応じて刑務所建築をもっと街へ開き、更生した受刑者と一般市民が関われるよう街の一部となった刑務所を提案する。

堰楔
未来を創造する継承と警鐘、遊水地に創造される日常

061
城崎 真弥 きさき しんや
大阪工業大学
工学部 建築学科

日本において自然災害は途絶えない。奈良盆地を流れる大和川は日本ではじめて特定都市河川に指定され、民間地に遊水地の迫る計画が生まれている。遊水地という土木構造物が人々の日常の一部になる。その遊水地を人々に見せ、人々とつなぐ計画を行なう。

邂逅
広島大学移転案

062
神田 晋大朗 かんだ しんたろう
広島大学
工学部 第四類（建設・環境系）

2021年、広島大学は広島市内への法学部移転を発表した。1980年に医歯薬学部を除く全学部が郊外に移転統合してから40年。社会状況は大きく変わった。広島大学キャンパスの移転案により、これからの大学のあり方を提案する。

街交場
大阪芝田における交場を用いた都市空間の提案

063
鷲尾 圭 わしお けい
大阪市立大学
工学部 建築学科

都市空間が縮小し、人々の活動域が狭められる大阪市の芝田地区に、人々の活動が交わる多様な空間（交場）を用いた建築を計画する。街の豊かな空間性を再考し、人々の都市生活が豊かになるような「街交場」を提案する。

水景を編む

064
中村 光汰 なかむら こうた
大阪工業大学
ロボティクス&デザイン工学部
空間デザイン学科

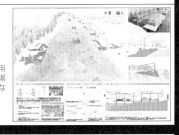

400年前、人々の生活を豊かにするために作られた農業用ため池。今では、その存在意義が希薄となっているこの場所に、建築を介して街と池を結び直す。日常に溶け込みながら、地域の心臓として生まれ変わる建築の提案。

雑多ランゲージによるビルディングスケープの創出
人々の能動性を包摂する建築群

065
野田 理裟 のだ りさ
日本女子大学
家政学部 住居学科

「画一的な計画からあふれたさまざまな物や人が混在する」という雑多性を持つ場所が、人々にとって本来の居場所となると考える。領域や要素に複雑さを追加し、人々が能動的に生み出す雑多性を、建物全体で受け止める建築群を提案する。

東大阪詩的建築試論
詩的言語論を援用したものづくりのまちの前景化

070
潮田 龍諒 しおた りゅうま
立命館大学
理工学部 建築都市デザイン学科

現代では物が記号として消費され、自分自身の実存感や街への愛着の欠如へつながっている。町工場の立ち並ぶ東大阪市において、詩的言語論を援用し、人と物との関係を再編することで、新しい物づくりの街としてのあり方を示す。

粋人の宴
現代における道頓堀文化を介した盛り場の提案

072
木村 愛美 きむら まなみ
立命館大学
理工学部 建築都市デザイン学科

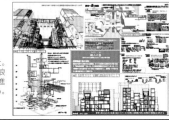

江戸時代、大阪、道頓堀の川端に1つの文化が花咲いた。夏には「船乗り込み」が行なわれ、提灯の並ぶ道頓堀は、浪花大阪を代表する「粋な都市空間」であった。消費地化が進む道頓堀にて、新旧の「まれびと」たちの盛り場を提案する。

岩盤、日の目を浴びる。
奥津温泉街全体を再起させる岩盤と水脈

074
武本 真侑 たけもと まゆ
京都工芸繊維大学
工芸科学部 デザイン科学域

地上に現れた温泉だけに人が集まる温泉街ではなく、地下4mより広がる岩盤を点々と顕し、地域全体に潜む地中の豊かさを認識できる温泉街を提案する。「自噴温泉と動力掘削」「囲い込み」という2つの課題を解決する。

みんなの凸凹で□をつくる

076
田中 彩英子 たなか さえこ
関西大学
環境都市工学部 建築学科

誰もが持つ「凸」に注目し、誰もが持つ「凹」をみんなで埋め合う。だから、みんな違って、みんないい。障害者と健常者の間にある心の壁を無くし、互いに手を差し伸べ合うことを目標に、本当のバリアのフリー化を考える。

川に舞う
都市の裏側から広がる劇場化計画

077
池田 桃果 いけだ ももか
日本大学
理工学部 建築学科

この社会に生きる私たち人間は、無意識の内に仮面を被り、「私」という存在を演じている。見慣れた日常に劇場が介入してくることで、この場所と時を手掛かりに、さまざまな仮面を被った「私」を肯定できる場をめざす。

十六番目の記憶
自然と人の対立と営みを再考するための建築群の提案

078
若山 新太郎 わかやま しんたろう
筑波大学
芸術専門学群 建築デザイン領域

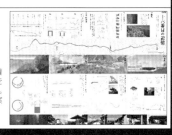

古くから交通の要所として人々が歩いてきた、静岡県の薩埵峠。そこには、厳しい「自然との格闘」の末、交通機能を維持してきた証として、痛々しい程の痕跡が残っている。その峠道の現在と向き合うため、歩いて巡る建築群を提案する。

狭色都市
秋葉原空間を再構築したものづくり商業施設の提案

079
大石 真輝 おおいし まさき
東海大学
工学部 建築学科

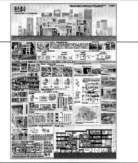

東京の秋葉原には、「色」鮮やかで賑やかな都市の空間と、店舗内部の「狭」く地味な空間といった対照的な空間が混在する。その対照的な「狭色」空間を融合させることで、都市の地味な側面を無くして、新たな「秋葉原空間」を創造する。

musitecture
音楽と建築の融合

091
宮部 彰乃 みやべ あきの
大阪電気通信大学
工学部 建築学科

せわしなく時が過ぎる今の時代に、さまざまな人にとっての居場所をつくりたい。そこにあるのは、目的や用途のない自由な空間だ。音楽を創造したこの空間で、人生を想像する……。

塩原街道物語
塩原温泉郷を対象にした地域振興の提案

083
瀬尾 朋浩 せお ともひろ
小山工業高等専門学校
建築学科

少子高齢化や人口流出などにより、現在では「廃れた温泉街」が残るばかりの栃木県、塩原温泉郷。その原因は、温泉に依存した都市計画やまちづくりであると考え、塩原という場所の価値について見直し、新たな塩原を提案する。

器とフィルター
自然と造成の境界に建つ建築

092
谷敷 広太 やしき こうた
室蘭工業大学
理工学部 創造工学科

造成跡や負の要素となり得る既存の建物を、肯定する建築のあり方を考える。造成跡という人工の器の上に、人の生んだざわめきや自然を取り込むフィルタのような建築を重ねることで、まっさらな平場に表情をつくり出す。

共同体感覚の7つの散歩道

085
井田 雅治 いだ まさはる
大阪工業大学
工学部 建築学科

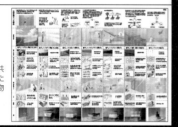

「共同体感覚」の散歩道を提案する。「共同体感覚」とは、「共同体に所属し、つながりを感じる」こと。私と海の生物たちの居場所。人は海の生物のためにそこを訪れ、海の生物は人の心を癒やす。

建築家が暮らすまち

093
高田 奈緒子 たかだ なおこ
関東学院大学
建築・環境学部 建築・環境学科

建築家が暮らし、その街に根付くことで、街をつくる地域の機運が醸成される。住民の主体的な活動を誘発する建築家の可能性を探り、未来の空間像を描く建築の創造の場と分かち難く結び付く、地域のあり方を提示する。

常ノ伽藍

087
尾沢 圭太 おざわ けいた
日本大学
理工学部 海洋建築工学科

幾度もの災害により、倒壊と再建を繰り返してきた、神奈川県鎌倉市の高徳院大仏殿。1498年以降、大仏殿は再建されず、鎌倉大仏は露座の大仏として存在している。本提案は、大仏殿の再建を軸として、鎌倉の抱える問題を解決するものである。

青と水色のつむぎ

094
徐 徳天 じょ とくてん
筑波大学
芸術専門学群 建築デザイン領域

テーマは本質。物事は周りの環境に適応し、その本質とは別の姿をしていたりする。それならば、本質に徹して設計することで、新しい形を見出せるだろう。水中の景色を地上で再現することが水族館の本質、それを2つのルートで表現した。

遠き風景を寄せる
災いと災いの間に生きる公園とコミュニティ施設

088
佐久間 はるか さくま はるか
工学院大学
建築学部 建築デザイン学科

日常の中に災いの危険性は存在する。災害大国日本において、そこに住む人々は「まだ見ぬ被災者」である。日常とは災いの間にあるという意識を持って未然の災害に備える、新しいコンセプトの街の防災拠点、災間コミュニティ施設を提案する。

希望の森
がんに影響を受けた人たちの心に寄り添い、本来の自分を取り戻す場所

095
川端 里穂 かわばた りほ
熊本県立大学
環境共生学部 環境共生学科

対象敷地全体を1つの森と見立て、がんに影響を受けた人たちが、森の中を散策するような感覚で3つのエリアを通りながら、段階的に自分を取り戻していく空間をめざした。

結節点
ローカル線駅舎の可能性

089
佐藤 海翔 さとう かいと
秋田県立大学
システム科学技術学部 建築環境システム学科

利活用するか、解体するかの2項選択から脱却し、駅舎の次の姿を考えることを軸に、空間をつくろうとした。秋田県の東大館駅をモデルに、「瞬間を生きる強いカラをつくり続けることで、豊かな空間を生み出し続ける建築」を提案する。

土管とみちくさ
都市インフラのブリコラージュ的身体論

096
中村 安美香 なかむら あみか
芝浦工業大学
建築学部 建築学科

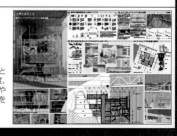

東京のレインボーブリッジを支えるアンカレイジ(土台となる施設)を改築する。インフラの規模や自動車の速度、道の長さなどの都市的な指標や、街中のありふれた階段や広告などを用いることで、日々感じている都市の違和感を体現する。

Neutral School
身体活動を通した主体的な学びの場

102
飯濱 由樹 いいはま ゆき
関東学院大学
建築・環境学部　建築・環境学科

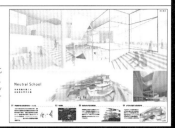

子供たちの主体的な学びと能動的な身体活動行為が日常化する空間での学びに着目する。校舎と校庭の間の壁を無くし、都市における知的活動の場と身体活動の場をシームレス（連続的）にとらえた、新たな学習環境のあり方を提示する。

人工的感情都市

114
平野 佳奈 ひらの かな
工学院大学
建築学部　建築デザイン学科

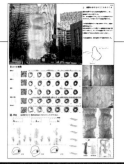

心を持ったような建築が現れたら、人の表情が移り変わるように、建築の空間は変化する。未来の都市はきっと感情豊かな建築であふれているだろう。そして、人には、建築に対してほっとする愛情のようなものが生まれるかもしれない。

しゃべらないものたちを、しゃべらせてみる。

103
松波 舞 まつなみ まい
明治大学
理工学部　建築学科

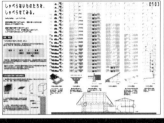

「良いから残るのではない。残るから良い」。時代の影響を受けてもなお残るものたちは、今もしゃべり続けている。図面や模型、データでは取りこぼされる「残るものの価値」を映像に落とし込み、他者と共有可能にする。

歩道橋で憩う

115
長崎 美海 ながさき みう
昭和女子大学
環境デザイン学部　環境デザイン学科

コンセプトは、日常の中にある非日常感である。私たちの身近に、非日常空間、憩いの場を提供する。都市の中に必然的にできている、インフラとしての歩道橋という何でもない場所に注目。歩道橋を環境ととらえ直し、空間を創造する。

改レ群練業

104
浅田 一成 あさだ いっせい
愛知工業大学
工学部　建築学科

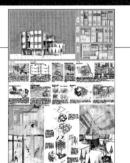

規格化されたビル群はやがて衰退する。愛知県一宮市「せんい街」の規格化されたビルのあり方を再考し、利用者と新事業者の経験と体験を培う施設を提案する。事業者は後に「せんい街」のクリエイターとなり、地域の復興に携わる。

ニュー新橋計画
都市再開発における工事期間との共生

116
石井 陸生 いしい りく
法政大学
デザイン工学部　建築学科

現在、都市は更新時期にある。終わりのない再開発の長期間にわたる工事に注目し、その解体の過程、使われ方、都市の変化への対応などに対して、私は新たな工事プロセスを設計し、解体と再生の融合した生命のような都市を提案する。

絆の流れに己を綴る
御師と講と鈴川が残した繋がりの歴史

107
梅宮 大空 うめみや たく
日本大学
理工学部　建築学科

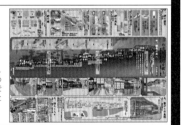

神奈川県伊勢原市の大山を舞台として、江戸時代に御師、講、鈴川の三者が築いた「絆」の歴史を、今の大山に生きる住民や観光客へ継承する。かつて「絆」と人で賑わった街を再生し、あたたかな「絆」の歴史を未来へとつなぐ架け橋とする。

ひとりで建つ
あなたの手で扱う、あなたのための変形組立式小屋

117
赤木 里菜 あかぎ りな
東京理科大学
理工学部　建築学科

組立て式の建築は土地に縛られない。また、運搬を介して、最初から最後まで個人で責任を持って扱える。普段は家具として用い、いざという時には運搬して組み替える、1人で組立可能な「変形組立式小屋」を製作する。

マテリアルステーション
収集場から始まる人の活動と生活

110
鈴木 蒼都 すずき あおと
愛知工業大学
工学部　建築学科

資源収集場とは、リサイクル可能な物を集める場所だ。ここには人の集まるポテンシャル（潜在力）はあるものの、何か新しいものが生まれることはほとんどない。本計画は、資源収集のポテンシャルを活かし、日常で資源の循環を起こすことを目的とする。

土地と宙のハザマでの建築的思考
来るべき時代の人間と空間への接続

118
大塚 達哉 おおつか たつや
日本大学
短期大学部　建築・生活デザイン学科

経済的な合理性によって、都市には、鉛直方向へ垂直に建ち上がる形を持った建築が群れをなしている。そこで、水平に広がっている都市空間を鉛直方向にとらえ直しながら、建築的な可能性を考察し、終わりのない「超高層超高密度未完都市」の可能性を提案する。

湯を纏う生活のはみ出し
銭湯を中心とした300m都市の上書き

111
法橋 礼歩 ほっきょう あやと
日本大学
理工学部　海洋建築工学科

銭湯には人の生活が垣間見える。生活が自宅内で完結する現代に、銭湯はこれからも必要なのか。これは、私が銭湯の跡継ぎとして問題に直面し、銭湯を再考することで、私たちの生活を再考した軌跡である。

Space Development
宇宙と地球の体験型ミュージアム

120
福西 香南 ふくにし かな
明星大学
建築学部　建築学科

現在の日本の子供たちは、海外の子供たちに比べて宇宙分野への関心が薄くなっている。そこで、本計画では未来の担い手となる子供や学生たちの、宇宙分野への関心の向上と育成の場を計画する。

ひとの居場所づくりはまちのよう
コモナリティとそのふるまい

121
石原 響 いしはら ひびき
小山工業高等専門学校
建築学科

近代化過程の産物に過ぎない、用途別に専門化された今の
建築計画論は、果たして未来社会にも通用するのか。利用
者個々人を主役に置き換え、コモナリティ（共通点）を計画
の中心に置いた時、それは、やがて街のような空間へとな
る。

生命のキアスム
生物から見た世界の建築可能性

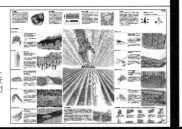

122
佐々木 迅 ささき じん
日本大学
理工学部 建築学科

山地に建設され、環境破壊を行なうメガソーラーは今後、
増加するとみられる。その中で、メガソーラーが寿命を
迎えて放置された2060年を対象に、負の遺産であるメガ
ソーラーを転用して、生物のための空間を設計する。

alternative connection
スポリア的手法による合体建築の提案

123
堀田 隆斗 ほりた りゅうと
近畿大学
建築学部 建築学科

幼い頃、夢中になった戦隊ヒーローの合体ロボットは、意
味を書き換えた複数のマシンが合体してできていた。この
ロボットの造形美と、意味の書き換えに心が躍った。同様
に、別の建築から剥ぎ取った部材を「スポリア的な（再利用
する）手法」で組み合わせた合体建築を生み出す。

脳内家族

125
保田 真菜美 ほた まなみ
愛知工業大学
工学部 建築学科

今もなお、人々の意識に残り続ける理想の家族像。快適さ
を求めた住宅は、多様化する家族の内実を押し隠している。
本提案は、一面的な理想の家族像に抵抗した新たな家族像
が、建築に許容されることを目的とする。

集跡
産業遺産の新しい保存活用方法の提案

129
原田 海 はらだ かい
大阪市立大学
工学部 建築学科

今日の日本の産業発展を示す産業遺産の多くは、「保存」と
いう名で放置されている。建築が一方的に遺産に作用する
従来の保存活用方法とは異なる、建築と遺産とが相互に作
用し合う新たな保存活用方法を提案する。

鉱都の羅針図
かつての東洋一の鉱山におけるブラウンフィールド更始計画

131
前田 彩花 まえだ あやか
立命館大学
理工学部 建築都市デザイン学科

東洋一の鉱山と呼ばれた岐阜県飛騨市神岡。かつての繁栄
が人々の記憶から切り離され、負の遺産として封印されて
しまうことを阻止するとともに、再び前に歩き出し始めた
この街の象徴となる建築を提案する。

渋谷表裏反転
地形を生かした再開発の提案

133
青木 蓮 あおき れん
東京理科大学
工学部 建築学科

現在、東京の渋谷で行なわれている再開発は、渋谷の魅力
である地形を壊している。地形を生かした再開発なら、地
形に沿って広がる渋谷の街と呼応し、街全体が盛り上がる
であろう。そうして、再開発（表）と未開発（裏）の「賑わい」
が反転する。

1.5キャリアが繋ぐ街と野球

135
宮部 祥太郎 みやべ しょうたろう
京都大学
工学部 建築学科

多様なセカンド・キャリアを持ちながらも、野球に携わり
続ける1.5キャリアの人々の活躍する場が生まれ、球場は
より街に開かれ、溶け込み、街の中に野球のある風景が広
がるような建築となることをめざす。

gamel
根源的感覚に迫る

137
鈴木 ひかり すずき ひかり
日本女子大学
家政学部 住居学科

人にはもともと原初的な「インターナショナル・スタイル」
とも言える人類共通の根源的な記憶と感覚が備わっている
のではないか。インドネシアの民族音楽「ガムラン」に注目
し、根源的な感覚と記憶を呼び起こす建築を提案したい。

食とため池
ため池を舞台とした水環境での暮らしの提案

139
芝 輝斗 しば てると
九州大学
工学部 建築学科

ため池は多種多様な生物の住処となっている。しかしなが
ら、農業が衰退した今、その役割を失いつつある。そこで、
ため池に、人々と生物が快適に過ごしながら、共同してた
め池を守ることのできる空間を提案する。

縁劇HOUSE
演劇で繋ぐ人と人の縁

140
藤澤 理央 ふじさわ りお
金沢工業大学
建築学部 建築学科

限界集落におけるコミュニティを延命するために、「演劇
を用いた建築」を提案する。街のコミュニティをつなぐこ
とに加え、「生活を観る」という体験をもとに、来訪者に集
落での生活こそが魅力であることを知ってもらう。

織り成す木々は、里を熾す。

141
森 聖雅 もり きよまさ
大阪大学
工学部 地球総合工学科

日本一の里山、兵庫県川西市黒川地区は美しい風景を残す
が、集落の閉鎖性によってさまざまな循環は途絶えつつあ
る。黒川里山が、時間をかけて外に対して開き、自然資源
の循環利用を拡大していく「里熾（おこ）し」の風景を描く。

記憶の廊
過去の価値の再編による暮らしのコンバージョン

142
水上 翔斗 みずかみ しょうと
東京理科大学
理工学部　建築学科

「廊」とは、ある場所とある場所をつなぐ空間のこと。この建築は、地域へとつながる「廊」が環となって伸びていくものである。さらに、過去にそこにあった価値をていねいに汲み上げることで、この建築は終着点ではなく未来へつながるものとなる。

ODAKA OBSERVATORIES　小高環境観測所
複合被災地における持続可能な生活圏にむけて

155
洲崎 玉代 すさき たまよ
東京大学
工学部　都市工学科

東日本大震災の複合被災地である福島県南相馬市小高川流域の物理的、社会的な環境を人々が観測し、作用するための場所「もり」「さと」「まち」「うみ」。これら4つの「環境観測所」によって、持続可能な生活圏が形成され続けていく。

結びの空間
新たな弔い方の提案

143
小島 智寿 こじま ともひさ
金沢工業大学
建築学部　建築学科

2022年夏に執り行なわれた祖父母の火葬の際に、「火葬という儀式は不要だ」という感情を抱き、その原因はコンパクトな葬送空間にあると考えた。そのため、本提案では、長いアプローチ空間を持つ建築によって、土地に合ったさまざまな要素の「結び方」を提案する。

織り成す町屋
これまでとこれからを紡ぐ

157
川畑 奨太 かわばた しょうた
福井大学
工学部　建築・都市環境工学科

観光客の増加する京都では、さまざまな観光公害が起こっている。そこで、京都の抱えるもう1つの課題である京町家保存と照らし合わせ、観光と暮らしの共生する町家を考える。

ブザイ再考
日常の多元的解釈による再構築

144
羽賀 仁紀 はが まさのり
山形大学
工学部　建築・デザイン学科

部材のあり方について再考する。日常に、当たり前に存在している物を多元的に解釈し、妄想で各々の機能を膨らませた物を部材として、仮設住宅を再構築する提案である。資本主義の上に立つ「循環」に対して。

融合する建築 SF・IC
すこしふしぎなインターチェンジ

159
西村 夢香 にしむら ゆめか
九州産業大学
建築都市工学部　建築学科

既存の北九州都市高速道路の大谷ICにレンタル工場、輸送専用道路、プロムナード（遊歩道）、スキン（外壁）を融合させて、少し不思議なワクワクする空間をつくった。

地獄博物園

146
加藤 克騎 かとう かつき
愛知工業大学
工学部　建築学科

「地獄」は宗教の世界観を明確にするとともに、各文化圏における人々の苦しみを表現している。地獄博物園は各文化圏の「地獄」を集めたテーマパークである。生き地獄と空想の地獄とを比較することは、人々が今を生き抜けるための糧となる。

真び舎
地域分散型高等学校による街並みと営みの創出

160
櫛引 翔太 くしびき しょうた
芝浦工業大学
建築学部　建築学科

高校を挿入することにより、神奈川県の真鶴を再興する。街並みと営みという真鶴の魅力を活かすために、高校を分散する。スケッチと街歩きから抽出した「真鶴空間」は、真鶴の街並みを生み出し、住民に受け入れられ、新しい営みを生む。

なんとカ住む
誰かとともに、建物とともに、間違いとともに暮らす生き方の手引き

147
出﨑 貴仁 でざき たかひと
九州大学
工学部　建築学科

間違えられない大規模再開発が進む福岡市天神地区の傍らで、人や建物が引き起こす間違いを受け入れ、間違いを補い合いながら成熟し、将来生じる課題にもしなやかに対応していく集合住宅を提案する。

都市に伏在する若者の依りしろ
脱施設的包括支援センターの提案

161
岡本 侑也 おかもと ゆうや
立命館大学
理工学部　建築都市デザイン学科

家庭や学校に居場所をなくした若者は、都市空間に自らの拠り所を見つけてたむろする。現在、若者の支援団体は、施設を構えて独りよがりな支援を続けている。ビルの裏側を利用し、都市に開いた「脱施設的包括支援」を提案する。

記憶の建築化

150
熊本 亮斗 くまもと りょうと
九州産業大学
建築都市工学部　建築学科

「忘れることのある記憶」を物理的に建築として表現することで、自身の外部記憶装置としての機能を持つ建築を構築する。この建築は、記憶の世界と現実の世界の交わるところに存在し、私の心の拠り所となるだろう。

反抗と贖罪
壊れゆく地球で生きていく人類の道標となる建築

162
大木 貴裕 おおき たかひろ
日本大学
理工学部　海洋建築工学科

近年、廃止の進む火力発電所は、長年、人類を辛抱強く支え続けていた。しかし、地球環境を破壊する面で人々から嫌われる。そんな火力発電所の気持ちを建築に落とし込むことで、火力発電所は、人類に反抗し、地球に贖罪する自然史博物館となる。

循環し創造する
これからの清掃工場の在り方

163
田邉 千代香 たなべ ちよか
明星大学
建築学部　建築学科

従来の清掃工場は、工場単独で存在し、私たちの生活から離れたところにある。環境問題、ゴミ問題の解決に対する人々の行動を促進するには、清掃工場自体は人々の生活や日常の一部として存在することが必要ではないのか。

佇むもの、取り巻く建築
分断された生産を再編する

174
島渕 滝平 しまふち りょうへい
佐賀大学
理工学部　理工学科

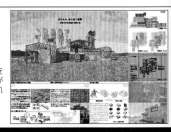

穀物の生産のために建てられた「カントリーエレベータ」を対象に、生産固有のオブジェクト（物）や機能を軸としながら、取りこぼされた周辺環境や人々の生活を再編し、それらをつなぎ直す拠点となるような建築を提案する。

ヨリミチ雲
乗り継ぎ旅行者のための文化体験路

164
萩原 睦 はぎわら しゅん
日本大学
生産工学部　建築工学科

空港は不思議なところである。その国であって、その国でない領域が存在する。しかし、そこはラウンジや少しのショップとしてしか使われていない。そんな不思議な領域に、他の役割を担わせることはできないだろうか。

首都高を編み直す
都市・水・記憶のノードをうむ近代インフラの発展的継承

175
佐倉 園実 さくら そのみ
芝浦工業大学
建築学部　建築学科

再開発に伴い地下化が決定し、主要な機能を失った東京、日本橋を通る首都高速道路の副次的利用を考える。周辺の都市変化に呼応し、段階的に計画することで、都市の記憶を内包し、新たなつながりを生む都市ミュージアムとして再編成する。

ものがたり建築

166
松尾 優衣 まつお ゆい
福岡大学
工学部　建築学科

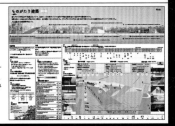

現在、人工的な社会が広がっていて、人間の五感センサーは劣化し、何か新しいことをしたい若者はストレスを抱え、心の拠り所を必要としている。そんな若者が第一歩を踏み出すための、新たな生活空間を提案する。

彫刻と都市

176
茂崎 秀祐 もさき しゅうすけ
北海道大学
工学部　環境社会工学科

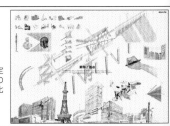

「コンポジション」や「シンタックス」のずれた構成は、安定感を期待する鑑賞者を裏切ることになる。加えて、彫刻のもつ不整合性、演劇性がつくり出す都市空間は、没個性化した人間を本来の姿へ回帰させる。

キツツキを知らない子どもたち

167
藤村 雪野 ふじむら ゆきの
芝浦工業大学
建築学部　建築学科

子供とは何か。現代の日本社会では、その本質が見えにくくなっているように感じる。半年間、住み込みで3人の男の子のベビーシッターをし、客観的に彼らを観察した経験を、子供のための新しい空間の設計に役立てる。

結

177
小川 珠潮 おがわ みしお
東北工業大学
建築学部　建築学科

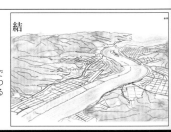

非日常を日常へ。自らの力で生産し、身の回りにある物で生活を営む力を人々が持ったなら。農村地域の失われつつある技術を伝承し、都市部に暮らす人々へ技術を伝授する場を提案する。

建築の衝突による形態可能性の相対的顕在化

172
河越 誉道 かわごし たかみち
東洋大学
理工学部　建築学科

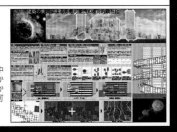

再開発超高層ビルは、地域性を排除した画一的な形態の中に地域的な営みを内包している。では理想の形態とは外から持ち込まれた形態か？　地域固有の形態か？　どちらかを選ばずに、両者を衝突させることで、形態の相対的な可能性を顕在化させる。

地形に残されたひとの営み
御神酒と古墳による空間の提案

178
山本 湧也 やまもと ゆうや
関西大学
環境都市工学部　建築学科

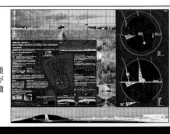

築造から千年以上経つ古墳には、さまざまな歴史が積み重なっている。古墳は天皇の墓として、城として、また人々が暮らす土地として長年あった。誰も入れなくなった今、古墳を「地形」としてとらえ、歴史に捧げる醸造所を計画する。

知恵がつなぐ居場所
温泉地を活用した多世代交流拠点の計画と設計

173
山川 凜花 やまかわ りんか
東北工業大学
建築学部　建築学科

子供や大人には、自宅以外に居場所がある。では、高齢者はどうだろうか。介護を必要としない人もいるし、高齢者向けの施設は、その人らしく過ごせる場所ではないと考える。高齢者こそ、多世代との交流を持つことで、活力や活動の幅が広がると考える。

大漁に棲みついてます。
再構築される大阪鶴橋の魚河岸

179
森本 郁輝 もりもと たかき
関西大学
環境都市工学部　建築学科

大阪の鶴橋と三重県の伊勢にはもともと、つながりがあり、近畿日本鉄道の鮮魚列車が、1963年から2020年まで走っていた。そのつながりをなくさないために、鶴橋市場で伊勢の海をより身近に感じることのできる提案を考えていく。

間の公園参道
町と神社をつなぐ新たな神社境内の在り方

180
山際 凜 やまぎわ りん
福井大学
工学部　建築・都市環境工学科

神社という場は古くから私たちにとって身近な存在であったが、近年、人々に忘れられつつある神社が多く存在する。この計画では、境内を公園と参道の融合空間とすることで、神社を再び人々の身近な存在とすることをめざす。

上野区無限成長拠点
周辺環境と一体的に形成する建築の提案

181
鹿野田 大樹 かのだ ひろき
浅野工学専門学校
建築工学科

都市に開くことを拒まれ続けてきた消極的な建築であるゴミ処理施設を都市に開く。都市の中で、これまで都市と切り離されてきた施設の新たな可能性を見出し、周辺環境と一体的に形成される設計を提案する。

線から枝へ
一本の道から始まる

182
津田 智 つだ さと
東北工業大学
建築学部　建築学科

震災や復興事業の影響で、土地の記憶や文化が失われつつある岩手県の陸前高田市。この土地と触れて感じるもの、空間とは何か。課題になっている造成地の活用方法や、人口減少による街の変化を受け止め、どのように高田で暮らすのかを提案する。

農が街を創り、街が農を作る
郊外都市における農業振興の提案

183
武藤 堅音 むとう けんと
東北工業大学
建築学部　建築学科

100年の歴史を誇り、県内でも有数の梨の生産地である宮城県利府町。しかし、利府の梨は、近い将来消滅してしまうのではないかと言われている。そんな利府の梨と人々との新たな関わり方の提案であり、持続へ向けた目論見である。

Kantaga地区再編計画
自立共生体のための循環的設計手法

184
新井 花奈 あらい かな
名城大学
理工学部　建築学科

現在、約30億もの人がスラムに住んでいると言われている。スラムが抱える根本的な問題は、経済を原因とする。建築の材料と工法を伝え、材料を再生する材料再生場を計画し、資金不足による貧困のサイクルを打ち切ることを考えた。

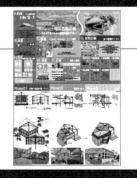

名残を辿る

186
中嶋 海成 なかじま かいせい
福井大学
工学部　建築・都市環境工学科

歴史の積層で生まれた「名残」は街に点在し、日常の傍で息を潜めている。「名残」に焦点が当たることで過去への気づきと記憶の再生をもたらすきっかけをつくり出し、日常の身近な存在に価値を与え、街を彩る提案。

箱ノ住む橋、ハコに棲む橋
都市と共存する貨物駅の在り方

192
小礒 佑真 こいそ ゆうま
立命館大学
理工学部　建築都市デザイン学科

日本の物流インフラを支える重要な拠点である、大阪の吹田貨物駅。さまざまな問題により、周辺住民から忌避されるこの駅。物流を街に開くことで、街に溶け込み分断された都市をつなぐ、都市と共存する貨物駅のあり方を提案する。

帰還動物圏計画

194
舘 衿花 たて えりか
明治大学
理工学部　建築学科

突発的な事故により帰還できない地域となった街が、獣の楽園となる。事故をきっかけに、獣と人間が持つ共依存性を発見。行政による人間帰還計画とは別に、共依存性をもつ獣と人間の帰還をもとに「動物圏計画」を提案する。

根源的機能建築

195
﨑田 真一朗 さきた しんいちろう
福井大学
工学部　建築・都市環境工学科

再開発の進む福井市を題材として、多くの建物がスクラップ・アンド・ビルド(建替え)を繰り返す中、構造躯体(スケルトン)ではなく、街の人々の生活に直結する人間本来の行動を「スケルトン化」することで、内に秘められた街の可能性を表出する。

断面的微空間構築法
大山湿地における地理的特徴の抽出による小空間の創造

198
上間 涼太郎 うえま りょうたろう
琉球大学
工学部　工学科建築学コース

建築における「微空間」を検討。「小空間」の挿入による街の再構築をめざし、街の人々による多様な活動が共存する空間の断面構成を提案する。沖縄県の大山湿地でしか生まれ得ない風景の創造をめざした。

「大人たち」の遊び場
アソビを用いた資本主義的建築の改修

199
喜多崎 匠 きたざき たくみ
福井大学
工学部　建築・都市環境工学科

行き過ぎた資本主義により、人は心に、建築は空間に余裕がない。再開発に失敗した建築を改修しながら抽出した空間要素と、五感による人的要素を組み合わせて「建築のアソビ」を生み、建築と人と資本主義とのより良い関係を提案する。

見えざる境界を敷く
街と基地の中間領域の再考

202
佐々木 優 ささき ゆう
東海大学
工学部　建築学科

神奈川県横須賀市の米軍基地と街との境界線を面としてとらえ、空間化する。境界を壊して両側をつなげるのではなく、境界操作とプログラムによって境界とその両側の領域を再構築し、行き来はできないが体験や空間を共有できる、両側の人々の居場所をつくる。

AMAGASE GEO-CRAFT

203
三ヶ田 雄貴 みかだ ゆうき
大阪大学
工学部 地球総合工学科

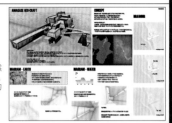

破壊と創造を伴う治水技術をなぞらえながら、人間と自然によって織りなされた美しい風景の本質を見つめる。京都、宇治市にある人造湖「鳳凰湖」を巡る、唯一無二の「地理的ドラマ」を体感できる建築。

遺却式
なくなる運命にある商店街の名残を継ぐプログラム

212
山口 暖花 やまぐち はるか
佐賀大学
理工学部 理工学科

商店街がなくなる運命を受け入れながらも、その地に商店街の面影を残す計画である。商店街のアーケードに面した店舗を、アーケードの上に反転し、地域の人々の新たな居場所をつくる。

immersive architecture
唆り逢う風景

204
山川 蒼生 やまかわ あおい
佐賀大学
理工学部 理工学科

開口部から見える風景を内部空間に引き込むことで、内部にいる人は空間を介して屋外の街並み、生活、時間を連想する。流れる時間を受け止めるとともに人の居座るこの空間は、風景と一体化した人の居場所となる。

果樹ノ郷、衣食住を彩る
共選所から拓く果物産業の次代

213
樋口 詩織 ひぐち しおり
法政大学
デザイン工学部 建築学科

桃や葡萄の名産地、山梨県。しかし、近年は農業が衰退傾向にあり、農風景も失われつつある。「共選所」に見られるコンベア（運搬装置）を軸として、地域と産業をつなぎ直すことで、街の日常を果物で彩り、果樹農業と風景とを次世代へ継承していく。

みんなのお寺
地域に開いていく寺院建築の在り方

205
一ノ瀬 晃 いちのせ ひかる
九州産業大学
建築都市工学部 建築学科

私は、寺の跡を継ぐ可能性があるので、卒業設計を通じて、継ぎたくなる寺の設計をめざした。寺を地域へ開き、子供から高齢者までさまざまな世代の集う交流の場にすることで、地域のコミュニティを形成するきっかけをつくる。

町と自然のまにある住まい

214
毛 弘奕 もう こうえき
京都精華大学
デザイン学部 建築学科

自然と街の間にある集合住宅。山の自然なカーブ形状に沿ってスロープを設け、曲面状に配置することで、部屋のフォルム（形状）のバリエーションを増やす。このデザインを通して、自然との一体感を表現する。

ON/OFF
つかず離れず、ちょうどいい距離

206
木村 周斗 きむら しゅうと
星槎道都大学
美術学部 建築学科

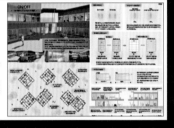

人と人との距離が離れつつある現代、距離をコントロールすることが大事だと感じた。そこで、状態や気分により、人と人との距離を近づけたり、離したりすることで、各住民の身と心を守ることのできる集合住宅を提案したいと考えた。

Post-Slum City
20XX年の新型スラムの建築インフラによる
新たな都市形態の提案

215
佐田野 透 さだの とおる
慶應義塾大学
理工学部 システムデザイン工学科

高層マンションの乱立した東京湾の埋立地には、20XX年、人口流動により「スラム・マンション」が発生する。地中のライフラインを顕在化させる建築によって、新型スラムを可逆的な都市形態へと昇華させる。

積
博物館の解法

207
岩佐 一輝 いわさ かずき
佐賀大学
理工学部 理工学科

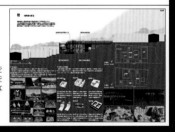

分厚い壁で覆われた博物館は人々を遠ざけ、現在、衰退を続けている。重厚な外観によるイメージを払拭し、展示を見る魅力を人々に伝えることで、人々の興味を引く新たな博物館を設計する。

おさんぽ工場

216
高尾 耕太朗 たかお こうたろう
広島大学
工学部 第四類（建設・環境系）

私のこれまでに抱いた感情と、これまでに見てきた風景の蓄積である「さんぽ」。「さんぽ」と、これからのAI社会で求められる建築とを結び付け、建築の新たな設計手法を提案する。

錯層を前にして
錯層空間を用いた名古屋の更新

211
池戸 美羽 いけど みう
東京理科大学
工学部 建築学科

都市を構成する要素を「層」ととらえると、名古屋駅では道と「層」が互いに干渉し合い、開放的な「層」を構成している。「層」が錯綜する錯層空間を用いて、現在、閉鎖的になりつつある名古屋駅の更新手法を提示する。

こどもと路線と、「学校都市」

218
喜多村 壮 きたむら そう
立命館大学
理工学部 建築都市デザイン学科

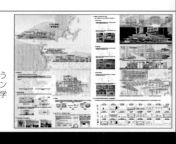

学校はもっと公に開かれていてもいいのではないだろうか。和歌山県那智勝浦町において、鉄道の路線というインフラを基盤にして学校をつくることで、地域そのものが学校として生まれ変わっていく「学校都市」を提案する。

縁紡
Art. Culture. Nature. を介した共生施設の提案

219
益子 亮晟 ますこ りょうせい
明星大学
建築学部　建築学科

コロナ禍（COVID-19）により情報化社会が急速に進化した。人に会う機会が減り、物を手に取ることも減った。他人や物との関係性が希薄になっている。そこで、本設計では「縁」というものを「紡ぐ」建築、共生施設という「カタチ」を提案する。

継立建築「ツギタテケンチク」
道で紡ぐ草津の記憶

228
髙橋 明弓 たかはし あゆみ
大阪市立大学
生活科学部　居住環境学科

滋賀県草津市の宿場町に残る道の形を建築に落とし込み、その場所で見られた景色を再びつくることによって、かつての草津を彷彿とさせる空間を提案する。この建築は、分断された空間をつなぎ合わせるだけでなく、過去から未来へと街の記憶を「継ぎ立て」る。

シブヤを縫い合わせる
服飾から考える新たな街並みの在り方

221
西方 理奈 にしかた りな
明治大学
理工学部　建築学科

服飾は多様性に満ちている。一方、街並みは服飾の多様性に追いついていない。衣服の形態をヒントとして、建築の表層をデザインする。建築全体が表層により規定された建築で、表層に対する人々の感覚のアップデート（更新）を図る。

島のノード
生業とまち並みを継ぐ離島の更新手法

229
青木 優花 あおき ゆうか
愛知工業大学
工学部　建築学科

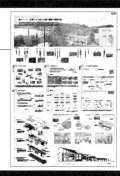

日本に400あまり存在している有人離島には、少子高齢化や過疎化が顕著に現れており、人が住む島として存続の危機にある。愛知県、篠島に住む人々の生活の中心にある漁業をもとに島を再編し、新旧の建物を再編することで、街並みを篠島らしく更新する手法を提案する。

まちかぞく
コレクティブな暮らしでつくる地域コミュニティのカタチ

222
井上 真穂 いのうえ まほ
大阪市立大学
生活科学部　居住環境学科

住宅街の中に住民の共用空間をつくり、コレクティブハウス（専用住居以外に複数の共用スペースのある集合住宅）のような暮らし方を提案する。そして、人々が緩やかにつながり、1つの家族のように互いが見守り、見守られるという関係の生まれる街をつくる。

思慕を遺す

230
菊田 康平 きくた こうへい
日本大学
生産工学部　建築工学科

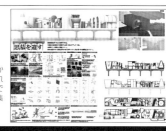

遺品整理は思い出との別れである。本提案では、遺留品から連想される思い出を「オブジェクト化」し、それらを入れる保管庫を廃線上に増築していく。かつて故郷の風景であった鉄道が、「あの日」から変わっていく街の思い出の集積地となっていく。

「ここ」にあるモノで『ここ』にない場所をつくる
これからの働く場と伊香保温泉街の接点

224
多胡 元貴 たごもとき
足利大学
工学部　創生工学科

活気を失った群馬県の伊香保温泉街に、都市のアクティビティ（活動）である人の働く場所を織り込み、新しい文化と人を共生させる提案である。本提案が再生の起爆剤となり、温泉街に連鎖的な活気を生み出すことを狙いとしている。

耕せ、都市
暮らしを創造する都市山の形成

231
大澤 葵 おおさわ あおい
名古屋工業大学
工学部　社会工学科

製品の購入と消費で築かれる都市の暮らしにおいて、生活者はその「資源」や、それを創造するきっかけを忘れている。産業の裏に隠された「資源」を生活者へ開放する。都市による、都市ならではの創造的な暮らしは、この「都市山構想」から始まる。

みにくい原点の融和
長町駅を中心とした新たな街のカタチ

226
佐藤 尚悟 さとう しょうご
東北学院大学
工学部　環境建設工学科

人の営みに合わせて都市は発展する。しかし、無秩序な発展は、便利さを追求するがあまり、街を醜く変貌させてしまう可能性を孕む。本提案は、醜い街を構成する原因となった原点に着目。原因を矯正することで、街全体が未来へ歩む上での「添え木」とする。

未来への光
平和への一歩となる社会参加を訴える平和学習施設

234
塩田 一光 しおた いっこう
熊本県立大学
環境共生学部　環境共生学科

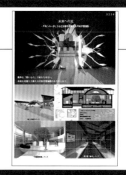

光と影の演出によって心を動かされた人々は、平和な未来のために自分のできることを考え、その決意を固める。鹿児島県の戦争遺構である川東掩体壕（えんたいごう）の地下に、そんな新しい平和学習施設を提案する。

思いが色づく街
0歳から23歳の軌跡を経て、未来のまちもり活動記録

227
恒川 奈菜 つねかわ なな
名古屋造形大学
造形学部　造形学科

4年間を通して設計課題を積み重ねてきたが、その成果にフィクション（架空）的な要素が多いことに疑問を持った。そこで、「脚本や絵本を一から制作し、リアリティ（現実味）のあるまちづくりを計画したい」と思い、卒業設計に取り組んだ。

「重なり」から生まれるこどもの遊び場
障がいを持つこどもたちのためのサードプレイスの提案

235
田村 哲也 たむら てつや
東海大学
工学部　建築学科

障害を持つ子供と、地域の大人や子供とが交流を深めるための空間を「Personal」「Public」「Buffer」の3つに分類。「重なり」という手法によって、それぞれの空間が各人に適した遊び場となるよう構成する。

ながらまちづくり
豊田の山村地域におけるリノベーション×モビリティの地域再生

238
勝山 奈央 かつやま なお
大阪市立大学
生活科学部 居住環境学科

愛知県豊田市の山村地域に「よそもの」として関わる中で見つけた地域の「空間資源」とモビリティ（移動手段）を掛け合わせ、都市と地方の接点となる建築を計画。「よそもの」が地域内を巡りながら、地域住民とともに「空間資源」を改修し、街を再生させる。

獅子舞モジュール
シシと暮らす日々の提案

250
石田 大喜 いしだ たいき
東北大学
工学部 建築・社会環境工学科

「住民はいるが、担い手が集まる意義を見出しにくい」という、地域の無形文化財を継承する「過渡期」にある私の地元を対象に、無形文化財である獅子舞の演じられる舞台を設計し、地域への住民の愛着を取り戻す。

まちの結び目

240
村井 麻里那 むらい まりな
関西大学
環境都市工学部 建築学科

沿岸部を「ウォーターフロント」として整備し、人と公共交通の街として再開発中の神戸、三宮。神戸三宮駅から沿岸部にかけてLRT（軽量軌道交通）を通し、駅前に交通結節点として「まちの結び目」をつくることで、街から海へと人の賑わいをつなげていく。

まちにひらき、まちとなじむ
大学艇庫と地域の共生

251
宮村 知音 みやむら ともね
大阪大学
工学部 地球総合工学科

住宅街に位置する大学の体育会ボート部の艇庫を建て替える。キッチンやウエイトルーム（トレーニング室）を地域に開き、周囲の空き家をリノベーション（改修）することで、地域の住人との新たな関係を生み出し、互いに助け合いが起こるような場を設計した。

保護猫施設再考計画
ネコにおける環境エンリッチメントによる空間デザイン

242
佐藤 天衣 さとう あい
長岡造形大学
造形学部 建築・環境デザイン学科

現代において、ネコは人間の伴侶動物である。それにもかかわらず、多くのネコが殺処分されている。保護施設に環境エンリッチメント（適切な飼育環境）を用いることで、ネコが生き生きと過ごせて、「ヒト」とネコが交わることができ、助かる命を増やせる建築を提案する。

まちを纏う「帯」は人を紡ぐ
公共空間を帯びたまちの更なる飛躍の可能性

253
棚田 悠介 たなだ ゆうすけ
東京電機大学
未来科学部 建築学科

魚を直接売買する漁師と街の住民、神社から海に向かって叫ぶ子供、そんな姿が時代の移り変わりによって失われ、人同士の関係性が希薄になっていった。そんなバラバラになった街の境界を「ほどさながら紡いでいく」提案である。

繁（はたじるし）
狭山における茶業と町の結節点

244
斎藤 詩織 さいとう しおり
法政大学
デザイン工学部 建築学科

現在、埼玉県狭山市の地場産業である茶業は、街から分離されつつある。しかし、街に根付いたあり方こそが、本来の姿なのではないか。そこで、つながりを取り戻すきっかけを与える、茶業と街の繁（はたじるし）としての建築を提案する。

マチに染まる藍のイエ

255
青木 皓史 あおき こうし
広島工業大学
環境学部 建築デザイン学科

かつての生業であった藍染を手がかりとして、空き家となる居住を職人が移住できる場として再生し、周囲の街に開き、地域の人々の居場所とする。また、秩序を失い、空き家が増える街に水路を通し、水路と呼応するように建築の形をつくることで、街に新たな秩序をつくる。

いのちを守る道標
南海トラフ地震に対する防災を軸とした街づくりの提案

245
岸野 翔 きしの しょう
愛知産業大学
通信教育部造形学部 建築学科

防災を軸に、地域課題を解決するまちづくりを提案する。災害時の課題である、郊外での防災の担い手となる若者の不足。その解消のため、①平時は街の魅力を高め、流入人口を増やし、②災害時は防災施設となり命を守る、そのような建築群を設計する。

生体彫刻浮遊都市

261
岩﨑 匠 いわさき たくみ
近畿大学
工学部 建築学科

現代の都市は、人々が「生命活動」を行なう上で必要なものを地方に追いやり、排除している。「生命活動」を都市で成り立たせるために、人工地盤を作って持ち上げ、その中に必要な機能を詰める。

複数性が為に

249
片岡 充希 かたおか みつき
大同大学
工学部 建築学科

住戸が無個性に詰め込まれた集合住宅にマージン（余白）を挿入し、住宅の自由さとコミュニティのきっかけをつくる。

阿蘇の軌跡を耕す
生業の可視化による地域構造の再構築

263
吉松 佳亮 よしまつ けいすけ
東海大学
工学部 建築学科

牛と人間によって長年にわたり刻まれてきた痕跡を、建築によって顕在化することで、崩れかけている熊本県阿蘇の地域構造を再構築し、人と地域の新たな関係性を創出する。

都市発現
建設残土をてがかりとした天井川跡地の再編

265
田中 大智 たなか だいち
豊橋技術科学大学
工学部　建築・都市システム学系

土砂の堆積と、人の手による土砂の排除との相乗作用によって成長してきた、滋賀県草津市の草津川跡地。都市で失われた「人が主体性をもって、自ら環境を構築する場」と、途絶えてしまった「川床の成長システム」を、建設残土をきっかけとして回復、発現させていく。

軌跡構想

273
秋山 真緩 あきやま まひろ
日本大学
理工学部　建築学科

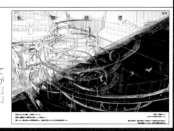

東京、新宿駅西口の駅前広場に「超立体的」な「軌跡」としての広場を計画する。既存のスロープ（斜路）から人の動線が巻き上がり、複層化し、可視化される。人の移動の「軌跡」として建築があり、人が建築内を歩く中で、新たな「軌跡」は生成されていく。

風待ち港　真鶴
貴船祭りで編む港町

267
丘 晴通 おか はるみち
日本大学
理工学部　建築学科

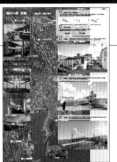

インフラの整備や、海に関連した生業の衰退によって分断された、神奈川県の真鶴。300年以上続く「貴船まつり」を契機として、真鶴の地域活性化とコミュニティの再生を提案する。

われても、くさっても
放置竹林の地域資源化による暮らしの再構築

277
長森 勇輔 ながもり ゆうすけ
明治大学
理工学部　建築学科

日本の郊外において問題となる放置竹林を、地域資源として活用するための施設。地域住民が主体となり、交換可能な構法で「竹の空間」を作る。建材以外に、燃料や肥料資材としても、暮らしの多くの場面に竹材が入り込んでいく。

地方都市のホメオスタシス
都市でも田舎でもない場における心象風景

268
中井 結花 なかい ゆか
京都橘大学
現代ビジネス学部　都市環境デザイン学科

今日の日本人の多くが住む地方都市には、個性や特徴のない画一的な「ケの街並み」が広がっているが、心に思い描く故郷には、観光地のような「ハレの場」と日常を紡ぐ「ケの場」がある。そんな魅力ある故郷の心象風景を宣伝し、故郷への愛を深める装置を作った。

都市の衝突点

278
加藤 優作 かとう ゆうさく
芝浦工業大学
建築学部　建築学科

雑然とした都市の環境で、各々の既存建築は内なるエネルギーを持ち合わせている。これらを都市のポテンシャル（潜在力）と読み取り、今まで築き上げてきた環境に新しい空間を入れ込むことで、次なる物語を生む。

クラシゴト
地方都市「新潟市古町」における新しいワークスタイル

269
飯島 雄太 いいじま ゆうた
茨城大学
工学部　都市システム工学科

場所を選ばないリモートワーク（遠隔勤務）による勤務形態が急速に発達した今、地方都市である新潟の古町を舞台に、職住一体のシェアオフィス集合住宅を設計し、地方都市における新しい働き方を考える。

軌跡を読む
戸ヶ崎の読書活動推進に向けた提案

279
千葉 龍矢 ちば たつや
東北工業大学
建築学部　建築学科

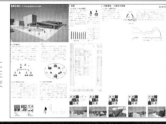

本提案では、電子化により需要を減らしている紙の書籍に着目した。「日本一の読書のまち」を宣言している埼玉県三郷市において、紙の書籍の新たな価値を見出し、活動や交流を通して、読書を活性化する建築を提案する。

センイ替え
日常と災害を織り、地域を紡ぐ。

270
駒場 友菜 こまば ともな
東京理科大学
工学部　建築学科

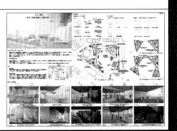

災害時における劣悪な環境下での避難生活。既存のコミュニティから切り離された人々は、独自の工夫により新たなコミュニティ空間を築き上げた。日頃からの「空間操作」が、災害時には避難所のエリア分けに活躍する、新たな公共施設の提案。

桜通り食店街

280
関 音葉 せき おとは
京都芸術大学
芸術学部　環境デザイン学科

東京都府中市の桜通りと府中公園をつなぐ、食の拠点となる公共施設の提案。地域の飲食店や学校と連携しながら、子供から学生、大人までが食について考え、学び、楽しく食事できる空間。

Parasitic City
余剰に寄生して暮らす

272
大長 武志 だいちょう たけし
九州大学
工学部　建築学科

エネルギーの余剰、空間の余剰に「寄生」することで成立する暮らし。

惑星の庭
都市の再野生化によるアンビエンスの知覚

281
藤本 泰弥 ふじもと だいや
近畿大学
工学部　建築学科

都市に野生を取り戻すための断片的ヒントを与えていくことにより、「都市の再野生化」を図る。私たちが都市に潜む身近な「アンビエンス（とりまくものたち）」を知覚し、それらとのつながりを感じることで、私たち人間の振舞いは地球へとつながり、惑星へと広がる。

里山後来
都市集中型の未来に対するオルタナティブの提案

282
渡部 祐輝 わたなべ ゆうき
立命館大学
理工学部 建築都市デザイン学科

本提案は、対象敷地を京都府宮津市の上世屋集落とした、都市集中型の未来に対するオルタナティブ（代替案）の先駆けである。人々にとって、この提案が、近代化以降の社会の基盤にある「里山の自然観」を再考するきっかけとなることを期待する。

仮住まい村
芸術家10人のための仮住まいの提案

293
杉本 春佳 すぎもと はるか
京都大学
工学部 建築学科

愛知県の離島、佐久島の第3の港である入ヶ浦に、芸術家10人が仮住まいする村を計画する。佐久島の「そこにしかない暮らし方、文化」を取り入れながら、既存の自然や地形に少しだけ手を加えていく設計方法を考える。

都市に織り込む遊園地

283
矢倉 愛美 やぐら まなみ
京都大学
工学部 建築学科

遊園地を都市の中に織り込むと、どんな風景や生活を見つけることができるのか。日常と非日常の境界を曖昧にし、オートマティックな分析によるデザインの中に、思いがけない豊かな解釈が生まれる、いろいろな彩度の建築を提案する。

中銀カプセルタワービル2.0
現代における新しい都市の居住空間の提案

302
中澤 佑希 なかざわ ゆき
宇都宮大学
地域デザイン科学部 建築都市デザイン学科

東京、銀座にあった中銀カプセルタワービルは、個人のための住居だが、実際にはさまざまなカプセルが設けられ、そこでの生活は、住民たちが建物を共有する「長屋暮らし」のようであった。このような暮らしやコミュニティの豊かさを、さらに発展させるべきである。

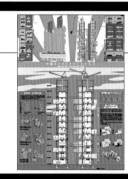

geothermal-scape
鹿児島県桜島旧湯之村まちおこし計画

287
下野 明佳里 しもの あかり
青山製図専門学校
建築学部 建築科（夜間）

幼少期から過ごしてきた鹿児島という場所を、今一度、振り返る。火山がもたらすものは何か、この場所から何を伝えられるか。衰退の一途を辿る桜島の温泉街を舞台に、街と火山、産業の未来を描く。

『流通』ト建築
古着物流の劇場化による都市構造の遷移

304
池口 颯人 いけぐち はやと
立命館大学
理工学部 建築都市デザイン学科

大阪の古着の街、「アメリカ村」に、古着の販売空間を新たに設計する。流通時の梱包状態の古着を、主構造（S造＝鉄骨造）と組み合わせて、耐力壁兼断熱材として使用し、大型倉庫の抱える問題を回避しつつ、都市のランドマークを創出する。

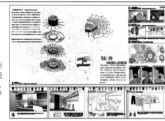

扉的建築
滲んだ境域により再編される共生社会の提案

290
亀山 侑由 かめやま ゆうゆ
東京電機大学
未来科学部 建築学科

核家族や単身世帯の増加、住民間の交流の停滞により、誰かと助け合う場面が減ってきていると感じる。人が他の人と関係を築き、支え合い、一緒に暮らしていく。そんな社会をつくるための建築を提案する。

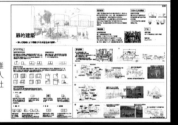

和紙の里工房
はたらく・すごす・おとずれる

305
三品 美侑 みしな みゆ
名古屋市立大学
芸術工学部 建築都市デザイン学科

美濃和紙は、良質な原料と板取川の清流に恵まれた岐阜県美濃市で、1300年前から生産されている。美濃和紙を題材として、以前は日常生活の一部であった歴史のある産業を、現代建築の中にどう落とし込むかを提案する。

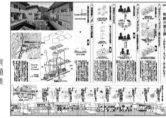

音楽的構築
Jazz with Stringsから見える建築空間

291
奥川 莉帆 おくがわ りほ
九州産業大学
建築都市工学部 建築学科

音楽から建築空間をつくっていく。Jazz with Stringsからジャズとストリングス（弦楽）の相乗を建築に落とし込むことで、対比関係の現れた空間となり、新たなシークエンス（連続性）が生まれることを期待する。

感謝の遺跡
取り残された拠り所の再構築と保存

306
竹村 草洋 たけむら そうよう
芝浦工業大学
建築学部 建築学科

都市の狭小敷地に残る神社を敷地として、人の居場所をつくる提案。分析を通して、神社の境内を上方向に広げることで、現在の都市環境に適応しながら神社を再建する。

拠り×方舟
リニア時代、柴茶が繋ぐ「疎開するふるさと」の提案

292
宮澤 楠子 みやざわ くすこ
立命館大学
理工学部 建築都市デザイン学科

リニア中央新幹線の中心部に位置する「長野県駅」は、陸の孤島、長野県の伊那谷に作られる。厳しい自然の中で培われた防災都市としての側面をもつ伊那谷での経験を通して、人々は生を充実させていき、伊那谷は、心から安心できる「疎開するふるさと」となる。

みちなるまち
駅前整備計画

307
檀上 咲季 だんじょう さき
武庫川女子大学
建築学部 建築学科

建築は少なからず人々の経験を制限するように感じる。個々の経験による記憶からつくり上げられ、人の数だけ生まれる街の「像」。そのような道から成る、広島県のJR福山駅前複合施設を提案する。

私設計

309
勝海 凱斗 かつみ かいと
新潟工科大学
工学部　工学科

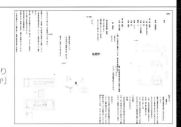

大学2年生の前期から4年生の前期までの設計課題を振り返り、言語化できなかった、「私らしさ」と「空間とは何か」を探求する。そして、探求した結果を設計する。

慈悲の7つの行い

318
古家 さくら こげ さくら
大阪工業大学
工学部　建築学科

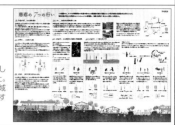

日本人は、古くから宗教と生活の一体となった暮らしをしてきたが、今では、宗教と距離を置く人も増えてしまった。かつてキリスト教徒の共同体があった長崎県外海地区地域で、共同体を再編し、地域に住む人たちの生活を豊かにする。宗教が身近にある暮らしの提案。

kawaii is more
LGBTQ+の問題を発信するゲストハウス

310
山本 雄理 やまもと ゆうり
金沢工業大学
建築学部　建築学科

性的少数者同士の交流を深めるために、「カワイイ」という許容性、内包性を持つ価値観から要素を抽出し、それを使って、マイノリティ(少数派)、マジョリティ(多数派)を問わず、誰でもフラット(平等)な感覚で交流を深められるゲストハウスを提案する。

祝祭空間の再興
水道橋櫓酒場

321
住吉 祥季 すみよし さき
東洋大学
ライフデザイン学部　人間環境デザイン学科

私の大学生活に彩りを与えてくれた「飲みの場」の設計。新型コロナウイルス(COVID-19)の流行によって奪われた、人間同士の「時間と空間の共有」を再興する空間を、東京のJR水道橋駅前に設計する。

圏外建築
監視権力からの解放

313
梅澤 秀太 うめざわ しゅうた
日本大学
理工学部　海洋建築工学科

情報社会の建築を再考する。情報手段の発展したが故に、現代社会は我々を「情報管理」する方向に向かいつつある。建築によって監視権力を「見える化」するとともに、監視権力から我々を解放する「電波のない空間」を生み出す。

地跡を縫う
忘れられゆく風景を再編集するフィールドキャンパス

325
宮本 莉奈 みやもと りな
神戸大学
工学部　建築学科

衰退の一途を辿る山間地域と、均質に広がっていく都市との狭間となる京都の八瀬において、「みち」という両者の共通項を空間化する。現代において私たちが忘れていく風景を再編集し、この地を未来へ継承する。

その向こうに見えるもの
100個のアーカイブによる神戸都市意識変革

314
酒井 彩華 さかい あやか
神戸芸術工科大学
芸術工学部　環境デザイン学科

産業と技術の発展により、現代では自身の足で歩くことが少なくなり、人の身体的能力は衰えたと感じる。現在の美しさに、古くから続く美しさを取り入れ、街を再構築する。歩くことから得られた100個の空間を現在の都市に当てはめ、新たな都市を連想する。

都市の骨核
大屋根が織りなす行政と市民のインターフェース

326
太古 尚稀 たこ なおき
東京電機大学
未来科学部　建築学科

DX(デジタル技術による変革)化の進行により、行政と市民の関係はオンライン上ではゼロになるが、実際の距離は離れていく一方である。大屋根の下に広がる庁舎空間によって、行政と市民を密接につなぎ合わせる。

さいたま新農心
生産と消費の新たなつながり

316
小出 彩加 こいで さやか
芝浦工業大学
システム理工学部　環境システム学科

分断された「生産」と「消費」に多様な接点を持たせ、両者をつなぐ。普段、農業に触れる機会のない消費者が、都市にいながら農業への当事者意識を持てるよう、土地の高度利用が求められる場での新たな農業を提案する。

重ねる
町の拠点としての区役所のあり方

327
神谷 尚輝 かみや なおき
名城大学
理工学部　建築学科

現在の庁舎建築で主流となるのは、街から乖離し、高層に積み重ねられた箱物建築である。本提案の敷地は、住民の生活の一部となっている、名古屋市の中村公園。中村公園内にある複数の要素を庁舎に重ねることで、街に開かれ、住民の交流拠点となる区役所を設計する。

日越交流村
ベトナム人技能実習生の集住空間

317
Pham Minh Hieu ふぁん みんひえう
崇城大学
工学部　建築学科

熊本県長洲町に住むベトナム人技能実習生のための集合住宅である。彼らの母国生活に近い住環境、かつ、住むのが楽しくなる住環境を設計した。ベトナムに関心のある日本人が気軽に立ち寄るなど、異文化交流の場にもなる。

未完生
遺り続けるしらひげ

328
杉山 陽祐 すぎやま ようすけ
日本大学
理工学部　建築学科

約半世紀前、東京の隅田川沿いに現れた巨壁、都営白鬚団地。住戸と言うより、むしろ防火装置として描かれた近代遺産「白鬚」を解体し、その記録を試みる。未完ゆえに、剥き出しの強度を宿す。変わり続ける建築の提案である。

透き渡る
新都心のワークスタイル改修

330
近藤 亜紗 こんどう あさ
東京理科大学
工学部　建築学科

大型の事務所ビルにこもって働くことの「息詰まり感」から人々を解放し、いつでも新鮮な空気を吸い込める「閉じ込もらない」ワークスタイル(働き方)を提案する。建物にすき間が生じることで、人々はどこからでも外とつながり、通り抜けられ、人々の視野は広がっていく。

らしさのイドコロ

345
西出 美緒 にしで みお
関西大学
環境都市工学部　建築学科

人は毎日、服を選ぶ。どんな格好をするか、どんなメイクをするか、それは自分で決める。しかし、流行についてさまざまな情報が飛び交う中、自分の考えだけで素直に選ぶことは難しい。この提案は、自由に服の選べない人が自分なりの格好で自信を持てる場所をつくることだ。

都市の木質化
木材を介した人的ネットワークの構築

332
渡邉 一貴 わたなべ かずき
大阪工業大学
ロボティクス&デザイン工学部　空間デザイン学科

現在、製材業の加工工程はブラックボックス化(不可視化)されており、消費者の木材に対する意識は高くない。この工程を可視化し、消費者が木と触れられる機会を増やすことで、木の魅力を伝え、林業の活性化の契機となる建築を提案する。

水の循りで生まれる暮らしの環
上下水道から自立した都市の住まい

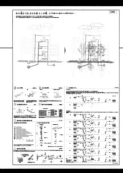

346
牛田 結理 うした ゆり
名城大学
理工学部　建築学科

都市の集合住宅で、上下水道から自立した暮らしをデザインし、水を借りて還す、水利用の新しいあり方を提案する。そして、都市に新たに生まれた水の循環が、人と人とのつながりを結び付ける。

空堀路地舞台
再建築不可物件の改修と点在型文化発信施設の提案

335
河本 鮎実 かわもと あゆみ
大阪市立大学
生活科学部　居住環境学科

対象地域である大阪市の空堀地区は、路地や高低差、文化的要素が魅力的な一方、再建築不可物件が多く存在し、文化の敷居が高い。この課題を、躯体(構造体)のみを残す改修工事「スケルトン・リフォーム」で解決し、空堀地区の文化発展に貢献できる施設を提案する。

下町の幹
緑町における矜持の継承

347
清水 知徳 しみず とものり
法政大学
デザイン工学部　建築学科

歴史や伝統、文化を顧みない現代。この状況が続くと、100年後に何が残るだろう。東京の下町、緑町の根底にあるのは循環であり、そこで暮らす人々には、矜持のような、下町への愛を感じる。今、私の街には、木の幹のように土地に根差す建築が必要である。

都市のファサード
土地性を受け継ぐ新旧共存のまちの玄関口

337
鈴木 啓悟 すずき けいご
京都工芸繊維大学
工芸科学部　デザイン科学域

現代は、街の境界が希薄になっている。昔から水辺と関わりながら更新されてきた三重県津市中心街の南端において、「土地性」を受け継ぎつつ、人々がこの土地を街のファサード(建物の正面立面)としてポジティブ(肯定的)に再認識できるような更新の方法を提案する。

そとばた会議物語
外湯から広がる語らいの街

349
大野 紗英 おおの さえ
筑波大学
芸術専門学群　環境デザイン領域

長野県の渋温泉には、古くからコミュニティ文化があり、外湯を中心に栄えてきた。だが今、外湯周辺は廃旅館や空き家だらけとなり、街は盛衰の分岐点に立っている。地域資源である外湯を守りつつ活かし、新たな語らいを生む場の提案。

あなたの地平が傾く瞬間に

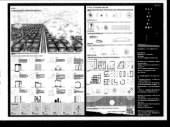

341
伊藤 香音 いとう かのん
関東学院大学
建築・環境学部　建築・環境学科

今日では、「死」に対する人々の過激な反応により、「死」と「生」のバランスの崩壊が目立ち、犠牲となる「生」が増え続けている。この状況から脱却し、本来の「生-私たち-死」の関係性を顧みること、見つめ直すきっかけとなるようなものを提案する。

余白を織る

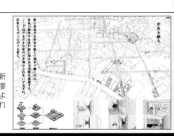

350
剣持 皓基 けんもち こうき
新潟工科大学
工学部　工学科

街に存在する空き家、空き地、空き部屋などの余白に、新しく雁木(がんぎ)を織り込み、住民の個性や生活が街に滲み出る空間を提案する。ここでは、さまざまな世代による多様なふれあいが生まれ、住民たちのつながりも育まれる。

フードカルチャーカスケード
渋谷スペイン坂から屋上までつながる6次産業体験農園

344
沖田 零武 おきた れいむ
日本工業大学
建築学部　建築学科

1軒の喫茶店の命名から始まった、東京、渋谷スペイン坂の文化。その文化は、都市の硬質で人工的な環境に飲み込まれながら、「食」と「農」を掛け合わせた新しい建物の中に、立体的な散策路として姿を現す……。

公共共有
官民連携で行う持続可能な都市の居場所創出

351
杉浦 丹歌 すぎうら にか
愛知工業大学
工学部　建築学科

近年、開発は画一的な都市を形成し、都市からは人々の居場所が喪失した。そして、責任の偏りから生じた歪みは、さらにその動きを加速させている。そこで、人々の居場所である公共空間に対し、人々の主体性を付与した持続可能な開発計画を提案する。

奉還町住店街

352
物部 果穂 ものべ かほ
九州工業大学
工学部 建設社会工学科

商店と住居は分断され、互いが干渉せずに過ごすことのできる環境の形成されている現代。商店と住宅の機能を併せ持つ「タナ（店）」を中心として構成された「住店街」を創出する。

聖空間巡礼路
ヘベル、ヘベル、すべてはヘベル

364
島田 梨香 しまだ りこ
関西学院大学
総合政策学部 都市政策学科

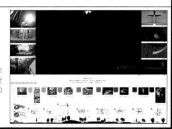

聖書と宗教画をもとに聖空間巡礼路を計画する。2000年以上伝承されてきた歴史は、現代に何を伝えることができるのかを研究し、宗教画から、空間の明度や自然との関わりを検討した。

建築のかけらを拾って継ぐ
道具、家具、建築、土木という輪郭をとかした暮らしの計画

354
小林 優希 こばやし ゆうき
滋賀県立大学
環境科学部 環境建築デザイン学科

道具、家具、建築、土木。これらの間には境界が存在し、各々は分断して考えられる。しかし、この境界を横断して、包括的に「建築」としてとらえることはできないだろうか。そこで、「建築のかけら」から、「建築未満のもの」をつくる。

折りなす邂逅
時代に呼応する新しい卸売市場の提案

368
鈴木 里枝 すずき りえ
立命館大学
理工学部 建築都市デザイン学科

卸売市場の魅力とは何であろうか。それは、物を買うという行為に伴って、そこでの特別な体験が生まれることにある。衰退しつつある卸売市場は、今後、そのような体験を重視した場に生まれ変わる。

浄水回廊
下水処理プロセスの体感型ミュージアム

355
宮脇 由奈 みやわき ゆな
名古屋市立大学
芸術工学部 建築都市デザイン学科

下水処理場のプロセスを、光とそれに応じた植生の変化によって空間化する。水量や濁度など、日々変化する水の状態に応じて変容する風景によって、下水処理場の生きたプロセスを体感することができる。

媒介する客体
うつ病患者と家族の滞在場所

371
飛田 昌克 とびた まさかつ
芝浦工業大学
建築学部 建築学科

うつ病患者と同居する家族は、症状による苦悩、他者や社会との関係性など、さまざまな問題を抱えている。それらの苦悩に対して、物や光といった「客体」を媒介とした関係性をつくる設計アプローチを検討した。

土地の断片を綴る
浅草寺 旧五重塔跡の再構築

356
マーターズ 桃音 まあたあず もね
加賀谷 唯 かがや ゆい　廣川 光 ひろかわ ひかる
早稲田大学
創造理工学部 建築学科

東京、浅草寺の旧・五重塔跡地に、五重塔の「型」を反転し、地下に埋める。衰退しつつある仏教寺院を、どう次世代にアーカイブ（記録、保存）していくか。そして、都市に現存する寺社空間を、地域社会のプラットフォーム（基盤）として、どう再編していくか。

千住大橋を継なぐ
人・文化・食が流動した街道筋とその象徴であった大橋を人の居場所として取り戻し、都市風景として再興する。

372
長谷川 奈菜 はせがわ なな
芝浦工業大学
建築学部 建築学科

かつて、江戸と地方を結んだ街道で、「食」の風景によってコミュニティを再生する。「食」は人の生活基盤であり、常に人をつなぎ、コミュニティを生み出してきた。賑やかな営みを、もう一度街道に出現させ、「食」が人と場所をつなぐ建築を設計をする。

記憶蘇生、水都バンコク復活
タイ国鉄フアランポーン駅コンバージョン計画

360
東條 巧巳 とうじょう たくみ
工学院大学
建築学部 建築デザイン学科

タイで最大かつ最古の駅が廃止される。廃止となる駅は、どのように継承されるか。交通インフラの役割であった駅が都市の拠点であり続けるために、廃駅に生活インフラの下水処理機能を挿入し、水の拠点へ生まれ変わらせる。

惹きこむ小駅
ヒトをつなぐ街なかサードプレイス

375
山本 幸恵 やまもと さちえ
京都芸術大学
芸術学部 環境デザイン学科

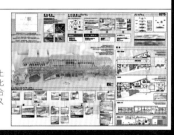

東京、多摩産の木材を使ったリニューアルが進む東急池上線の駅。池上線のブランディングとも言える駅舎の木造化を、同じ池上線の雪が谷大塚駅でも行ないたい。街に似合い、街の魅力が増し、住民同士をつなぎ、サードプレイス（居心地のいい場所）となる建替えを提案する。

聯繋スル業
氷見の生業によるまちと海の結節点の形成

362
松原 大樹 まつばら たいき
立命館大学
理工学部 建築都市デザイン学科

かつて、街の中にまであふれていた海の生業は、機能的な効率を求めた結果、現在は魚港のみで完結してしまい、街の人々は自らの街を支えている生業について理解していない。街の生業を使って、街と海をつなげる提案。

渚へ寄る波、寄ろふ山並
三浦の地方創生三角拠点

378
日下部 春花 くさかべ はるか
東京理科大学
工学部 建築学科

人の集いを波に乗せて、渚に寄り添う山は木々を寄ろう（寄り添わせる）。守られてきた自然が、神奈川県の三浦に「創生の循環」を促し、人口流出に歯止めをかける。

潮だまり
水位変化と共にうつろうコミュニティ

379
西田 彩 にしだ さら
立命館大学
理工学部 建築都市デザイン学科

かつて、環濠都市、港町として栄えた大阪の堺。海と人との距離感の変化により、水と人とのつながりがなくなった。そこで、海水が流入する内川沿いに、水を受け入れ、水位変化に応じた「人だまり」をつくる建築を提案する。

土間とギャンブレル
生業の空間資源である堆肥場と旧牛舎を活かした新農家

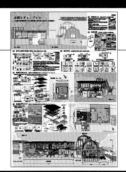

391
山下 能瑠 やました あたる
千葉大学
工学部 総合工学科

かつて生業の建物であった牛舎や堆肥場だが、酪農農家の離農により、今では倉庫に転用されている。巨大な空間資源が倉庫のままで良いのか。未来への残し方は何なのか。これは既存の旧・牛舎や旧・堆肥場に着目した、新世代の農家の提案である。

東京浸透水域
根となる擁壁の更新と幹となる建築の更新

380
馬場 琉斗 ばば りゅうと
工学院大学
建築学部 建築デザイン学科

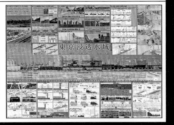

JR山手線沿いの敷地で擁壁と建築の更新を行ない、東京の浸透水域をつくる。土木構造物の寿命、大地を荒廃させる工事、それによる緑地の減少など、土木事業は多くの問題を含む。土木事業の転換期である今、「動植物」「大地への浸透」「人を受け止める新しい風景」を見せる。

蘇る都市水地
調整池を核とした立体市民農園の提案

392
橋村 遼太朗 はしむら りょうたろう
愛知工業大学
工学部 建築学科

都市近郊に残るため池は、現代まで続く都市の発展に伴い調整池へと変容した。かつて住民が支え、分かち合っていたため池の風景を、現代的に再編することはできないだろうか。土木構築物によって生まれた人とため池との距離を、建築により取り戻していく。

山車祭りが華やぐまで
名古屋型山車の組上の継承、山車祭り文化の発展を目的とした伝承館

381
金子 豪太 かねこ ごうた
京都工芸繊維大学
工芸科学部 デザイン科学域

名古屋には「山車まつり」の文化があり、人々は山車蔵を建てて山車を保存した。その結果、山車の組上げが行なわれなくなった。そこで、山車の組上げを継承する施設を設計し、「ケ」から「ハレ」へ向かう行為を「ハレ」として扱う提案をする。

物語がつくる建築たち
聖蹟桜ヶ丘聖地巡礼からふるさとへ

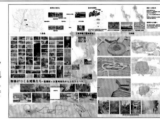

394
松井 実彩季 まつい みさき
東京都市大学
建築都市デザイン学部 建築学科

宿場町であった東京の聖蹟桜ヶ丘は、近年、郊外化し、アニメ映画『耳をすませば』の舞台となった。そこには日常風景が映し出され、作品のファンは「聖地」を辿って巡礼する。巡礼途中の脇道へ入ると、新たな「聖地」である建築で追体験ができる。

鍍金

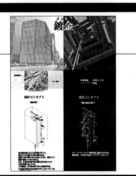

383
西森 史也 にしもり ふみや
東京理科大学
理工学部 建築学科

現在の建物は、「面が強く」なっているように思える。しかし、建物はコアやバックヤードなど、裏方の設備がなくては成立しない。東京、銀座という特に「面の強い」場所を使い、空間体験として建物の表と裏を確認できる提案を行なった。

アグリスケープ
都市型農作物生産消費研究施設

396
喜多 慶一郎 きた けいいちろう
関西大学
環境都市工学部 建築学科

農業は、都市に住む人の日常生活から切り離されてしまっている。都市において、農作業の体験を通して、農作物の消費ができる場所を「アグリスケープ」と名付けた。都市でもない、農地でもない空間で、新たな体験を楽しむ。

屋根小路
次世代モビリティと歩む未来の職住一体集合住宅

387
大松 瞬 おおまつ しゅん
京都工芸繊維大学
工芸科学部 デザイン科学域

近年、自動車分野に起きた革命である自動運転。自動運転によって、これまでの都市や建築の構造にどのような新しい可能性を見出せるのか。京都という千年を超える都市で、最新技術と伝統を掛け合わせた提案をする。

FIELD MUSEUM
嵐山モンキーパーク野外・自然史博物館化計画

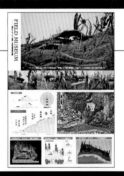

397
宮本 理沙 みやもと りさ
京都工芸繊維大学
工芸科学部 デザイン科学域

野生動物を餌付けした責任について、人は半世紀以上にわたり、場当たりな対応を繰り返している。ニホンザルの「野生」としての魅力を喪失させた、京都、嵐山にある野猿公苑の「餌場」を「野外博物館」へと変貌させ、野生動物と人との新たな接点を計画する。

地域の学びの場となる屋内水泳場の提案

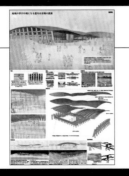

390
桑原 祐太 くわはら ゆうた
千葉工業大学
創造工学部 建築学科

小中学校のプールで行なう水泳授業を公共の水泳場に集約し、1年を通して学びと遊びを体験できる、小中学生の「学びの拠点」となる施設をめざす。

山に補助線
よりどころを探す旅の提案

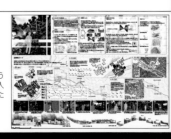

399
筒井 翔大 つつい しょうた
京都大学
工学部 建築学科

満たされているはずなのに、どこか満たされていないような気分が繰り返す毎日。少しずつ摩耗する心をリセット(入替え)し、自分と世界との新しい関係を見つけたい人のために、この旅を計画した。

DIALOGICLEARNING CENTER
「偶発的な語り合いから生まれる学び」新たな学生寮のあり方

400
紫安 洋平 むらやす ようへい
日本大学
理工学部　建築学科

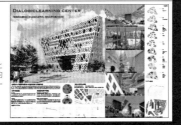

大学生にとっての「学び」とは何だろうか。勉学に励むことは「学び」の1つだと思うが、最も大事な「学び」は、偶発的に生まれる語り合いにあると感じる。そんなコミュニケーションが生まれる、新たな学生寮を提案する。

尽くされる玉川上水

407
安西 祥大 あんざい しょうた
日本大学
理工学部　建築学科

かつて、江戸の街に対して水を送るという機能面だけでなく、文化的にも恵みを与えた玉川上水。現在、その機能をほとんど果たさなくなった玉川上水から抽出した、形態要素の断片によって構成した建築を、水の流れに沿うように点在させ、玉川上水を再興する。

死なずの建築

401
吉田 修斎 よしだ のりよし
関西大学
環境都市工学部　建築学科

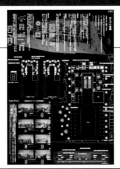

「建築とは何なのか」という問いの答えとして、建築を生き物としてとらえる。小学校に焦点を当て、小学校を都市で生きる建築の細胞の1つと考え、ずっと生き続ける小学校を提案する。

現代の水戸下市における酒蔵のあり方

408
新関 柚乃 にいぜき ゆずの
東京工芸大学
工学部　工学科建築コース

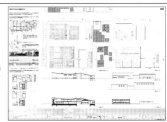

水戸市下市で酒蔵のリノベーション（改修）を計画。この場所に酒蔵のある意味を再考し、賑わいと活気が戻ることを考えた。敷地内に道を通し、複数の建物を配置することで、人々の生活に溶け込む酒蔵とした。

「あんなこと」のある、まちかど停留所
高岡市万葉線の軌道と電停の提案

402
小関 優生 こせき ゆうき
新潟工科大学
工学部　工学科

日本の路面電車の大半は道路の中央部を走っているが、軌道を歩道側に寄せるサイドリザベーション方式にすることで、新しい電停の可能性が広がる。敷地とした富山県高岡市は、マンガ『ドラえもん』の作者の出身地であり、作品に登場する「ひみつ道具」から空間を構想した。

時間平面で描く
空間軸と時間軸の転換による建築の再解釈

409
岩田 理紗子 いわた りさこ
芝浦工業大学
建築学部　建築学科

時間に追われる現代の都市で、建築は客観的な時間軸をもとに作られている。人が個々に持つ主観的な時間軸を忘れて作られた建築は息苦しい。そこで、建築を主観的な時間軸で作るために、「時間図面」を発明した。

共に、存る。
閑静な住宅地における幼児保育教育施設の在り方

403
大江 健介 おおえ けんすけ
関西大学
環境都市工学部　建築学科

人の住む場所は、快適性を求められる。そして、閑静な住宅地の中にある幼児保育教育施設は、たびたび地域問題の要因となっている。本提案は、住宅地と幼児保育教育施設の共存を図るものである。

AP ART MENT
アートのマチからアーティストのマチへの更新の提案

410
櫻田 寛生 さくらだ かんせい
東北工業大学
建築学部　建築学科

空き家、駐車場として利用されている遊休不動産にアーティストやクリエイターを呼び込み、芸術、文化、コミュニティの集積する創造拠点とすることで、青森県十和田市を「アートのまち」から「アーティストのまち」へと再生する。

街の食感を彩る
土地の個性を呼び起こす新たな表皮

405
長瀬 ルナ ながせ るな
東海大学
工学部　建築学科

食感という豊かな感覚を建築に応用する。土地の個性を無視した従来の都市のように、地面をアスファルトで覆うのではなく、アスファルトを剥がし、土地の断面を層としてとらえることで、人々の感覚を豊かにする、街の新たな表皮を提案する。

根を張る
斜面住宅地をつなぐ造園拠点

412
料治 航平 りょうじ こうへい　新田 和紀 にった よりあき
牧瀬 正明 まきせ まさあき
早稲田大学
創造理工学部　建築学科

かつて、兵庫県宝塚市雲雀丘地区の斜面地で行なわれていた、地主による自然形状を活かした宅地開発に着目した。本計画では「建築と斜面地造成の関係性」を再考し、持続的な斜面地での暮らしを提案する。

撹拌
日常的にこどもと大人のいる空間

406
福島 拓磨 ふくしま たくま　寺澤 尚己 てらさわ なおき
高橋 遼真 たかはし りょうま
早稲田大学
創造理工学部　建築学科

日本の少子化問題を労働世代へ強く訴えるために、ビジネス街に保育所を設計する。それにより、ビジネス街全体は、大人と子供が日常的に触れ合う空間に変化していく。

心中之天地
歴史館プロムナードがつくる「野球観戦×非日常空間」

416
佐武 真之介 さたけ しんのすけ
明石工業高等専門学校
建築学科

日本最古の野球チーム、読売巨人軍は、多くのファンや選手の記憶や思い出、追憶の結晶である。そうした歴史や心を「巨人軍の歴史館」として結実し、後世に残していきたい。野球観戦の喜びをもっと獲得するために。

滲透する哀悼
都市における内省を生み出す終焉の場

417
増田 颯人 ますだ はやと
立命館大学
理工学部　建築都市デザイン学科

多死社会を迎える現代の日本は、暮らしから「死」を遠ざけている社会だと言われている。そこで、都市におけるアジール（聖域）として、「死」を民主化する葬送空間を提案する。

テオブロマの憑依
カカオからチョコレートを嗜む建築へ

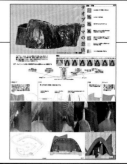

429
薄井 実乃里 うすい みのり
東京都市大学
建築都市デザイン学部　建築学科

カカオは、さまざまな歴史と魅力を持った、神秘に満ちたものである。そんなカカオから生まれたチョコレートを嗜むための空間を、カカオ豆を主な建材として作り出す。テオブロマ（神々の食べ物）が建築へと憑依する。

段階的な遊休不動産の活用法
彦根銀座商店街の防災建築街区をモデルとして

419
井上 拓磨 いのうえ たくま
立命館大学
理工学部　建築都市デザイン学科

現地調査やヒアリング、ワークショップをもとに現状分析を行ない、建て替えるのでなく、人々のライフスタイルの変化に合わせて、空きスペースに段階的なリノベーション（改修）や減築などを行なう。この再生手法により、街を再編する。

日常で忘れ去られたものの再発見
兵庫県福崎町での町づくり

430
清水 優衣 しみず ゆい
東京都市大学
建築都市デザイン学部　建築学科

大事なものなのに、忘れ去られたものはたくさんある。建築に大事なのは、心地良い空間だけなのか。兵庫県福崎町は「妖怪の町」と言われている。妖怪を生み出す環境には、恐ろしげな緊張感が潜んでいる。建築には、そのような空間さえ大事なものだと思う。

デジタル社会におけるパーソナルスペース
用途から解放された公共建築

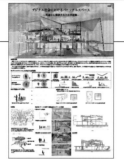

420
木下 はるな きのした はるな
日本女子大学
家政学部　住居学科

近年のデジタル化により、場所と用途は一対一対応の関係ではなくなっており、人の身体感覚も変化していると言える。用途から解放され、人々が自分の感覚によって居場所を選択することのできる、新しい公共建築を提案する。

工業団地のリノベーション
街にひらいた市民の居場所、工業団地のショーケース

432
草川 雄斗 くさかわ ゆうと
芝浦工業大学
建築学部　建築学科

日本各地にある工業団地。その多くは戦後に作られ、今もなお稼働しているが、住工混在など多くの課題を抱えている。本提案では、工業団地と市民や外部企業とをつなぐ場を設け、工業団地のリノベーション（改修）をめざす。

徒らな天使の家

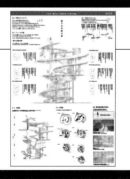

423
岡 千颯 おか ちはや
大阪大学
工学部　地球総合工学科

画家、パウル・クレー（Paul Klee）によって描かれる天使は、決して完璧ではなく、不器用で、不完全な存在である。詩人、谷川俊太郎の言葉を借りた、天使の設計する家によって、合理的な社会の中で失われつつある徒（いたず）らの価値が浮かび上がる。

緑を編む
大阪内湾に生まれるサンクチュアリ

434
成川 純平 なりかわ じゅんぺい
神戸大学
工学部　建築学科

大阪内湾の工場団地にバード・サンクチュアリ（鳥の楽園）をつくるマスタープラン（全体計画）と、その中核施設となる教育施設の提案。大阪市西淀川区のシンボルである2つの緑地を結び、野鳥と人が共生する森を描く。

都市ガ侵略サレタトセヨ.
偏執狂的＝習合的手法（パラノイア・シンクレティズム）

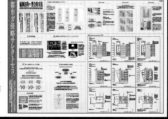

425
中野 宏道 なかの ひろみち
近畿大学
建築学部　建築学科

テロ、紛争、戦争、マイノリティ（少数派）。これらは私にとって、今後の建築行為について再考するきっかけとなった。この不可避な争い、不条理な社会とどのように向き合っていくのか。そのことを建築を通して考えるのが、本卒業設計の目的である。

やきものの道は学校
オリヤが築く常滑の伝統継承空間

436
西村 知也 にしむら ともや
東京都市大学
建築都市デザイン学部　建築学科

「やきもの」とともに成長してきた愛知県常滑市では、伝統産業が表面的な形で保存されている。この街に染み付いた「繋がり」の伝統的な構造を生きた形で再編し、陶芸を学ぶ学生のための学校を計画する。

津軽三重奏
津軽三味線から広がる音楽のアーティスト・イン・レジデンス

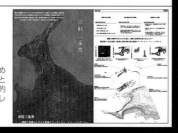

426
梶山 彩花 かじやま あやか
神戸大学
工学部　建築学科

津軽三味線は、厳しい自然や悲痛な人生の中で生きるための音楽として生まれた。これは、世界共通の音楽の起源と言えるのではないか。本提案では、滞在者が音楽の原初的な姿を感じ取れる、音楽の「AIR（アーティスト・イン・レジデンス）」を設計する。

都市圏樹木葬霊園
世俗からの乖離

439
大津 洋 おおつ よう
芝浦工業大学
建築学部　建築学科

都市の近代化に伴って現れる情報過多や、人間や建物の高密度化といった弊害に対し、アジール（聖域）的空間を構想することで解決を図る。過去の遺構や要素とリンク（連動）した霊園を、ランドスケープ（景観）としての観点から設計する。

天の浮橋
都市軸の再生に伴う住吉地域の再定義

441
堀川 奏太 ほりかわ そうた
神戸大学
工学部 建築学科

交通網の発達に伴い、大阪では、海から陸に向かう「都市軸」が薄れつつある。海の神様を祭る住吉大社の、高架によって分断された参道を空中でつなぎ、軸性を強調することにより、失われた「都市軸」の再生をめざす。

有楽町アンダーグラウンド
地上と地下を縫合する文化発信拠点

451
稲葉 渉 いなば わたる
東洋大学
ライフデザイン学部 人間環境デザイン学科

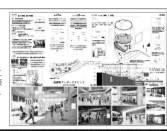

私たちの足元に広がる地下空間。都市の余白とも言えるこの場所に、芸術が入る余地はあるのだろうか。地上との接点に文化の拠点を設計する。機械的な空間に抗うために、閉ざされた地下空間を都市の中に巻き込んでいく。

聴場
環境音による設計と作曲

443
有田 俊介 ありた しゅんすけ
芝浦工業大学
建築学部 建築学科

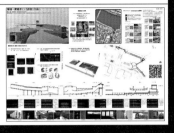

今や、人々は視覚優位の世界に浸かっている。建築も例外ではない。都市は騒音まみれだが、人と音との付き合い方を考えるべきだ。環境音をサンプリング（抽出）し、その音に合った建築の形状によるシークエンス（連続性）で曲を作る。

芥建築
廃棄物転生の東京計画2060

453
房野 広太郎 ふさの こうたろう
明治大学
理工学部 建築学科

日本の廃棄物の最終埋立処分場があと20年で満杯になることを背景として、廃棄物の資源としての需要が確立した2040年以降のビジョンを描く。すべてのゴミが来歴を伴った「アクター（芥）」として生きながらえる場としての建築のあり方を提案する。

麻布日本語生活学校
新たな日本語習得の提案

447
藤原 源太郎 ふじわら げんたろう
芝浦工業大学
建築学部 建築学科

日本に住む外国人の中には、日本語の会話が不自由な言語困難者もいる。彼らが生活の中で自然と日本語の使えるようになる環境を整えるために、生活に深く関わりのある市場、図書館、住居を設け、日本語練習の場所にする。

生きるの感測
地球と人類の共生とせめぎあいが織りなす、このまちの物語

456
土江 祐歌 つちえ ゆうか　大塩 輝 おおしお ひかる
嶋岡 諒眞 しまおか りょうま
早稲田大学
創造理工学部 建築学科

今から約50年後の岩手県、陸前高田を生きる1人の少女が、「東日本大震災を経験した祖母が語った街の過去の長い歴史と未来を、生きる時間の中で体現する物語」と「その体現空間」を設計した。

空と木と地の廻廊

448
神田 のの子 かんだ ののこ
新潟工科大学
工学部 工学科

日本海に面した新潟にとって大きな存在である防砂林は、近年、枯死化が進んでいる。直線距離で約6.2kmの防砂林に、サイクリング・ロードとなる、土中環境を改善する機能を持った木造の廻廊を提案し、豊かな自然の再生をめざす。

空際に浸かる
終着のない旧青函連絡船桟橋で時間を創造する

459
中元 萌衣 なかもと めい
東海大学
工学部 建築学科

生活行為を簡略化し、せわしなく時間を効率的に消費する現代。この状況に対し、青函連絡船運行当時の豊かな時間を援用し、自ら時間を創造し、客観的な時間から隔離された新しい時間の使い方を提唱する。

先導の砦

449
田中 杏 たなか あんず
東京理科大学
工学部 建築学科

わずかに残る過去の遺産を守り、点在する諸施設（機能）を利用する人々に、新しい出会いをもたらす。埼玉県川口市に住む人々を、過去の遺産と結び、諸施設へと導く拠点となる「先導する砦」を提案。

柔軟な建築
斜面地における建築の可能性

460
酒井 裕太 さかい ゆうた
東京理科大学
理工学部 建築学科

建築に機構を取り入れることによって、斜面地などの建築の建ちにくい場所においても、その敷地に呼応するように形を変えて馴染むことのできる、柔軟な建築を提案する。

Re-born
余白を楽しみ、余白でくつろぐ、体感型駅前広場

450
石井 浩奈 いしい ひろな
東京都市大学
建築都市デザイン学部 建築学科

近年の再開発により、今まで賑わっていた場所が閑散としてしまうことを問題としてとらえ、従来の再開発方法とは異なる方法で、「歩く道」として人々が日常的に利用できる広場や、人々が何気なく立ち寄れる空間をつくる。

旧追分町SL再生所
修理研修技術の保存と継承のために

461
岡 祐太朗 おか ゆうたろう
芝浦工業大学
建築学部 建築学科

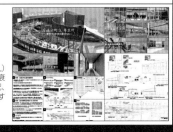

北海道の旧・追分町（現・安平町追分）には、蒸気機関車（SL）に関わる業務を行なう「追分機関区」があったが、SLの衰退とともに、その役目を失った。機関区の消失から半世紀、元・国鉄職員の知恵を借りて、安平町追分にSLを修理するための、町民参加型「SL再生所」を設計する。

わたしの知らない12年間
あなたが灯す一筋の光

462
久野 祐璃 くの ゆうり
日本大学
理工学部　海洋建築工学科

「わたしの痛みは、悲しみは、誰かの未来」。あなたの言葉、波の音、巨大堤防の冷たさ。そこには計り知れない12年間の「憶い」が眠っていた。あなたの愛したかつての「田老」を思い描き、街の記憶を形にする。

CUPPINGS
未来で暮らすことのかたち

476
重松 希等璃 しげまつ きらり
東京都市大学
建築都市デザイン学部　建築学科

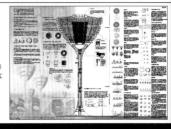

もし、上空で暮らす未来があったら。ニュートラルになりつつある「暮らし」は、未来のテクノロジーとともにどんな都市をつくるのだろうか。

マチの揺らぎ
ワークスタイルを再構築するオフィスの縁側

463
富張 颯斗 とみはり しょうと
東海大学
工学部　建築学科

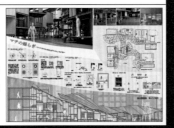

焚き火の魅力を繙(ひもと)き、それを手がかりとして、均質化したオフィス街に中間領域を介入させる。それにより、オフィス内外の空間体験だけでは成立しなかった活動が生まれ、会社の垣根を越えた横のつながりが誘発される。

景趣の架構
地形的特異点における可変的風景の保存

477
関 将太郎 せき しょうたろう
東京電機大学
未来科学部　建築学科

自然と産業、人々が絡み合う風景の残る小規模漁港において、この地では当たり前とされている風景を再定義する。建築の架構によって、船や海などにフォーカス(焦点)を当てることで、日常の風景を特別な風景とする。

欲望の充塡
抑圧された行為の逃げ場

466
中村 桜子 なかむら さくらこ
芝浦工業大学
建築学部　建築学科

現代社会では、再開発で街を更新し続けることにより、都市の機能性、経済性の向上などの「オモテ」を常にめざし、都市生活にそぐわない行為とされる「ウラ」の禁止や排除が進められている。このような都市の「オモテ」と「ウラ」が共存するための提案。

露す

478
和田 大輝 わだ ひろき
京都大学
工学部　建築学科

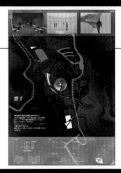

一般廃棄物最終処分場の跡地を設計対象とする。地面を掘り起こすことによって、人類が過去に行なったことを露わにし、過去と未来をつなげていく。

風土の輪郭を顕在化させる建築による、地の固有の風景形成

467
重留 里咲 しげとめ りさ
京都芸術大学
芸術学部　環境デザイン学科

近年、均質化した建築や生活により、各地域の風土の独自性は曖昧になっている。地域の風土を抽出し、その特徴を拡張するための補助的建築を3つ提案する。建築は風景を映し、風景に連なり、風土を顕在化させる補助線となる。

町を葺く
ものづくり工房から始める茅葺きビレッジ計画

480
山本 勇斗 やまもと ゆうと
近畿大学
工学部　建築学科

現在、茅葺き屋根の需要が高まっているが、茅葺き職人や作業を行なう人材の供給が追いついていない。職人や茅葺きに興味を持つ人たちとの対話を経て、見えてきた切実な問題点をもとに、茅葺きの保存ではなく、茅葺きの普及を促進する提案。

離島留学大桟橋

469
鴨田 萌 かもだ もえ
関西大学
環境都市工学部　建築学科

信号機1つない離島、沖縄県の阿嘉島に「離島留学制度」を導入し、建物を付随した桟橋を提案する。島全体が家族のような関係になれるよう「島のリビング」として、誰もがそこに集え、留学生にとって第2の故郷のシンボルになる場所を提案する。

生きられた渋谷
SNSによって偏った渋谷像からの回復

483
大野 友莉 おおの ゆり
明治大学
理工学部　建築学科

SNS(Social Networking Service)のフィルタをかけられた商業的なイメージのみが増幅されている東京の渋谷だが、その裏にある人々の生活こそが渋谷の多様性を生み出している。裏表の意味を転換し、混合することで人々の生活を回復し、渋谷の新しい魅力を生み出す原動力とする。

失われた時を求めて

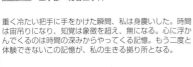

474
谷口 颯一郎 たにぐち そういちろう
千葉大学
工学部　総合工学科

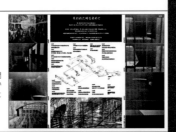

重く冷たい把手に手をかけた瞬間、私は身震いした。時間は宙吊りになり、知覚は象徴を超え、無になる。心に浮かんでくるのは時間の深みからやってくる記憶。もう二度と体験できないこの記憶が、私の生きる拠り所となる。

CREATIVE GEAR
「ものづくりのまち」浜松における学習創造拠点

484
徳枡 謙輔 とくます けんすけ
神戸大学
工学部　建築学科

生産拠点が郊外に移り、人の生活とものづくりとが切り離されつつある現状に対して、新たなるものづくりの拠点を提案する。互いに連動してすべてが動き出す歯車のように、この場で活動する人々が建物に活気を与え、街にあふれ出す。

百科帰環

486
口石 直道 くちいし なおみち
野見山 祐作 のみやま ゆうさく
横倉 央樹 よこくら おうき
早稲田大学
創造理工学部　建築学科

大学に広場空間を設け、そこに研究と学問のネットワークを実現する。多様な学問の一体化、多分野の横断を誘発する空間の提案。

地形をつなぐ下屋
生きた景観を残すための地域拠点

504
楢﨑 有祐 ならさき ゆうすけ
九州工業大学
工学部　建設社会工学科

私の生まれ育った集落から「生きた景観」が失われている。「生きた景観」を残すとは、単にその場所の景観を残すだけではない。人と自然と建築との関係性が今後も続いていくように、下屋と石垣をつないで地域拠点を設計する。

風景の終焉作法
工業建築の代謝性から街の縮退・風景の終焉を描く

488
横山 大志 よこやま たいし
東北大学
工学部　建築・社会環境工学科

産業の変革期を迎え、市内の多くの工場が解体を余儀なくされ、茨城県日立市の工業風景は崩壊しつつある。工業建築の持つ代謝性をデザインすることで、それらは郊外の都市機能を吸収し、新たな役割を与えられる。そして、工業風景を終焉へと向かわせる。

無意識に意識する
世田谷清掃工場建替えの提案

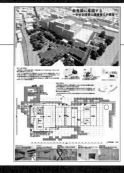

505
岡田 尚子 おかだ しょうこ
芝浦工業大学
建築学部　建築学科

訪れた人が無意識の内に、ゴミの存在へ意識を向けやすくなる清掃工場を提案する。人々が日常的に訪れやすい、住宅地の中にある公園のような場所で、ゴミ処理の様子を見せる。

驛の月に詠む
百人一首を用いた感性的空間・手法の提案

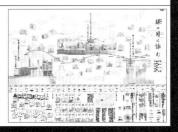

489
立川 凪穂 たちかわ なぎほ
法政大学
デザイン工学部　建築学科

情報に埋もれる現代。我々が感性を研ぎ澄ます瞬間を取り戻すべく、感情と情景をつなぐ「百人一首」を手がかりに、駅や線路沿いに建築という歌を詠む。都市という場所でも、自然環境を感じさせる建築が、我々の感性を刺激していく。

食が紡ぐ軌跡
食育の環を広げる給食センター

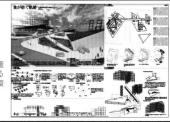

507
田口 智大 たぐち ともひろ
近畿大学
工学部　建築学科

偏った栄養摂取、朝食欠食などの食生活の乱れ、肥満や痩身傾向など、食事と健康を取り巻く問題が深刻化している現代。本計画では、食事を提供し、「食」について学ぶ循環型給食センターを提案する。

Fabric Liberation
道を介した廃棄服の転換・発信拠点

495
吉原 華鈴 よしはら かりん　笠井 那珠 かさい なじゅ
采谷 さくら うねや さくら
早稲田大学
創造理工学部　建築学科

廃棄服を素材ととらえ、服の可能性を考える場を提案する。服に関連する問屋街と、川で運ばれる廃棄服をつなぎ、服をリメイクできる場を設計する。リメイクされた服を纏う人を媒体とし、廃棄服の価値が広く波及する。

都市をscope
ふれる場所性

508
山田 楽々 やまだ らら
芝浦工業大学
建築学部　建築学科

身体感覚を手がかりに、都市をscopeする。都市の「場所性」に触れる。そのための建築を提案する。用途は、身体感覚を半強制的に働かせられるトイレを含む、都市の中の人の居場所空間である。

学童がかけめぐる学びの郷
伝統産業から始まる飯山市福島地区の振興計画

497
舘柳 光佑 たてやなぎ こうすけ
信州大学
工学部　建築学科

長野県飯山市の福島地区は、中山間地の過疎集落である。集落の振興を目的として、伝統産業や地勢に着目した児童の遊びと学びの場を計画する。地区内の各所で展開される活動を通して、住民は児童たちと交流を重ねていく。

漂流漂着地
やきものの産地だからこそ見えるもの

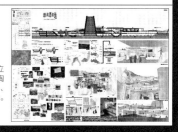

510
千本 瑞穂 ちもと みずほ
立命館大学
理工学部　建築都市デザイン学科

山に囲まれた「やきもの」の街、滋賀県の信楽では、人の立ち入らない山奥に、廃業した採掘場が残り、埋められた陶器の破片が漂流している。街に囲まれた山で陶土を採掘し、そこに人と漂流物の居場所をつくり、循環する街をつくる。

都市の履歴を晒し続ける
構造躯体による新たな都市のカタチ

500
池谷 琳花 いけや りんか
東海大学
工学部　建築学科

大規模な再開発が行なわれている都市に、あえて過去の建築スケール（規模）を躯体（構造体）として落とし込む。スケールの差異によって生まれる、都市の余白を利用して、閉ざされていた建築群につながりを持たせ、機能や空間を横断するように更新していく。

山谷に生きる、境界にゆらぐ

512
太田 尚輝 おおた なおき
東京理科大学
理工学部　建築学科

境界線が揺らぐ状態を描きたい。東京の山谷地区で見つけた、路上にあふれ出す人間の生活をヒントに、路上に「公」「共」「私」が交じる状態をつくる。自分のものと思える場所や物が街にあふれている社会には、豊かな生活があると思う。

ここだってわたしの居場所

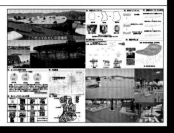

513
青木 花蓮 あおき かれん
新潟工科大学
工学部 工学科

「私のありふれたこと」を公共空間に落とし込む。ここを訪れる人たちにとって、はじめは特別だった「私のありふれたこと」が、いつしか「みんなのありふれたこと」に変わる。その人の何かが、ほんの少しでも変化する建築になってほしい。

雨を魅せる

524
徳高 杏樹 とくたか あんじゅ
京都精華大学
デザイン学部 建築学科

雨をどのように見るか。雨の動きを操作し、「雨のみち」をデザインする。「雨のみち」と「人のみち」の交わった新しい風景は、雨が降るという、日常では当たり前の現象を、人が「みる」きっかけをつくるだろう。

新興住宅地にセルフビルドを促す触媒

514
岸川 みずき きしかわ みずき
崇城大学
工学部 建築学科

近年、大手ハウスメーカーによる商品化住宅が増えている。家族によって生活は違うのに、家は同じで良いのか。過度に機能分化した住宅を極限まで解体し、建築をその内部に住む人から発生させることはできないか、と考えた。

平野郷再紡計画

525
盛影 聖 もりかげ ひじり
武庫川女子大学
建築学部 建築学科

大阪市平野区の旧・平野郷は、江戸時代から計画的に町割が形成されながら保存された、ヒューマン・スケールの環濠集落である。環濠を一歩外に出ると、そこには高層マンションが立ち並ぶ。旧・平野郷の高密度な住戸群を、町割やネットワークにより再構成する。

まちの形見箱

516
佐藤 栞太 さとう かんた
新潟工科大学
工学部 工学科

小学校の廃校をきっかけに、地域の活動が終わる街がある。街の終わりを受け入れながら、価値ある、思いのこもった形見を箱にしまい、思い出を振り返る。多くの形見が積み重ねてできた「形見箱群」は、次に、小学校の幕の役目を担う。

循環する都市の履歴

526
松井 宏樹 まつい ひろき
名城大学
理工学部 建築学科

大量消費社会の中で、都市は個性を失ってしまった。名古屋市中川区に残る、未成線の廃線高架を、街の廃棄物や余剰を地域の資源として循環させる装置へと変容させる。捨てられるはずだった都市の履歴は街へと戻り、街の新たな風景をつくり出す。

編む
地域を繋ぐ架け橋

517
井上 舞香 いのうえ まいか
摂南大学
理工学部 建築学科

大阪、千里ニュータウンの中心に残る2つの近隣センター。消えゆく街の姿をこの場所に映し出し、継承していく。豊かな街とはどんな街であるのか、千里ニュータウンという街のあり方について考える。

都市の記憶装置
京島の断片を誤読する

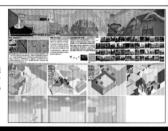

528
今井 次元 いまい じげん
東北工業大学
建築学部 建築学科

都市へ介入するきっかけとして、都市を漂流する中、誤読という手段で収集した断片的な都市風景を詩的に解釈する。そこで見出した秩序を手がかりに立ち上がる建築は、場所の記憶を継承する装置としての役割を担う。

東京崖縁切開

521
山口 有覇 やまぐち あるは
東北大学
工学部 建築・社会環境工学科

江戸＝東京という高密度な都市で、人々の生活と密接に関係していた崖。地図上では線としてしか認知されない崖は、平滑な擁壁へと再生産される。関東大震災後100年を迎える東京の崖で、長期間かけて人と大地の関係を再構築する。

体験型施設群と神話構造

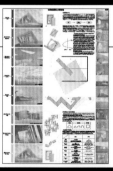

529
野口 夕華 のぐち ゆうか
崇城大学
工学部 建築学科

話すことは、人に何かを伝える時に使う方法である。一方、空間によって、人に何かを伝えるのは難しい。本提案により、「神話構造」を空間に導入することで、「水俣病」をテーマとした物語を伝承していきたい。

起伏のしろ
山城の空間特性を用いた文化複合施設の提案

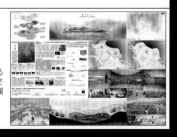

523
落合 洸介 おちあい こうすけ
神戸大学
工学部 建築学科

山城の空間特性とは、地形の起伏によって領域を創出することにある。そこで、山城跡に現れる建築として、大小さまざまなスケール（規模）の起伏が、空間を連続させつつ緩やかに分節する、壁のない複合施設を提案する。

貯水槽と保育園とカームダウン空間

534
猪股 萌華 いのまた もえか
崇城大学
工学部 建築学科

近年、都市公園法の改正により、都市公園に保育園が建設されるようになった。公園の地下に貯水槽が建設された事例もある。そこで、公園に保育園と貯水槽の共存する施設があっても良いのではないかと考えた。

Herschel
嗅覚による記憶の再起

537
上村 久志 かみむら ひさし
東北工業大学
建築学部　建築学科

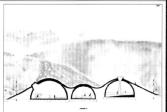

「におい」は、感覚的で目に見えず、認識しにくいもの。この建築での体験を通して、来訪者の嗅覚は研ぎ澄まされていく。来訪者の嗅覚は人に及ぼす影響を認識するようになり、これからの生活に新たな意味が生まれる。

流動する余薫

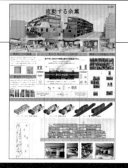

549
真塩 凌弥 ましお りょうや
東京電機大学
未来科学部　建築学科

建築は器であり、マテリアル（素材）や、もっと言えば、人や什器が介入することによってはじめて、建築物として成り立つ。そして、そこには人の記憶や思い出が集まる。都市計画という破壊行為に対して、建築を修繕し、人の記憶や思い出を取り繕っていく。

積層する物語に潜む
遺構が魅せる土地に宿る建築

538
遠山 開 とおやま かい
法政大学
デザイン工学部　建築学科

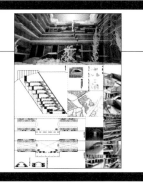

現代における、自然と建築の理想的な姿を考える。地形、遺構、図書という時間に関わる要素は、自然と建築とを一体化する。忘れられかけた遺構の、かつての形や機能を現代に呼び起こした土地。そこに宿る建築は、訪れた者に対して、唯一無二の空間体験を生み出す。

姿変え、思を成す
高田城址土塁における市民空間の提案とシンボル性の顕在化

552
阿達 翔也 あだち しょうや
新潟工科大学
工学部　工学科

街を守る存在であった城の土塁は、時代が移り変わり、掘削され、忘れ去られてしまった。そこで、当時の土塁を模したフレーム（金属で組んだ囲い）を遺構の上に張り巡らすことで、来訪者は、かつて大切な存在であった土塁の歴史を感じ取り、往時の姿を想像する。

営みと移ろう鞆の浦の風景
伝建地区における仮設物による営みの場の創造

541
原 琉太 はら りゅうた
広島工業大学
環境学部　建築デザイン学科

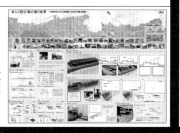

岡山県の鞆の浦は、観光地にもかかわらずテーマパーク化し過ぎていないため、住民と観光客は共存してきた。しかし、伝統的建築物保存地区（伝建地区）への指定と、指定区域外の再開発の正当化により、それらの風景が失われようとしている。

梯 かけはし

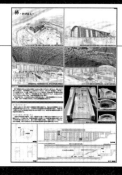

553
財田 みなの たからだ みなの
武庫川女子大学
生活環境学部　生活環境学科

土砂の採取により、土地の一部が削られてしまった、神戸市の六甲山。伝統的木造建築と山口県の錦帯橋を用いて、人、自然、スポーツの「梯（かけはし）」となる屋内競技場を設計し、六甲山本来の風景を取り戻す。

久遠の虚城

542
藤野 正希 ふじの まさき
東北大学
工学部　建築・社会環境工学科

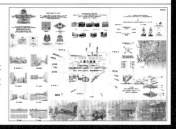

城の象徴性は、単なる造形美だけでなく、実体には現れない、都市空間としての性質にもあるのではないだろうか。本設計では、城の空間体験として、「現象」として姿を現す「虚像としての象徴」を築き上げる。

ぐるりとめぐる
分断都市水戸を結ぶコミュニティ施設

557
磯崎 蓮 いそざき れん
東京工芸大学
工学部　工学科建築コース

1人でも、2人でも、みんなでも楽しい、そんな街にしたい。「便利」「効率的」より「滞留」を大切にしたい。年代や性別を問わず、あらゆる人が違和感なく一緒にいられる、人と場所の関わり方を考えた。

承継するプロムナード
路面電車を媒体とした都市空間再編計画

544
東 尚生 ひがし なおき
芝浦工業大学
建築学部　建築学科

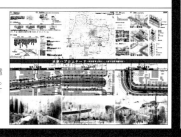

長い歴史を持ち、松山市の風景の一部となっている路面電車を媒介として、軌道の残る道空間を遊歩道化する提案。点在する電停に、都市空間における場の使われ方を承継するための複合的な機能を与え、再編する。

日常に溶け込む津波避難施設
次世代のポンカン生産集落をつなぐ

560
宮田 知治 みやた ともはる
九州工業大学
工学部　建設社会工学科

南海トラフ地震に向けて、風景や生業と調和した津波避難施設を設計する。地域住民が日常の中で避難施設を認識し、地域コミュニティを形成できる建築空間を設計することで、災害時の円滑な避難を可能とする。

重奏するまち
均質化したまちの音の関係性と重なり合いの再編成

547
板谷 廉 いたや れん
東北大学
工学部　建築・社会環境工学科

音は重ね合わせが可能であり、音によって、多方向にある世界を同時に知覚できる。音同士の関係性が可視化、顕在化された街では、均質化された空間においても、一見、あるいは「一聴」するだけで、豊かさを見出せる可能性があるのではないだろうか。

大地の教え
広義的な駅における集落更新

563
大崎 拓海 おおさき たくみ
東京電機大学
未来科学部　建築学科

現在、限界集落と化した、神奈川県横須賀市汐入町5丁目の住民の移動問題に対する解決案として、電車のように人々をつなぐ「点」を見つけ、そこに駅を設計する。それら日常的な建築物の連鎖により、地域コミュニティをつくる。

心象の渦

566
三浦 泰輔 みうら たいすけ
法政大学
デザイン工学部　建築学科

戦争は邪悪で禍々しい巨大な渦であり、さまざまな背景が絡み合うことで引き起こされる、揺るぎない事象である。この渦は、我々日本人の一部である。故に、この建築は日本人の精神の一部である。

学び家歩き
子どもと高齢者が日常交流する設計提案

578
櫻井 俊希 さくらい としき
芝浦工業大学
建築学部　建築学科

多世代交流施設では、子供と高齢者という、両極端な世代間の自然発生的な交流が起きていない。そこで、「学び」が「世代間をつなぐ路地」を設け、子供と高齢者の日常交流のきっかけとなる建築を、神奈川県の鎌倉につくる。

天文都市

567
山本 有結吏 やまもと あゆり
武庫川女子大学
建築学部　建築学科

人類の知見を広げる研究所としての天文台にとどまらない、「天文都市」をつくる。一般の人々に開かれた、天文学に関わるさまざまな用途を織り交ぜた複合施設を設計し、日本の研究所のあり方を提案する。

まちを育む遺構群
時を経たコンバージョン

581
黒田 大翔 くろだ ひろと
日本大学
工学部　建築学科

産業遺産として保全されず、何気なく地域に溶け込む無用な遺構を題材に、地域を新たに読み解く。かつて、地域を彩ってきた遺構と、地域を構成する要素とをデザイン・コード(空間の秩序をつくる視覚的な約束ごと)として、建築的に持続可能な地域づくりをめざす。

雲間から見る
日本的思考による「隙間」と「雲」の生成

570
岩城 瑛里加 いわしろ えりか
日本女子大学
家政学部　住居学科

雁行型の建築や日本画の「雲」といった表現に見られる日本的思考と、その身体性を分析し、都心部の高密度化、高層化の需要に応じる立体的な建築として、現代に実現する。記憶や身体を通して「余白のある建築」をめざす。

空き地でつながる暮らし

584
伊藤 桃果 いとう ももか
東京電機大学
未来科学部　建築学科

災害に備え、まとまった緑地を確保するための都市計画がある住宅街。現在、立ち退きにより街区内に点在する空き地を、街の人たちがさまざまな活動を行なう緑地に替える。そこから、人と人とのつながりが広がり、災害時の助けとなる。

陶象の群造

572
俊成 聡太 としなり そうた
東京電機大学
未来科学部　建築学科

「陶芸の本来の暮らしのあり方」「地域の潜在的な豊かさとのこれからの向き合い方」とは何だろうか？　住民の生活と景観維持を両立し、その狭間でやきものと共存してきた土地の継承と、街の更新を行なう。

SEEK OUT FILME
"Room" Ver. 01

588
菊地 健汰 きくち けんた
東北工業大学
建築学部　建築学科

自分が帰るべき「Home」は不変的なものであるが、もし、「Home」が可変的なものになったら、より豊かな生活になるのではないか。空間を持ち運んで旅する、新たな暮らし方を提唱することで、「Home」のあり方を再確認する。

虚に揺れる

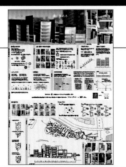

573
井上 啓夢 いのうえ ひろむ
芝浦工業大学
建築学部　建築学科

決まった振舞いしか生まない、秩序立った社会。整然とする都市。足し算的に成長を遂げた都市に生じた「スキマ空間」を、「都市の複雑性が現れ、人にさまざまな振舞いをもたらす空間(＝虚)」ととらえ、都市空間を再構築する。

学びと商店のネットワーク
生涯学習センター分散による、片原町商店街の活性化の試み

590
秋山 想太 あきやま そうた
大阪産業大学
デザイン工学部　建築・環境デザイン学科

高松市の片原町商店街は、再開発から取り残された商店街で、閉鎖的な建物から構成されている。そこで、建物を減築し、減築部分をオープン(開放的)な「ワーク・スペース」にする。そこを学習や仕事の場として活用するなど、「学び」によって商店街のネットワークを構成する。

死の広がり
家族の物的・空間的資源の再構築による新しい在り方へ

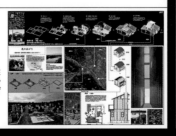

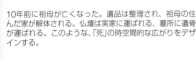

577
金井 凌雅 かない りょうが
東北大学
工学部　建築・社会環境工学科

10年前に祖母が亡くなった。遺品は整理され、祖母の住んだ家が解体される。仏壇は実家に運ばれる、墓所に遺骨が運ばれる。このような、「死」の時空間的な広がりをデザインする。

まちの生き物たちの円環
失われた生き方を保管する都市型ビオトープの提案

591
津村 翔 つむら かける
東海大学
工学部　建築学科

都市生活を送る中で、見えなくなってしまった1日の時間のサイクル(流れ)や、動植物の生育環境など、多様な環境を保管する「環境の保管庫」としての「都市型ビオトープ」を設計する。

このウシを守ろうとしてみた…
わたしが考えた、但馬牛保管計画とは。

593
辻村 友佑 つじむら ゆうすけ
大阪工業大学
ロボティクス&デザイン工学部
空間デザイン学科

日本が世界に誇る和牛ブランド、但馬牛。但馬牛の原産地、兵庫県の但馬地方では、牛と人が密接に関わり合って暮らしていた。少子高齢化と産業の効率化で希薄になりつつある牛と人の関係性を、未来へと引き継ぐためのミニ独立国を建国する。

ノボリ・オリ、ドートンボリ

594
奥野 未奈 おくの みな
大阪工業大学
ロボティクス&デザイン工学部
空間デザイン学科

カイダンをノボリ、カイダンをオリる。大阪市、難波の象徴と言える場所、ドートンボリ。ヒトであふれ返るこの街を、ヒトリ散策するワタシ。都市の歩き方も、何がリアルなのかも、ヒトそれぞれ。ワタシの中のパラレル・ワールド。

Re: PAINT
東京湾の表情〈生業⇄工業〉を継承・更新する物語

597
勝浦 真帆 かつうら まほ
芝浦工業大学
システム理工学部　環境システム学科

歴史的な生業が、街の表情となる風景として、人々の日常に彩りを添える。かつて、東京、大森海岸に見られた「海苔養殖」と「ガス工場」をもとに、生業の文化的、風景的価値を再考する場として、新たな「現代の原風景」を創造する。

学びと潮汐のダイナミズム

600
寺西 志帆理 てらにし しほり
京都大学
工学部　建築学科

人の手に負えない自然の力に建築を委ねた時、人は、その建築をどのように扱うのか。潮汐のリズムで刻々と変化していく学校は、いつも同じだった人間関係や生活空間、時間割さえ覆し、子供たちに新たな出会いと学びを導く。

今を生きる渋谷
時間的空間的スキマの建築化により多元的な場を生み出す戦術的再構築プロセス

602
小林 友喜 こばやし ともき
東京大学
工学部　建築学科

東京、渋谷の道玄坂で計画中の「ゼロリセット型再開発」のオルタナティブ（代替案）の提案。段階的な建築更新の過程で、「時間的空間的スキマ」を建築化することで、一方向的ではない変化と、多元的な空間を構築していく。

存在を感じる

603
渡邊 悠介 わたなべ ゆうすけ
東京工芸大学
工学部　工学科建築コース

「Void空間」における領域を分析することで得られた、空間の設計手法を用いて、新たな空間を設計する。

砂防林物語のこれから

604
五十嵐 健太 いからし けんた
東北工業大学
建築学部　建築学科

現代人は、物や風景を見ても、そこに何の疑問も持たないように感じる。その土地に生きる人々は、その歴史や現状を知ることによって、土地への愛着が生まれ、その風土や景観に目を向けるようになるのではないか。

よみがな	氏名	ID
あ		
あいはら けんと	相原 健都	119
あおき かれん	青木 花蓮	513
あおき こうし	青木 皓史	255
あおき ゆうか	青木 優花	229
あおき れん	青木 蓮	133
あおやま けんせい	青山 健生	035
あかぎ りな	赤木 里菜	117
あきやま そうた	秋山 想太	590
あきやま まひろ	秋山 真緩	273
あさだ いっせい	浅田 一成	104
あだち しょうや	阿達 翔也	552
あべ たいせい	阿部 泰征	334
あらい かな	新井 花奈	184
あらしま じゅんじ	荒島 淳二	472
あらまき かぶと	荒牧 甲登	296
ありた しゅんすけ	有田 俊介	443
あんざい しょうた	安西 祥大	407
い		
いいじま ゆうた	飯島 雄太	269
いいだ りゅうたろう	飯田 竜太朗	013
いいはま ゆき	飯濱 由樹	102
いがらし けんた	五十嵐 健太	604
いけぐち はやと	池口 颯人	304
いけだ ほのか	池田 穂香	550
いけだ ももか	池田 桃果	077
いけど みう	池戸 美羽	211
いけや りんか	池谷 琳花	500
いしい ひろな	石井 浩奈	450
いしい りく	石井 陸生	116
いしかわ こうしろう	石川 航士朗	365
いしだ たいき	石田 大喜	250
いしはら たいが	石原 大雅	023
いしはら ひびき	石原 響	121
いそざき れん	磯崎 蓮	557
いだ まさはる	井田 雅治	085
いたや れん	板谷 廉	547
いちのせ ひかる	一ノ瀬 晃	205
いちはな えま	市花 恵麻	233
いちはら りんぺい	一原 林平	543
いづつ ゆうと	井筒 悠斗	236
いとう かのん	伊藤 香音	341
いとう なおや	伊藤 那央也	308
いとう まひろ	伊藤 真優	300
いとう みきや	伊藤 幹也	359
いとう みつの	伊藤 光乃	446
いとう ももか	伊藤 桃果	584
いとが だいすけ	糸賀 大介	365
いなば わたる	稲葉 渉	451
いのうえ たくま	井上 拓磨	419
いのうえ ひろむ	井上 啓夢	573
いのうえ まいか	井上 舞香	517
いのうえ まほ	井上 真穂	222
いのまた もえか	猪股 萌華	534
いまい じげん	今井 次元	528
いわさ かずき	岩佐 一輝	207
いわさき たくみ	岩崎 匠	261
いわさき まさと	岩崎 維斗	032
いわさき わたる	岩崎 航	555
いわしろ えりか	岩城 瑛里加	570
いわた りさこ	岩田 理紗子	409
う		
うえま りょうたろう	上間 涼太郎	198
うえまつ しゅん	植松 駿	098
うした ゆり	牛田 結理	346
うすい みのり	薄井 実乃里	429
うねや さくら	采谷 さくら	495
うめざわ しゅうた	梅澤 秀太	313
うめざわ たつき	梅澤 達紀	503
うめみや たく	梅宮 大空	107
うるしばた こうめい	漆畑 昂明	151
え		
えじり りゅうま	江尻 龍馬	300
えんどう あかり	遠藤 あかり	039
お		
おおいし まさき	大石 真輝	079
おおいわ みきお	大岩 樹生	501
おおえ けんた	大江 健介	403
おおき たかひろ	大木 貴裕	162
おおくぼ めい	大久保 芽依	333
おおさき たくみ	大崎 拓海	563
おおさわ あおい	大澤 葵	231
おおしお ひかる	大塩 輝	456
おおた なおき	太田 尚輝	512
おおたけ たいが	大竹 平雅	365
おおたけ たいら	大竹 平	007
おおつ よう	大津 洋	439
おおつか たつや	大塚 達哉	118
おおつき みずは	大槻 瑞巴	363
おおの いちか	大野 維親	053
おおの さえ	大野 紗英	349
おおの ゆり	大野 友莉	483
おおはし まいろ	大橋 真色	169
おおはし もえこ	大橋 萌子	276
おおまつ しゅん	大松 瞬	387
おか ちはや	岡 千颯	423
おか はるみち	丘 晴通	267
おか ゆうたろう	岡 祐太朗	461
おかだ しょうこ	岡田 尚子	505
おかだ りりか	岡田 梨々花	009
おかの むぎほ	岡野 麦穂	136
おかべ しほ	岡部 志保	022
おかもと ゆうや	岡本 侑也	161
おがわ みしお	小川 珠潮	177
おがわ りゅうせい	小川 隆成	068
おきた れいむ	沖田 零武	344
おくい はると	奥井 温大	152
おくがわ りほ	奥川 莉帆	291
おくだ りょうたろう	奥田 涼太郎	241
おくの かずみち	奥野 和迪	030
おくの みな	奥野 未奈	594
おざわ けいた	尾沢 圭太	087
おぜき しゅん	小瀬木 駿	196
おち こうせい	越智 恒成	311
おちあい こうすけ	落合 洸介	523
か		
かがや ゆい	加賀谷 結	356
かさい なじゅ	笠井 那珠	495
かじたに ななみ	梶谷 菜々美	108
かじやま あやか	梶山 彩花	426
かたおか こうたろう	片岡 晃太朗	599
かたおか しゅんた	片岡 俊太	457
かたおか みつき	片岡 充希	249
かつうら まほ	勝浦 真帆	597
かつみ かいと	勝海 凱斗	309
かつやま なお	勝山 奈央	238
かとう かつき	加藤 克騎	146
かとう ゆうさく	加藤 優作	278
かとう ゆりゅう	加藤 龍	025
かない りょうが	金井 凌雅	577
かなざわ さや	金澤 紗弥	274
がねこ かずき	我如古 和樹	016
かねこ ごうた	金子 豪太	381
かのだ ひろき	鹿野田 大樹	181
かみむら ひさし	上村 久志	537
かみや なおき	神谷 尚輝	327
かめやま ゆうゆ	亀山 侑由	290
かもだ しの	鴨田 静乃	050
かもだ もえ	鴨田 萌	469
かわかみ げん	川上 玄	055
かわぎし みい	川岸 美伊	286
かわきた はやた	川北 隼大	051
かわぐち そうた	川口 颯汰	190
かわごし たかみち	河越 誉道	172
かわばた しょうた	川畑 奨太	157
かわばた りほ	川端 里穂	095
かわもと あゆみ	河本 鮎実	335
かわもと かずき	河本 一樹	568
かわもと こうすけ	川本 航佑	414
かんだ しんたろう	神田 晋大朗	062
かんだ ののこ	神田 のの子	448
き		
きくた こうへい	菊田 康平	230
きくち けんた	菊地 健汰	588
きざき しんや	城崎 真弥	061
きしかわ みずき	岸川 みずき	514
きしの しょう	岸野 翔	245
きた けいいちろう	喜多 慶一郎	396
きたざき たくみ	喜多崎 匠	199
きたの さとし	北野 智	058
きたの ゆうや	北野 湧也	028
きたばやし しおり	北林 栞	515
きたむら そう	喜多村 壮	218
きのした はるな	木下 はるな	420
きむら しゅうと	木村 周斗	206
きむら まなみ	木村 愛美	072
く		
くさかべ はるか	日下部 春花	378
くさかわ ゆうと	草川 雄斗	432
くしびき しょうた	櫛引 翔太	160
くずたに ねいほう	葛谷 寧鵬	165
くすもと まこと	楠本 まこと	156
くちいし なおみち	口石 直道	486
くどう もとか	工藤 楽香	427
くの ゆうり	久野 祐璃	462
くまもと りょうと	熊本 亮斗	150
くろだ ひろと	黒田 大翔	581
くわはら ゆうた	桑原 祐太	390
け		
けんもち こうき	剣持 皓基	350
こ		
こいそ ゆうま	小磯 佑真	192
こいで さやか	小出 彩加	316
こうち ひろか	幸地 洸華	046
こげ さくら	古家 さくら	318
こじま ともひさ	小島 智寿	143
こせき ゆうき	小関 優生	402
こだま きょうか	小玉 京佳	418
こばやし あすか	小林 明日香	300
こばやし ともき	小林 友喜	602
こばやし ゆうき	小林 優希	354
こまば ともな	駒場 友菜	270
こみやだ まり	小宮田 麻理	048
こもろ だいき	小師 大輝	099
こんどう あさ	近藤 亜紗	330
こんどう せいのすけ	近藤 誠之介	008
さ		
さいとう しおり	斎藤 詩織	244
さかい あやか	酒井 彩華	314
さかい ゆうた	酒井 裕太	460
さかい ゆき	坂井 ゆき	049
さかい りょうた	酒井 良多	020
さきた しんいちろう	﨑田 真一郎	195
さぎもり たくむ	鷲森 拓夢	189
さくま はるか	佐久間 はるか	088
さくら そのみ	佐倉 園実	175
さくらい しおん	櫻井 詞音	315
さくらい としき	櫻井 俊希	578
さくらだ かんせい	櫻田 寛生	410
さけみ たすく	酒見 助	073
ささき じん	佐々木 迅	122
ささき ゆう	佐々木 優	202
さたけ しんのすけ	佐武 真之介	416
さだの とおる	佐野田 透	215
さとう あい	佐藤 天衣	242
さとう かいと	佐藤 海翔	089
さとう かんた	佐藤 栞太	516
さとう しょうご	佐藤 尚悟	226
さとう なおき	佐藤 直喜	237
さとう ななえ	佐藤 奈々惠	446
さの ももこ	佐野 桃子	374
し		
しおた いっこう	塩田 一光	234
しおた りゅうま	潮田 龍諒	070
しげとめ りさ	重留 里咲	467
しげまつ きらり	重松 希等璃	476
しば てると	芝 輝斗	139
しば まゆか	芝 麻由香	386
しばた たつのすけ	柴田 達乃助	260
しまおか りょうま	嶋岡 諒眞	456
しまだ りこ	島田 梨香	364
しまぶち りょうへい	島渕 滝平	174
しみず とものり	清水 知徳	347
しみず ゆい	清水 優衣	430
しもの あかり	下野 明佳里	287
じょ とくてん	徐 徳天	094
しらかわ ひでやす	白川 英康	054
す		
すぎうら にか	杉浦 丹歌	351
すぎはら こうた	杉原 康太	014
すぎもと はるか	杉本 春佳	293
すぎやま たいち	杉山 太一	108
すぎやま ようすけ	杉山 陽祐	328
すさき たまよ	洲崎 玉代	155

	よみがな	氏名	ID
	すずき あおと	鈴木 蒼都	110
	すずき けいご	鈴木 啓悟	337
	すずき とおこ	鈴木 貴緒子	043
	すずき ひかり	鈴木 ひかり	137
	すずき りえ	鈴木 里枝	368
	すずき りょうた	鈴木 凌太	029
	すだ まあり	須田 真理	005
	すとう よしたか	須藤 寛天	124
	すみよし さき	住吉 祥季	321
	すわき ゆうと	洲脇 悠人	041
せ	せお ともひろ	瀬尾 朋浩	083
	せき おとは	関 音葉	280
	せき しょうたろう	関 将太郎	477
	せきど まゆ	關戸 麻結	209
た	だいちょう たけし	大長 武志	272
	たかお こうたろう	高尾 耕太朗	216
	たかだ なおこ	高田 奈緒子	093
	たかはし あゆみ	髙橋 明弓	228
	たかはし りょうた	高橋 了太	037
	たかはし りょうま	高橋 遼真	406
	たからだ みなの	財田 みなの	553
	たぐち ともひろ	田口 智大	507
	たけうち ゆうま	竹内 勇真	015
	たけだ ゆうき	竹田 雄紀	386
	たけむら そうよう	竹村 草洋	306
	たけもと まゆ	武本 真侑	074
	たこ なおき	太古 尚稀	326
	たご もとき	多胡 元貴	224
	たさき まりな	田崎 真理菜	047
	たしろ まはな	田代 麻華	044
	たちかわ なぎほ	立川 凪穂	489
	たて えりか	舘 衿花	194
	たてやなぎ こうすけ	舘柳 光佑	497
	たない たけと	田内 丈登	148
	たなか あんず	田中 杏	449
	たなか えいじ	田中 栄治	201
	たなか さえこ	田中 彩英子	076
	たなか だいち	田中 大智	265
	たなだ ゆうすけ	棚田 悠介	253
	たなべ ちよか	田邉 千代香	163
	たにぐち そういちろう	谷口 颯一郎	474
	たむら てつや	田村 哲也	235
	だんじょう さき	檀上 咲季	307
ち	ちば たつや	千葉 龍矢	279
	ちば ゆうき	千葉 祐希	021
	ちもと みずほ	千本 瑞穂	510
つ	つじむら ゆうすけ	辻村 友佑	593
	つだ さと	津田 智	182
	つちえ ゆうか	土江 祐歌	456
	つつい しょうた	筒井 翔大	399
	つねかわ なな	恒川 奈菜	227
	つむら かける	津村 翔	591
て	でざき たかひと	出崎 貴仁	147
	てらさわ なおき	寺澤 尚己	406
	てらにし しほり	寺西 志帆理	600
	てらやま たかひろ	寺山 宇洋	153
と	どい えりか	土井 絵理香	366
	どい まさひろ	土居 将洋	435
	どい りょうた	土居 亮太	490
	とうじょう たくみ	東條 巧巳	360
	とおやま かい	遠山 開	538
	とくたか あんじゅ	徳高 杏樹	524
	とくます けんすけ	徳枡 謙輔	484
	としなり そうた	俊成 聡太	572
	とだ たつみ	戸田 巽	002
	とびた まさかつ	飛田 昌克	371
	とまる ゆうや	都丸 優也	134
	とみはり しょうと	富張 颯斗	463
な	なかい ゆか	中井 結花	268
	なかお けいた	中尾 啓太	026
	ながお しょうま	長央 尚真	057
	ながさき みうみ	長崎 美海	115
	なかざわ ゆき	中澤 佑希	302
	なかじま かいせい	中嶋 海成	186
	ながしま れお	長島 怜生	030
	ながせ るな	長瀬 ルナ	405
	なかの ひろみち	中野 宏道	425
	ながはた まさし	長畑 将史	060
	なかむら あみか	中村 安美香	096
	なかむら こうた	中村 光汰	064
	なかむら さくらこ	中村 桜子	466
	なかむら もえか	中村 萌香	036
	なかむら もえい	中元 萌衣	459
	ながもり ゆうすけ	長森 勇輔	277
	なかやま わたる	中山 亘	080
	なみき ゆうま	並木 佑磨	595
	なゆき たすく	名雪 佑	223
	ならざき ゆうすけ	楢崎 有祐	504
	なりえだ だいち	成枝 大地	045
	なりかわ じゅんぺい	成川 純平	434
に	にいぜき ゆずの	新関 柚乃	408
	にしかた りな	西方 理奈	221
	にしだ さら	西田 彩ら	379
	にしで みお	西出 美緒	345
	にしむら ともや	西村 知也	436
	にしむら ゆめか	西村 夢香	159
	にしもと ほのか	西本 帆乃加	033
	にしもり ふみや	西森 史也	383
	にった よりあき	新田 和紀	412
の	のぐち ゆうか	野口 夕華	529
	のだ りさ	野田 理裟	065
	のみやま ゆうさく	野見山 祐作	486
は	はが まさのり	羽賀 仁紀	144
	はぎわら しゅん	萩原 睦	164
	はしむら りょうたろう	橋村 遼太朗	392
	はせがわ なな	長谷川 奈菜	372
	ばば りゅうと	馬場 琉斗	380
	はやし たいち	林 泰地	386
	はやし ひら	林 飛良	275
	はら りゅうた	原 琉太	541
	はらだ かい	原田 海	129
	はりう ともや	針生 智也	130
	はんだ かいと	半田 海斗	312
	ばんや あかり	番屋 愛香里	336
ひ	ひがし なおき	東 尚生	544
	ひぐち しおり	樋口 詩織	213
	ひしかわ はるか	菱川 陽香	598
	ひらおか じょう	平岡 丈	353
	ひらの かずよ	平野 和代	168
	ひらの かな	平野 佳奈	114
	ひらばら あかり	平原 朱莉	413
	ひらやま ななこ	平松 那奈子	113
	ひろかわ ひかる	廣川 光	356
ふ	ふくしま たくま	福島 拓磨	406
	ふくにし かな	福西 香南	120
	ふくろや たくおう	袋谷 拓央	010
	ふさの こうたろう	房野 広太郎	453
	ふじさわ りお	藤澤 理央	140
	ふじの まさき	藤野 正希	542
	ふじむら ゆきの	藤村 雪野	167
	ふじもと だいや	藤本 泰弥	281
	ふじわら げんたろう	藤原 源太郎	447
	ふなこし たく	船越 卓	019
	ふるかわ かける	古川 翔	097
ほ	ほた まなみ	保田 真菜美	125
	ほっきょう あやと	法橋 礼歩	111
	ほりかわ そうた	堀川 奏太	441
	ほりた りゅうと	堀田 隆斗	123
	ほんだ ひびき	本多 響	067
ま	まあたあす もね	マータース 桃音	356
	まえだ あやか	前田 彩花	131
	まきせ まさあき	牧瀬 正明	412
	まきの ゆうき	牧野 優希	446
	ましお りょうや	真塩 凌弥	549
	ますこ りょうせい	益子 亮晟	219
	ますだ はやと	増田 颯人	417
	またの しょうま	俣野 将磨	040
	まつい ひろき	松井 宏樹	526
	まつい みさき	松井 実彩季	394
	まつお ゆい	松尾 優衣	166
	まつなみ まい	松波 舞	103
	まつの しゅんぺい	松野 駿平	084
	まつばら たいき	松原 大樹	362
	まつもと あかね	松本 茜	071
	まるた さわ	丸田 紗羽	038
み	みいだ こうた	三井田 昂太	468
	みうら たいすけ	三浦 泰輔	566
	みかだ ゆうき	三ヶ田 雄貴	203
	みき しゅんぺい	三木 竣平	154
	みしな みゆ	三品 美侑	305
	みずかみ しょうと	水上 翔斗	142
	みたに つばさ	三谷 翼空	210
	みやざき ひろし	宮﨑 博志	052
	みやざわ くすこ	宮澤 楠子	292
	みやじ りょお	宮地 凌央	101
	みやした けいご	宮下 敬伍	108
	みやた ともはる	宮田 知治	560
	みやはら すみれ	宮原 すみれ	106
	みやべ あきの	宮部 彰乃	091
	みやべ しょうたろう	宮部 祥太郎	135
	みやむら ともね	宮村 知音	251
	みやもと りさ	宮本 理沙	397
	みやもと りな	宮本 莉奈	325
	みやわき ゆな	宮脇 由奈	355
む	むとう けんと	武藤 堅音	183
	むらい ことね	村井 琴音	006
	むらい まりな	村井 麻里那	240
	むらかみ きこ	村上 きこ	260
	むらやす ようへい	紫安 洋平	400
も	もう こうえき	毛 弘奕	214
	もさき しゅうすけ	茂崎 秀祐	176
	ものべ かほ	物部 果穂	352
	もり きよまさ	森 聖雅	141
	もりかげ ひじり	盛影 聖	525
	もりもと そうへい	森本 爽平	243
	もりもと たかき	森本 郁輝	179
や	やぐら まなみ	矢倉 愛美	283
	やしき こうた	谷敷 広太	092
	やない めい	楊井 愛唯	100
	やなぎまち かずき	柳町 一輝	042
	やの いずみ	矢野 泉和	017
	やの こうき	矢野 滉希	030
	やまかわ あおい	山川 蒼生	204
	やまかわ りんか	山川 凜花	173
	やまぎわ りん	山際 凜	180
	やまぐち あるは	山口 有覇	521
	やまぐち はるか	山口 暖花	212
	やまざき れい	山崎 麗	260
	やました あたる	山下 能瑠	391
	やまだ らら	山田 楽々	508
	やまもと あゆり	山本 有結吏	567
	やまもと さちえ	山本 幸恵	375
	やまもと ゆうと	山本 勇斗	480
	やまもと ゆうや	山本 湧也	178
	やまもと ゆうり	山本 雄理	310
ゆ	ゆきもと さやか	雪本 紗弥香	011
よ	よこくら おうき	横倉 央樹	486
	よこやま たいし	横山 大志	488
	よしだ くれは	吉田 紅葉	003
	よしだ しゅうわ	吉田 周和	027
	よしだ としはる	吉田 紀治	034
	よしだ のりよし	吉田 修斎	401
	よしはら かりん	吉原 華鈴	495
	よしまつ けいすけ	吉松 佳亮	263
り	りゅう いけん	劉 亦軒	056
	りょうじ こうへい	料治 航平	412
わ	わかい さき	若井 咲樹	187
	わかやま しんたろう	若山 新太郎	078
	わしお けい	鷲尾 圭	063
	わだ ひろき	和田 大輝	478
	わたなべ かずき	渡邉 一貴	332
	わたなべ じゅんぺい	渡邉 純平	494
	わたなべ みゆう	渡邊 未悠	081
	わたべ ゆうき	渡部 祐輝	282
	わたなべ ゆうすけ	渡邊 悠介	603
P	ふぁん みんひえう	Pham Minh Hieu	317

APPENDIX 付篇

Photos except as noted by Toru Ito, Izuru Echigoya.

Question ………問

①受賞の喜びをひとことでお願いします。
②この喜びを誰に伝えたいですか？
③プレゼンテーション（プレゼン）で強調したことは？
④勝因は何だと思いますか？
⑤オンライン or 来場？／選択理由は？
⑥応募した理由は？
⑦一番苦労したことは？
⑧大学での評価はどうでしたか？
⑨卒業論文のテーマは？
⑩卒業後の進路は？
⑪建築を始めたきっかけは？
⑫建築の好きなところは？
⑬設計する上でのこだわりは？
⑭影響を受けた建築家は？
⑮建築以外に今一番興味のあることは？
⑯Mac or Windows？／CADソフトは何？
⑰SDL（せんだいデザインリーグ　卒業設計日本一決定戦）をどう思いますか？
⑱今後SDLに参加する後輩へのメッセージを。
⑲コロナ禍（COVID-19）について思うところは？

＊文中の人名は敬称略。
＊学生会議＝仙台建築都市学生会議。
本書5ページ編註2、162〜163ページ参照。

Photos except as noted by Toru Ito, Izuru Echigoya.

Answer ………答

日本一　ID490　土居 亮太
（A型・射手座）

①このような歴史ある大会で名誉ある賞をいただき、とてもうれしいです！
②まず、無理難題を押し付けてもついて来てくれた後輩たち。彼らの手伝いがなければ、僕は学外のイベントには出展すらしなかったと思います。そして、この舞台まで押し上げてくれた大学の研究室の学生と恩師、生活を支えてくれた両親に心から感謝します。
③D氏失踪の謎を、スケッチを読み解くことで解明していくという、サスペンス小説仕立ての構成になっています。建築を知らない人でも楽しめるような、誰にでも強く印象に残るプレゼンをめざしました。
④周囲の人の支えがあったことが一番だと思います。自分1人ではこの作品を完成させることはできませんでした。D邸を巡る物語のおもしろさは、多種多様な議論を生むことにあると考え、誰もが思い思いのコメントをぶつけられるような作品に仕上げられたことも一因だと思います。
⑤来場／運良くファイナルに進めた時に、会場で直接会って、審査員と議論したかったので。
⑥学内の結果が満足のいくものではなかったことと、ここまで後輩が力を尽くして手伝ってくれたことへ恩返しをしたかったことです。おそらく、後輩がいなければ自分の中で区切りを付けて、出展を諦めていたことでしょう。
⑦テーマを決めるところで本当に悩みました。実のところ、大学への提出後にもテーマが変わるぐらい決めかねていて、春休み中もずっと考えていました。
⑧一部の人には設計力と構想力を高く評価されましたが、「ゲスト賞」止まりでした。自分としてはもっとできたはずという感覚があったので、非常に悔しい思いをしたのを覚えています。
⑨卒業論文はありません。
⑩明治大学大学院の門脇耕三研究室に進学する予定です。気持ちを改め、研究室のプロジェクトや修士研究に臨みたいと思います。
⑪高校2年生の時、絵を描くことが好きだった僕に祖父から「建築をやってみたらどうだ」という助言があり、それから興味を持ち始めました。
⑫答えがないところ、終わりがないところです。だから建築は一生考え続けられるものだと思います。
⑬抽象的なスケッチとモデリング（3Dデータの作成）、模型との間を常に横断していくこと。今回は特に、手描きスケッチとフィジカル（物理的）な模型とを応答し合うものにするため、大量に模型を作ったり壊したりしながら設計を進めました。
⑭バイト先の建築設計事務所で世話になっている桐圭佑です。大学3年生の春から2023年3月まで通い、設計やスタディ（検討）、建築への考え方の面で大きな影響を受けました。
⑮小説を読むことです。SF、推理、恋愛、冒険、私小説など、分け隔てなくすべてのジャンルを読みます。最初、読書は建築から大きな距離があると考えていましたが、最近では建築との接点も見つかり、読書に奥行きの生まれたことが楽しみです。
⑯Windows／Rhinoceros。通常時はRhinocerosでスタディから図面作成まで行なっています。卒業設計では図面などをすべて手描きで描きました。
⑰学内ではこの作品についてほとんど議論されることなく、悔しい思いをしましたが、SDLの舞台に立ててさまざまな人と議論できたことは、何よりも貴重な経験でした。そのような議論の機会をくれる場だと考えています。
⑱やりたいことを悔いのないようにやり切ってほしいです。
⑲外出の自粛期間中は、ずっと家で小説を読んでいました。今から思えば、誰とも会わずにひたすら小説の中の世界に閉じこもっていた時間は、非常に貴重なものであったと考えています。規制が少しずつ緩和されてきた今、これからは人との交流に目を向けていきたいです。

日本二　ID501　大岩 樹生
（不明、獅子座）

①「驚き」に尽きます。模型も私自身も現地に行かれずにオンライン参加となった中、伝えづらい提案の内容が審査員に伝わったことは予想外で、うれしかったです。
②山道拓人准教授をはじめとする法政大学の恩師たちや、親、同期の学生、手伝いの後輩たち、地元の友人……挙げ出すとキリがないです。
③新しい空間を新しいメディアでプレゼンすること。
④ファイナル審査の時、ビデオ会議アプリ「Zoom」のバーチャル背景に、作品の映像（アニメーション）を流し続けたこと。
⑤オンライン／大学の有志展と日程が被ったため、オンラインを選びました。
⑥数ある卒業設計展の中で、最も影響力のある場だからです。
⑦東京駅の既存建物のモデリング（3Dデータの作成）。公開されている資料が少ないので、現地に行って実測しては直し、それによって設計を変更したこともしばしば……。
⑧最高得点の「卒業設計賞」と、北山恒教授（現・客員教授）の個人賞をもらいました。
⑨コンバージョン（用途転換）された劇場を調査し、演者と観客という2領域の空間の関係の変化についてまとめたものです。
⑩東京藝術大学大学院。
⑪絵を描いたり、空想することが好きだったことと、たまたま理系専攻だったことが重なりました。
⑫答えが1つではないところと、作品を通じていろいろな人と話せるところです。
⑬現代に生きる私だからこそ、考えられる思想を設計に持ち込むことです。
⑭青木淳です。
⑮演劇と映画。
⑯Mac／Rhinoceros。
⑰近年は数多くの卒業設計展がありますが、その中で最も注目されていて、影響力のある場だと思います。
⑱SDLは多少の無理があっても「今まで見たことないもの」を受け入れてくれる場だと思います。高評価を得るための傾向と対策に陥らず、現代を生きる人として新しいものを作ってほしいです。
⑲学校に行けず、家にこもって建築の本を読み始めたり、水彩画を始めたりしたことが今の私を形作っていて、何かに専念する時間を与えてくれた時期であるという点では良かったと思います。

日本三　ID241　奥田 涼太郎
（O型・みずがめ座）

①このような賞を受けたことがなかったので、素直にうれしいです。
②指導してくれた恩師たち、一緒に議論し合った仲間たちです。
③安息角です。
④どの作品が選ばれてもおかしくない状況だったので、その場の流れだと思います。
⑤来場／自宅のWi-Fi環境が不安定なので来場を選択しました。
⑥友人が出展すると聞いて興味を持ちました。
⑦学内用の卒業設計の模型はSDLの規定の展示サイズを超えていたので、SDLに向けて模型を作り直したことです。
⑧「銀賞」でした。
⑨「土木構造物の機能的側面外の性質」について考えました。
⑩大学院に進学します。
⑪幼い頃、大工に憧れたのがきっかけです。
⑫建った後もその場所に残り続けるところです。
⑬建築と周辺の関係性から考えることです。
⑭内藤廣です。
⑮ものづくり全般に興味があります。
⑯Mac／AutoCADを使用しています。
⑰学外で卒業設計への意見をもらえる貴重な機会だと思います。卒業設計を考え直す良いきっかけになりました。
⑱過去の受賞作品に基づいた傾向と対策をもとに設計することは控えたほうがいいと思います。
⑲インドア派なのであまり影響を受けませんでした。

特別賞　ID113　平松 那奈子
（B型、天秤座）

①特別賞は辞退したい。気が重い。ファイナルから一晩経って会場で展開された審査内容を支持できないと感じる自分に気付いた。とは言え、ファイナリスト10選への選出はうれしいし、オフィシャルブックを読むのが楽しみ。
②先輩、後輩、教授。
③場所に対する誠実さと、「オリフィス」という概念。
④勝っていない。ファイナルでは「オリフィス」や設計手法について審査員と認識を共有できた手応えはなく、一種の勝利である「共感してもらえた充実感」は得られていない。
⑤来場／審査員との円滑な対話のため。
⑥SDL事務局の真剣に大会運営と向き合う姿勢に共感したから。
⑦理論が独りよがりにならないよう、自分を疑い続ける姿勢を持つこと。また「鬼ほど」バイトした。

⑧「武田五一賞」。

⑨書いていない。

⑩東京藝術大学大学院。

⑪作品を介して起こる会話がおもしろかったから。

⑫あらゆる人が関係しているところ。

⑬自分らしさを全力で「透明にする」こと、手垢のついていない言葉を使うこと、ちょっぴりおちゃめであること。

⑭吉阪隆正、象設計集団。

⑮ドキュメンタリー番組。

⑯Windows／Rhinoceros。

⑰学生の多くは、学外の信頼できる人に認めてもらい、1つのピリオドを打ちたくて卒業設計(以下、卒計)展に出展している。評価の結果以上に、納得できる議論を求め、高額の費用を支払って出展する学生は多いのではないか。その前提で、今年のファイナルについては、以下の理由により不信感が残った。1. 学生に政治的立場への言及を促す、作品を強く断定的に評する、など危うい部分があった。2. 結論を急ぎ、学生の反論を遮る、審査員の望む回答の透けて見える質問が多いなど、「結果ありき」の議論になっていた。3. 論点が建築界内での建築の批評性に偏り、場所や建物への視点を軽視。また、「建築家が『建築家を対象にした作品』を1位に選ぶ」ことの「気持ち悪さ」への言及がない。批評性を評価する一方で、審査員の自己批評は欠落していた。

⑱ほとんどの学生が複雑な気持ちだろう。模型の輸送費をどうするか(京都から7万円弱)、「どうせファイナリストには選ばれないしなぁ」など。「それでも出展したいし、どうせ出展するなら何としてもファイナルの舞台に立ちたい」。メチャクチャわかる。そういう出展者のために、クリアで(透明性があり)実りある議論の生まれやすい大会になってほしい。卒計展は主要スタッフも出展者も毎年総入替えになり、本に載るのはどうしても、選ばれて喜んでいる出展者。学生が一丸となって大会を批評して、審査を疑って見ている学生の存在感を強めていかないと、審査員が個人的に気に入った作品や学生を易々と「日本一」にできて、出展者は言いなりというステレオタイプの大会になっていく可能性が高まる。「コンペ(設計競技)だし、仕方がない」と言われるかもしれないけれど、私は卒計展ぐらいは、高額の費用を支払ってでも「出展して良かった」と納得感のある大会になることを望んでいるので、ここまで書いてみた。最後に、この記事を見て「ウケる」と思っているそこのあなたが、私の続きを書いてくれるとうれしい。

⑲社会問題が学生にも身近になり、批評性のある作品が光を放つ結果につながったのではないか。

特別賞 ID365 石川 航士朗／糸賀 大介／大竹 平雅
(A型、射手座／AB型、蟹座／O型、水瓶座)

①自分たちの考え続けてきたこと、取り組み続けてきたことが評価され、賛同されて、とてもうれしいです(石川)。／大学受験期に父がSDLのオフィシャルブックを買ってきてくれました。出展作品のレベルの高さに圧倒されながら勉強の合間に眺めていました。以来、憧れとしていた舞台で特別賞を受賞できて感無量です(糸賀)。／仲間と苦労して作り上げた作品が多くの人から評価されて、これまでに勉強してきたことが報われました。1人ではなく仲間と作り上げたからこそ、この喜びは一味違います(大竹)。

②どんな時も支えてくれた両親、何度もエスキス(検討、指導)してもらった先輩や教授たち、手伝いに来てくれた後輩に感謝を伝えたいと思います(石川)。／近くで見守ってくれた両親や家族、アドバイスしてもらった恩師や先輩たち、応援してくれた後輩たちに伝えたいです(糸賀)。／家族、教授、先輩、後輩など、制作にあたって世話になった人たちに感謝とともに伝えたいです(大竹)。

③模型を出展できなかったので、多くの模型写真をスライド(資料)に入れたこと、最後に、設計した建築からの展望を手描きのパース(透視図)で見せたことです。ディスカッションでは、自分たちの考えるこれからの「駅」のあり方を強調しました(石

川)。／私たちの計画が現代社会や実際の都市でなぜ必要か、どのような効果を持つのかを強調しました。そして、それを支えるための空間像を模型写真や手描きのパースで表現しました(糸賀)。／大規模な建築を設計すると、内部での人々の活動が見えづらくなってしまうので、パースや模型写真を多めにスライド(資料)に入れたことです(大竹)。

④卒業設計に対する切り口が他の作品とは異なったからだと思います。大学の傾向と言ってしまえばそれまでですが、都市と対象敷地という大小のスケール(規模)を横断しながら、自分たちの建築がどうあるべきかを考えました(石川)。／社会や都市といった広いスケールから建築レベルの小さなスケールまでの提案内容が伝わったことだと思います(糸賀)。／専門分野の異なる3人でチームを作り、都市計画から室内環境までさまざまなスケールに対応した提案をできたからだと思います。公共交通機関のあり方が問われている現状で、これまでにない駅のあり方を提案できたことも勝因の1つだと思います(大竹)。

⑤来場／熱気あふれる会場で私たちの提案を説明したり、審査員たちと議論をしたかったからです(石川／糸賀／大竹)。

⑥学外にて私たちの作品がどう評価されるのかを見たかったからです(石川)。／学内だけではなく学外のさまざまな人から評価してほしいと考えたからです(糸賀)。／学外で評価される機会がなかったので、多くの人が作品を見て、どのように感じるのかを知りたかったからです(大竹)。

⑦早稲田大学では専門分野の異なる3人で卒業計画(卒業設計)のチームを組むので、さまざまな切り口からの意見や素材提案があり、案全体をうまく伝えるためにパネルに何を載せるべきかの取捨選択に苦労しました(石川)。／計画の方向性やプレゼンの内容など、大小さまざまな部分で意見のすり合わせが必要でした。特に、パネルの担当だった私は大量の情報をまとめ、表現することに苦労しました(糸賀)。／専門分野の違う3人が互いに納得する妥協点を探すことです。その努力がコンセプトを簡潔かつ論理的にするのに役立ったと思います。また、僕は技術系の研究室に在籍しているので、建築の現実性を高め、細かい部分でより良い建築にするためにはどうすればいいのか頭を悩ませました(大竹)。

⑧「優秀卒業計画」として大隈講堂での講評会対象作品には選ばれましたが、賞はもらっていません(石川／糸賀／大竹)。

⑨駅構内で完結せずに、改札を出て街を歩く必要がある乗換を「開放式乗換」と新たに定義し、乗換経路として使われる街を「駅」として考えるという仮説を立て、調査しました(石川)。／行ったことのない場所での出来事や、自身が当事者ではない事柄を人々はどのように「自分ごと」としてとらえているのかを、ワークショップとヒアリングを通して研究しました(糸賀)。／卒業設計のテーマとは直接、関係しませんが、子供の家庭内での主体的な省エネ行動が、保護者と子供の省エネ行動の実践度にどのような影響を与えるのかを研究しました(大竹)。

⑩3人とも早稲田大学大学院に進学し、私は古谷誠章、藤井由理研究室で建築学を専攻します(石川)。／後藤春彦研究室で都市計画を専攻します(糸賀)。／高口洋人研究室で建築学を専攻します(大竹)。

⑪父が建築に携わっていたので興味がありました。いろいろなことに挑戦でき、おもしろそうだと思い、とりあえず早稲田大学の建築学科に進学しました(石川)。／幼い頃から地図や鉄道が好きで、高校生の頃に大学の卒業生の話を聞き、都市計画に興味を持ちました(糸賀)。／大袈裟に言うと、子供の頃から何かしらの形で世界を変えたいと思っていて、それにぴったりなのが建築だと思ったからです。漠然とした考えでしたが、建築の内外で複雑に絡み合う要因が都市環境やシステムに与える影響がおもしろいと思い、建築を始めました(大竹)。

⑫さまざまな分野と建築が密接に関わっているところ、横断する領域の広さから人間関係も広がるところです(石川)。／大学では理工系の学科に含まれますが、実際の建築は理系や文系の垣根を超えて「さまざまな知」が結集して成り立っているところが好きです(糸賀)。／アーティスティック(芸術的)でありつつも、そこには絶対に技術的、理論的な裏付けがなくてはならないことです。「建築を解く」という言葉が好きです(大竹)。

⑬まず自分が「行きたい!」「使ってみたい!」と思えるかどうか

を基準にしています(石川)。／なぜ今、その場所に、この建築なのかという部分を明確にすることを心がけています(糸賀)。／設計した建築が人を幸せにできるか、現実的なものなのかなど、設計する僕自身はできるだけ謙虚かつ理論的であるように努めていることです(大竹)。

⑭研究室のボスである古谷誠章教授によるさまざまなアドバイスが、大学4年生時の学生生活において大きな指針になりました。それまでは、卒業して社会に出た大学の先輩から影響を受けることが多かったです(石川)。／都市計画的な視点や図の表現は、吉阪隆正を参照することが多いです(糸賀)。／隈研吾です。高校生の時に読んだ著作『負ける建築』(岩波書店刊、2004年)の考え方が大好きで、「人」「場所」「文化」と向き合う謙虚な姿勢は忘れてはならないと思います(大竹)。

⑮バスケットボールが好きで、週に1回、ストリート・バスケのコートに行ってます(石川)。／野球です。頻繁に球場で観戦しています(糸賀)。／映画鑑賞です。映画について語り始めるとキリがないのですが、いろいろな人生を擬似体験できる映画は価値観を広げてくれます(大竹)。

⑯Windows／Rhinoceros(石川)。／Mac／Rhinoceros(糸賀)。／Mac／ArchiCAD。卒業設計では主にRhinoceros(大竹)。

⑰学内とは異なる評価軸、作品と触れ合ういい機会だと思います。また、他の建築コンペ(設計競技)と違い、「日本一」や「日本二」といった壮大な称号を掲げて競い合うのも魅力的です(石川)。／魅力的な作品が全国から集まる貴重な大会だと思います。私にとっては夢舞台でした(糸賀)。／多くの人々からの評価を得られる場所というだけでなく、同学年の学生の作品を見て刺激を受ける、すばらしい大会だと思います。「同世代にこんなにすごい人がいるのか」ということを知るいい経験になりました(大竹)。

⑱自ら社会に対して課題と目的を設定し、それらに対して建築で応える卒業設計は、いろいろな人の目に触れてこそ価値が出るものだと思います。ぜひ学内という枠を超えて、全国の土俵で闘ってください!(石川)／大学の4年間の集大成として作り上げた卒業設計を多くの人に見てもらい、リアクション(反応)をもらえる絶好の機会です。自分が建築を通してどのように社会に向き合っていくのかを考えるチャンスでもあると思います。その時点での自分の最大限をこの大会にぶつけてほしいです(糸賀)。／SDLは社会に対する問題の提起と解決方法を提示する場だと思うので、SDLを通して全く新しい価値観を社会に対してどんどん投げかけてほしいです(大竹)。

⑲時代の節目を生きているのだと思います。社会の変化には常々、敏感でありたいです(石川)。／地球上で遠く離れた人と共通の課題を持っていることに不思議な感覚を抱きます。自分の身近なところで起きていることと、ニュースで報じられる内容が一致していることで、歴史的にも大きな出来事なのだと感じます(糸賀)。／コロナ禍は過去の疫病に比べると死亡者は少ないかもしれませんが、それらと同等の社会的変化をもたらしていると感じています。建築系の学生として、建築や都市環境を提案することで、この現状を少しでも改善したいと思います(大竹)。

FINALIST ID006 村井 琴音
(A型、山羊座)

①有難いことです。

②両親、ならびにこの作品の制作に協力してくれた人々。

③極めて政治的な内容に、設計を通して建築の可能性を見出せたこと。

④上記③で述べたことと、パネルかもしれません。

⑤来場／こんな機会はもうないと思ったから。

⑥SDLは、憧れの場所だったから。

⑦模型の破損の修理やファイナル・プレゼンテーション時の模型の運び方などで、学生会議に苦労させてしまいました。学生会議の働きには頭が上がりません。

⑧最終審査では審査員から満票の評価で、学内の「卒展2022」で学年2位(優秀賞)でした。

⑨卒業論文はないので、提出していません。
⑩全く決まっていません。大学院進学に向けた資金調達と勉強をします。
⑪幼い頃に映画を見て、建築を作りたいと思ったことがきっかけです（ここからは話が長くなるので割愛）。
⑫大きいところ。
⑬まだ設計の「せ」の字も学べていませんが、平面図にこだわりたい所存です。
⑭青木淳です。
⑮政治と植物。
⑯両方／Archicad, Rhinoceros。
⑰実際に参加して印象はかなり変わりました。作品をプレゼンテーション（以下、プレゼン）できたので、きっといいことばかり書いてしまいますが、学生会議の働きで作り出したこの大会は、建築にとって重要な営みだと思います。しかし、1日めの審査での講評もできれば聞きたかったです。聞いていたら、プレゼンの内容も変わっていたと思います（もちろん自分のことを棚に上げません）。
⑱あまり知られていない大学名でプレゼンするのは、楽しかったです。
⑲この学年は、例外を除いて多くの学生が2年生の時に自宅でのリモート（遠隔）授業を強いられてきました。悪い面もありますが、私はこれまでの学内の設計課題で、意識的にコロナ禍で変化したコミュニケーションのあり方などを取り入れてきました。黙食やアクリル板越しの会話に慣れた今の中学生、高校生がどのような卒業設計を作るのか、とても楽しみです。

FINALIST ID260 柴田 達乃助／山崎 麗／村上 きこ
（B型、乙女座／不明、不明／不明、乙女座）

①私の考えていることが審査員に少しでも伝わったことはうれしいです（柴田）。／驚きましたが、学部4年間の集大成として良い結果を残せてうれしいです（山崎）。／グループとしての努力が実を結び、10選に選ばれ、非常にうれしいです。（村上）
②両親（柴田）。／お世話になった人たちに伝えられればと思います（山崎）。／エスキス（検討、指導）してもらった恩師や先輩に伝えたいです。（村上）
③喜界島の雰囲気（柴田）。／社会の流れとともに変化する環境、失われつつある文化、コミュニティに対し、建築としてどのように関わっていけるのか。それらについて伝えられたなら良かったと思います（山崎）。／建物が人々の手によって成長していくということ。（村上）
④物のための建築を考えたこと（柴田）。／計画の印象の強さと、テーマに掲げた社会的な問題に対する1つの解答として評価されたのかと思います（山崎）。／敷地の文化などを詳しく調査し、建築に落とし込んだことだと思います。（村上）
⑤来場／直接、対話したかったため（柴田）。／せっかくの機会だったので（山崎）。／他の大学の学生の卒業設計を見たかったため（村上）。
⑥設計する前から目標の1つだった（柴田）。／学内だけでなく、全国の出展作品の中でどのような評価を受けるかを知りたかったためです（山崎）。／チームのメンバーに誘われました（村上）。
⑦テーマ設定（柴田）。／模型の制作。サンゴ石を積み上げた建築なので、素材の色を1粒ずつ染め、積み上げる作業に膨大な労力を要しました（山崎）。／手描きで図面を描いたこと。石をたくさん描かなければいけなかったので大変でした（村上）。
⑧「公開講評」の「10選」に選出され、高く評価されました。学内では異色の計画だったのですが……（柴田／山崎／村上）。
⑨「アアルトの曲線の手癖」（柴田）。／「日本近代住宅の遺構の木割術（設計システム）的分析」です（山崎）。／「国内における土を用いた建築の実態把握」を行ないました（村上）。
⑩早稲田大学大学院吉村靖孝研究室（柴田）。／大学院に進学します（山崎／村上）。
⑪ものづくりに興味があったため（柴田）。／伝統建築が一般の人々の新築の選択肢からほとんど消滅していることに危機感を覚えたためです（山崎）。／高校の部活動で建築の模型を作った

のがきっかけで、建築に興味を持ちました（村上）。
⑫設計者や施主の世界観を持つところ（柴田）。／人間の生きていくために必須なものであることが興味深いです。好きかどうかは建築によります（山崎）。／建築から歴史を感じることができるところや、同じ材料を使用しても構法によって見た目が大きく異なる場合があるところ（村上）。
⑬素材感（柴田）。／そこでどう時間を過ごすか、空間としてどのように見えるか、機能するかについて注意を払っています。ただし、課題やコンペ（設計競技）においてはコンセプトの明瞭さ、印象の強さを重視しています（山崎）。／その建築を使用する人の立場になって考えること（村上）。
⑭Archigram（柴田）。／名は残っていなくとも、その建築が何百年と受け継がれている、昔の大工たちです（山崎）。／藤森照信（村上）。
⑮A24（柴田）。／骨董収集です（山崎）。／裁縫に興味があります（村上）。
⑯両方／Rhinoceros（柴田）。／Windows／Rhinoceros、AutoCAD（山崎）。／Windows／Rhinoceros（村上）。
⑰さまざまな見方を持った審査員から意見をもらえる貴重な場だと思います（柴田）。／学内で評価されなかった作品が評価されたり、その逆であったり。いろいろな評価軸を知る良い機会になると思います（山崎）。／さまざまな卒業設計を知ることができ、自分の視野を広げられる大会だと思います（村上）。
⑱自分の好きなことをどうか貫いてください（柴田）。／思い切っていろいろな可能性に挑戦すると良いと思います（山崎）。／自信を持って、目標に向かって進んでください（村上）。
⑲収束してほしいです（柴田）。／大学に入学してすぐにコロナ禍になってしまい、活動が制限されることも多かったので、状況が落ち着き始めて良かったです。個人から学校、会社、医療機関、政府まで、突然の状況変化の中でそれぞれの対応が窺えました（山崎）。／さまざまなことが制限され、困ることも多いが、以前の生活のありがたみを感じることができた（村上）。

FINALIST ID286 川岸 美伊
（O型、山羊座）

①未だに信じがたいです。光栄です。
②たくさん面倒を見てくれた研究室の先輩たちです。
③とにかく私が私のために、私のやりたいことを貫いた作品だということです。
④小説の建築化という設計手法と、やりたいことを思う存分に突き詰めたことかと推測します。確信は全くありません。
⑤来場／SDLに出展者として参加するのは今回が最初で最後の機会になるため、現地で空気感を味わいたかったからです。また、他の出展作品の模型にも興味がありました。
⑥卒業設計の大会として有名で、私の作品が多くの人の目に触れるいい機会だと考えたからです。
⑦ポートフォリオでどのように表現するかを非常に悩みました。
⑧あまり評価されませんでした。順位は中ほどでした。
⑨「現代建築における生物を参照した比喩表現に関する研究」です。
⑩このまま大学院に進学します。
⑪ものづくりが好きで、デザインに触れたいと考え、高校生の時にたまたま目に入った建築学科を選びました。
⑫模索中です。建築模型は見るのも作るのも非常に楽しいです。
⑬模索中です。
⑭いません。
⑮伝統工芸品です。
⑯Mac／Rhinoceros。
⑰どの作品も同じものさしでは簡単に比べられないという前提がある中で、あえて順位をつけることにこそ意義があると思います。
⑱独特の空気を楽しんでください。
⑲大学にオンラインのシステムが確立されたことは本当にうれしいです。オンラインとオフラインを選択できるのは非常に便利です。

FINALIST ID414 川本 航佑
（O型、双子座）

①報われた。
②支えてくれたすべての人たち。
③私の目で見たリアルな香港。強く生きる人々を支えたい。
④作品から香港へ抱いていた私の思いやメッセージが伝わったこと。
⑤来場／尊敬する建築家のいる議論の場に上がりたかった。
⑥審査委員長が塚本由晴だったこと。
⑦設計は好きでやりたいこともあるけれど、お金がなかったこと。
⑧3位（藤森照信賞）。
⑨書いていない。
⑩明治大学大学院門脇耕三研究室。
⑪サッカーをやめた時、ふと何か物を作りたいと思った。作品を通して何かを表現したかった。
⑫芸術でありながら社会性を持つこと。
⑬空間、造形、メッセージ性。
⑭Rem Koolhaas、塚本由晴、Herzog & de Meuron、Frank Owen Gehry、Antoni Gaudí。
⑮音楽。
⑯Windows／Rhinoceros、Photoshop、Illustrator。
⑰自分の作品を次のステージに上げてくれる議論の場。
⑱自分の考えたすべてを作品に込められれば、何か伝わるものはあると思います。
⑲海外に行きたい。

FINALIST ID568 河本 一樹
（O型、双子座）

①まさか選ばれるとは思っていなかったです。ありがとうございます。
②手伝ってくれた後輩、世話になった同期の学生や先輩、指導してもらった恩師です。
③反転によって「対象化」すること、空間や土地そのものがシンボルになってほしいということ。
④勝因かどうかわかりませんが、私にとって最も難しく、わからない象徴や自己をわかろうと葛藤したことかもしれないです。敗因は自己を「対象化」し過ぎたことだと思います。
⑤来場／空気感や臨場感を味わいたかったからです。
⑥作品をブラッシュアップ（改善）し続けるためです。
⑦これまで早めに形や結論を出してきた中で、今回は、不変の軸や作りたいもののイメージはあるのに、自分自身が何者なのかという明確な解答を最後まで出せず、言語化できなかったことです。今後、一生考えていきます。
⑧優秀賞。
⑨なし。
⑩同学大学院。
⑪小学4年生の時に見た京都駅にひかれ、志しました。
⑫「絶対の正解」がないところです。
⑬よく語源や起源に遡るような設計をしていると思います。
⑭原広司、大江宏。
⑮折り紙。
⑯Mac／Rhinoceros。
⑰鏡のようなものだと思います。
⑱途中で何度も自分を見失うかもしれません。最初にやりたかったことを胸に抱き、がんばってください！
⑲コロナ禍で製図室が1年間使えず、同期の学生とも建築についてコミュニケーションをとりにくかった学年でしたが、その分、自分自身の考えと向き合うきっかけにはなったと思います。

＊アドバイザリーボード：本書5ページ編註1参照。
＊学生会議：本書5ページ編註2、162～163ページ参照。
＊smt = せんだいメディアテーク
＊SDL = せんだいデザインリーグ　卒業設計日本一決定戦

「卒業設計日本一決定戦」のコンセプト

「公平性」＝学校の枠や師弟の影響を超えて、応募した学校の誰もが平等に立てる大きなプラットフォーム（舞台）を用意すること。
◇学校推薦／出展料不要
◇学生による大会運営

「公開性」＝誰もが見ることができる公開の場で審査すること。
◇広く市民に開かれた場での審査
◇ファイナル(最終審査)の動画をストリーミング・サービス「YouTube」によりインターネット上にライブ配信
◇書籍、展覧会(メディア・ミックス)による審査記録を含む大会記録の公開／アーカイブ化

「求心性」＝卒業設計大会のシンボルとなるような、誰もが認める建築デザインの聖地となり得る会場を選ぶこと。
◇せんだいメディアテークでの開催
◇世界的に活躍する第一線級の審査員

開催日程
[予選]
01_個別審査投票：2023年2月11日(土)～13日(月)(非公開)
02_100選選出審査：2023年2月15日(水)(非公開)
[セミファイナル]2023年3月4日(土)(非公開)
[ファイナル(公開審査)]2023年3月5日(日)
[作品展示*1]2023年3月5日(日)～12日(日)10:00～20:00

会場
[予選]
01_個別審査投票：オンライン
02_100選選出審査：東北大学青葉山キャンパス(建築棟102号教室)
[セミファイナル]
01_個別審査投票：仙台フォーラス(7-8階)
02_10選選出審査：仙台フォーラス(7階)
[ファイナル(公開審査)]
せんだいメディアテーク(1階オープンスクエア)
[作品展示*1]
仙台フォーラス(7-8階)

＊1　作品展示：予選通過100作品(100選)のみ。

審査方法
1. 予選
全出展作品からセミファイナルの審査対象および作品展示の対象となる100作品(100選)を選出。
01_個別審査投票
予選審査員6人が期間内にインターネット回線を介したオンラインで、クラウド・サービス「Dropbox」により共有した出展作品のパネルとポートフォリオの電子データ(PDF形式)をもとに審査。予選審査員は全出展作品からそれぞれ100作品を選出。
02_100選選出審査
予選審査員5人が会場に集まり、予選個別審査投票による投票集計結果をもとに審査し、協議の上で予選通過100作品(100選)を決定。
◇予選審査員(アドバイザリーボード)
小野田 泰明／小杉 栄次郎*2／齋藤 和哉／佐藤 充*2／恒松 良純*3／中田 千彦／本江 正茂

＊2：01_個別審査投票のみ参加。
＊3：02_100選選出審査のみ参加。

2. セミファイナル
2023年2月22日(水)、審査員に予選通過100作品(100選)のパネルとポートフォリオの電子データ(PDF形式)をクラウド・サービスを通じて送り、事前の閲覧を依頼。
01_個別審査投票
審査員は予選通過100作品(100選)のパネル、ポートフォリオ、模型の実物を展示した展示会場を巡回しながら審査し、各々「強く推す」1作品(3得点)と「推す」7作品(1得点)の10作品を選出。
02_10選選出審査
セミファイナル個別審査投票による選出作品(今年は34作品)を対象に審査し、協議の上でファイナリスト10組と補欠3組を決定。以下の条件を満たせない場合、補欠作品が繰り上げでファイナリストとなる。
❶指定時間までに現地(オンライン参加者は参加場所)で本人と連絡がとれること
❷指定時間までに本人がファイナル審査会場に到着(オンライン参加者はインターネットに接続)できること
◇セミファイナル審査員
塚本 由晴(審査員長)／岩瀬 諒子／藤野 高志／サリー 楓／川勝 真一
司会：齋藤 和哉／濱 定史
コメンテータ：五十嵐 太郎／市川 紘司／小野田 泰明／佐藤 充／友渕 貴之／本江 正茂

3. ファイナル(公開審査)*4
01_ファイナル・プレゼンテーション
ファイナリスト10組によるプレゼンテーション(各5分) + 質疑応答(各7分)。
02_ファイナル・ディスカッション(70分)により各賞を決定。
◇ファイナル審査員
塚本 由晴(審査員長)／岩瀬 諒子／藤野 高志／サリー 楓／川勝 真一
進行役：友渕 貴之

＊4　ファイナル(公開審査)：ファイナリストの参加方法は、来場とインターネット回線を利用したオンライン方式から選択できるハイブリッド方式。会場には関係者、100選の出展者、抽選で選出された観客が入場。

賞
日本一(盾、賞状、賞金10万円、賞品「アーロンチェア　リマスタード」
〈提供：株式会社庄文堂〉)
日本二(盾、賞状、賞金5万円、賞品「イームズプラスティックシェルサイドチェア」
〈提供：株式会社庄文堂〉)
日本三(盾、賞状、賞金3万円、賞品「レーザー距離計 Leica DISTO D110」
〈提供：ライカジオシステムズ株式会社〉)
特別賞　2点(賞状、賞品「Amazon ギフトカード」、「『ル・コルビュジエ図面集』〈全8巻〉」)
〈提供：総合資格学院、建築資料研究社／日建学院〉

応募規定
1. 応募資格
大学または高等専門学校、専門学校で、都市や建築デザインの卒業設計を行なっている学生。共同設計の作品も出展可能(共同設計者全員が応募資格を満たすこと)。
出展対象作品は2022年度に制作された卒業設計に限る。

2. 応募方法
「せんだいデザインリーグ2023　卒業設計日本一決定戦」公式ウェブサイト上の応募要項登録フォームにて応募(2段階)を受付。

3. 応募日程
◇応募登録
STEP 1　メンバー登録：2023年1月10日(火)15:00～2月1日(水)15:00
STEP 2　出展登録期間：2023年1月10日(火)15:00～2月5日(日)15:00
◇作品運送料入金締切(100選)：2023年2月22日(水)
◇作品搬入／会場設営(100選)：2023年3月2日(木)～3日(金)

＊各STEPの締切までに応募登録が完了していない場合は出展不可。
＊模型の運搬に関わる料金は自己負担。指定日時に自己搬入可。

4. 必要提出物
◇[予選]
①パネル電子データ(PDF形式)
②ポートフォリオ電子データ(PDF形式)
提出方法：
❶パネルとポートフォリオをPDF形式の電子データに変換し、インターネットのクラウド・サービス「ギガファイル便」を介して提出。
❷STEP 2の際にデータをアップロードした「ギガファイル便」のリンクURLを、①パネルと②ポートフォリオそれぞれ別に提出。
データ容量：①パネル30MB以下、②ポートフォリオ70MB以下。
◇[セミファイナル](100選〈予選通過作品〉のみ)
①パネル
A1判サイズ1枚(縦横自由)。スチレンボードなどを使用しパネル化したもの(5mm厚)。表面右上に「ID番号」(STEP 1登録時に発行)を記載(文字の大きさは24ポイント以上)。
②ポートフォリオ
卒業設計のみをA3判サイズのポケットファイル(白、黒、透明)1冊にまとめたもの(縦横自由)。1ページめに「ID番号」を記載。

＊特記外の文字のフォント(書体)、大きさ(ポイント数)は問わない。
＊個人が特定される文章(氏名、学校名など)や画像の掲載は不可。
＊登録後の電子データからの内容の変更は不可。
＊提出されたパネルとポートフォリオは後日、返却。

③模型(任意)
卒業設計用に作成したもの。幅2m×奥行1m×高さ2m以内。

＊1人あたりの作品展示スペースは「幅2m×奥行1m×高さ2m」以内。
＊梱包物の総重量は原則「50kg」以下。

◇[ファイナル](ファイナリスト)
(当日USBメモリで持参。オンライン参加者はインターネットのクラウド・サービス「ギガファイル便」を介して提出)
④プレゼンテーション用「スライド」電子データ(PowerPoint「.pptx」形式)
「スライド」サイズは標準(4:3)で作成すること。
⑤プレゼンテーション用「映像」電子データ(任意)
上記の④プレゼンテーション用「スライド」に挿入すること。

ファイナル中継会場
日時：2023年3月5日(日)11:30～17:00(ファイナル終了まで)
場所：仙台フォーラス7階

ファイナルのYouTube配信動画の放映
日時：2023年3月6日(月)～12日(日)10:00～20:00
場所：仙台フォーラス7階

主催

仙台建築都市学生会議

せんだいメディアテーク

2003
日本一　庵原義隆　東京大学　『千住百面町』
日本二　井上慎也　大阪大学　『hedora』
日本三　秋山隆浩　芝浦工業大学　『SATO』
特別賞　小山雅由　立命館大学　『軍艦島古墳』
　　　　納見健悟　神戸大学　『Ray Trace...』
審査員長　伊東豊雄
審査員　塚本由晴／阿部仁史／小野田泰明／仲隆介／
　　　　槻橋修／本江正茂
登録作品数232　出展作品数152
展示3/7-9・公開審査3/9
会場　せんだいメディアテーク 1階オープンスクエア

2004
日本一　宮内義孝　東京大学　『都市は輝いているか』
日本二　永尾達也　東京大学　『ヤマギハ／ヤマノハ』
日本三　岡田朋子　早稲田大学　『アンブレラ』
特別賞　稲垣淳哉　早稲田大学　『学校錦繍』
　　　　南俊允　東京理科大学　『OVER SIZE BUILDING
　　　　──おおきいということ。その質。』
審査員長　伊東豊雄
審査員　阿部仁史／乾久美子／小野田泰明／竹山聖
登録作品数307　出展作品数207
展示3/10-16・公開審査3/14
会場　せんだいメディアテーク 6階ギャラリー4200

2005
日本一　大室佑介　多摩美術大学　『gernika "GUERNIKA"
　　　　museum』
日本二　須藤直子　工学院大学　『都市の原風景』
日本三　佐藤桂火　東京大学　『見上げた空』
特別賞　石沢英之　東京理科大学　『ダイナミックな建築』
　　　　藤原洋平　武蔵工業大学　『地上一層高密度日
　　　　当たり良好(庭付き)住戸群』
審査員長　石山修武
審査員　青木淳／宮本佳明／竹内昌義／本江正茂
登録作品数523　出展作品数317
展示3/11-15・公開審査3/13
会場　せんだいメディアテーク 6階ギャラリー4200

2006
日本一　中田裕一　武蔵工業大学　『積層の小学校は動く』
日本二　瀬川幸太　工学院大学　『そこで人は暮らせるか』
日本三　大西麻貴　京都大学　『図書×住宅』
特別賞　三好礼益　日本大学　『KiRin Stitch──集合住
　　　　宅再開発における森林共生建築群の提案』
　　　　戸井田雄　武蔵野美術大学　『断面』
審査員長　藤森照信
審査員　塚本由晴／曽我部昌史／小野田泰明／
　　　　五十嵐太郎
登録作品数578　出展作品数374
展示3/12-16・公開審査3/12
会場　せんだいメディアテーク 6階ギャラリー4200

2007
日本一　藤田桃子　京都大学　『kyabetsu』
日本二　有原寿典　筑波大学　『おどる住宅地──A new
　　　　suburbia』
日本三　桔川卓也　日本大学　『余白ěz集体』
特別賞　降矢宜幸　明治大学　『overdrive function』
　　　　木村友彦　明治大学　『都市のvisual image』
審査員長　山本理顕
審査員　古谷誠章／永山祐子／竹内昌義／中田千彦
登録作品数708　出展作品数477
展示3/11-15　会場　せんだいメディアテーク 6階ギャラリー
4200
公開審査3/11　会場　せんだいメディアテーク 1階オープ
ンスクエア

2008
日本一　橋本尚樹　京都大学　『神楽岡保育園』
日本二　斧澤未知子　大阪大学　『私、私の家、教会、ま
　　　　たは牢獄』
日本三　平野利樹　京都大学　『祝祭都市』
特別賞　荒木聡、熊谷祥吾、平須賀信洋　早稲田大学
　　　　『余床解放──消せないインフラ』
　　　　植村康平　愛知淑徳大学　『Hoc・The Market
　　　　──ベトナムが目指す新しい国のスタイル』
　　　　花野明奈　東北芸術工科大学　『踊る身体』
審査員長　伊東豊雄
審査員　新谷眞人／五十嵐太郎／遠藤秀平／貝島桃代
登録作品数631　出展作品数498
展示3/9-15　会場　せんだいメディアテーク 6階ギャラ
リー4200／7階スタジオ
公開審査3/9　会場　仙台国際センター 大ホール

2007 kyabetsu

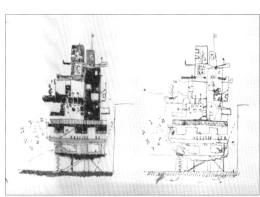

2008 神楽岡保育園

2003 千住百面町

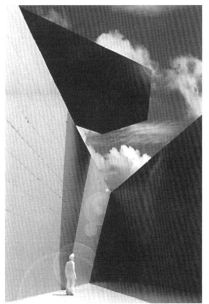

2005 gernika "GUERNIKA" museum

2004 都市は輝いているか

2006 積層の小学校は動く

2009 Re: edit...
Characteristic Puzzle

2010 geographic node

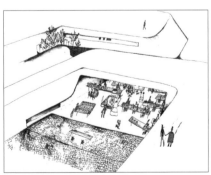

2011 パレードの余白

Drawings & photos of the models (2003-2005)
by the winners of the year.
Photos (2006-2011) by Nobuaki Nakagawa.
Photos (2012-2022) by Toru Ito, tzuru Echigoya.

2012 神々の遊舞

2013 工業の童話──パブりんとファクタロウ

2015 都市の瘡蓋(かさぶた)と命の記憶──広島市営基町高層アパート減築計画

2014 でか山

2018

日本一　渡辺顕人　工学院大学　『建築の生命化』
日本二　髙橋万里江　東京都市大学　『建物語──物語の空間化』
日本三　谷繁玲央　東京大学　『住宅構法の詩学──The Poetics of Construction for industrialized houses made in 1970s』
特別賞　平井未央　日本女子大学　『緑の下のまち──基礎から導く私有公用』
　　　　柳沼明日香　日本大学　『モヤイの航海──塩から始まる島の未来』
審査員長　青木淳
審査員　赤松佳珠子／磯達雄／五十嵐淳／門脇耕三／辻琢磨／中田千彦
登録作品数458　出展作品数332
展示3/4-11　会場　せんだいメディアテーク 6階ギャラリー4200／5階ギャラリー3300
公開審査3/4　会場　せんだいメディアテーク 1階オープンスクエア

2019

日本一　富樫遼太＋田淵ひとみ＋秋山幸穂　早稲田大学　『大地の萌芽更新──「土地あまり時代」におけるブラウンフィールドのRenovation計画』
日本二　十文字萌　明治大学　『渋谷受肉計画──商業廃棄物を用いた無用地の再資源化』
日本三　中家優　愛知工業大学　『輪中建築──輪中地帯の排水機場コンバージョンによる水との暮らしの提案』
特別賞　長谷川峻　京都大学　『都市的故郷──公と私の狭間に住まう』
　　　　坂井健太郎　島根大学　『海女島──荒布栽培から始まるこれからの海女文化』
審査員長　平田晃久
審査員　トム・ヘネガン／西澤徹夫／武井誠／栃澤麻利／家成俊勝／中川エリカ
登録作品数491　出展作品数333（内2作品は失格）
展示3/3-10　会場　せんだいメディアテーク 6階ギャラリー4200／5階ギャラリー3300
公開審査3/3　会場　せんだいメディアテーク 1階オープンスクエア

2020（SDL: Re-2020）

日本一／野老朝雄賞　岡野元哉　島根大学　『出雲に海苔あり塩あり──岩海苔と神塩の生産観光建築』
日本二／冨永美保賞　丹羽達也　東京大学　『TOKIWA計画──都市変化の建築化』
日本三　関口大樹　慶應義塾大学　『建築と遊具のあいだ』
永山祐子賞　服部秀生　愛知工業大学　『Omote-ura・表裏一体都市──都市分散型宿泊施設を介したウラから始まる「私たちの」再開発計画』
金田充弘賞　和出好華＋稲坂まりな＋内田鞠乃　早稲田大学　『嗅（にお）い──記憶の紡ぎ方を再起させる特別な感覚』
審査員長　重松象平（当日不参加）
審査員長代理　永山祐子
審査員　金田充弘／野老朝雄／冨永美保
登録作品数425　出展作品数242
展示　なし
公開審査（審査員来場、学生は来場不可のオンライン方式）3/8　会場　せんだいメディアテーク 5階ギャラリー3300（無観客／審査経過をインターネット上にライブ配信）

2021

日本一　森永あみ　芝浦工業大学　『私の人生(家)──心理モデルとしての住宅と、その遡及的改修のセルフセラピー』
日本二　成定由香沙　明治大学　『香港逆移植──映画的手法による香港集団的記憶の保存』
日本三　宮西夏里武　信州大学　『繕いを、編む──千曲川水害後1年目の街の修復風景の集積による失われた児童館の再建』
特別賞　中野紗希　立命館大学　『まちの内的秩序を描く──意図せずできた魅力的な空間から導く住まいの提案』
　　　　北垣直輝　京都大学　『所有と脚色』
審査員長　乾久美子
審査員　吉村靖孝／藤原徹平／岡野道子／小田原のどか
登録作品数377　出展作品数377
展示3/7-14　会場　せんだいメディアテーク 6階ギャラリー4200
公開審査3/7　会場　せんだいメディアテーク 1階オープンスクエア（無観客／審査経過をインターネット上にライブ配信）

2022

日本一　佐藤夏綾　京都大学　『磯に生きるを灯ス──被災地鮎川におけるなまものの露出と海側への引き戻し』
日本二　鎌田彩那　武庫川女子大学　『なびくみち　あまでで届き　うづもれぬ──保久良山道 保全計画』
日本三　饗庭優樹　立命館大学　『水トノ共生作法──針江集落のカバタの集積による失われた水との暮らし・集落拠点の再建』
特別賞／藤本壮介賞　小村龍平　東京理科大学　『機械と人の大樹──アキバ的精神のアイロニー』
特別賞　須佐基輝　明治大学　『建築の生存本能』
秋吉浩気賞　柴田智帆　九州産業大学　『個性のあいだ』
安藤僚子賞　山井駿　京都大学　『「日常」のバッソ・オスティナート』
石川初賞　及川龍人　東北工業大学　『追憶と展望──地域景観再認識のための拠点創出』
金野千恵賞　小林芽衣菜　共立女子大学　『於道の上、木の隣──木々と共に生きていく、きこり家族の暖かな住まい』
審査員長　藤本壮介
審査員　秋吉浩気／安藤僚子／石川初／金野千恵
登録作品数455　出展作品数405
展示3/7-13　会場　せんだいメディアテーク 6階ギャラリー4200／5階ギャラリー3300
公開審査3/6　会場　せんだいメディアテーク 1階オープンスクエア（無観客／審査経過をインターネット上にライブ配信）

2016 初音こども園

2017 剥キ出シノ生　軟禁都市

2018 建築の生命化

2019 大地の萌芽更新──「土地あまり時代」におけるブラウンフィールドのRenovation計画

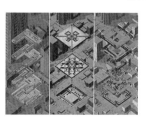

2022 磯に生きるを灯ス──被災地鮎川におけるなまものの露出と海側への引き戻し

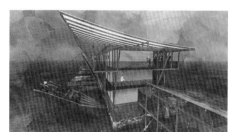

2020 出雲に海苔あり塩あり──岩海苔と神塩の生産観光建築

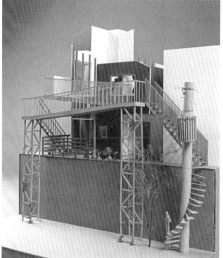

2021 私の人生(家)──心理モデルとしての住宅と、その遡及的改修のセルフセラピー

「SDL2023」をもっと楽しむ──仙台建築都市学生会議とは

4年ぶりに、ファイナルに観客を迎えることができたSDL2023。
出展作品の展覧会はsmtを離れ、SDLは2会場での開催となり、学生会議による関連企画も実施した。
ここで紹介する関連企画の他にもいろいろあるので、ぜひ参加して、来年もSDLをさらに楽しんでほしい。

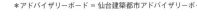

*smt＝せんだいメディアテーク
*SDL＝せんだいデザインリーグ 卒業設計日本一決定戦
*学生会議＝仙台建築都市学生会議
*アドバイザリーボード＝仙台建築都市アドバイザリーボード

*1 社会課題分析：出展作品の設計背景や設計主旨から、どのような社会課題に取り組んでいるのかを分析する。1作品につき、事前に社会課題を分類して設定した15カテゴリーの中から、該当すると思われる2つのカテゴリーを分析者が判定。

[分析企画] SDL2023 SDL分析企画

この新企画では、「SDL2023はどんな大会となったのか」を考察するため、100選（予選通過作品）と10選（ファイナリスト）を対象に、社会課題分析*1などの指標に基づき分析し、その結果を出展作品の展覧会会場である仙台フォーラス7階で展示した。

SDL2023の出展作品の傾向としては、まち興しなどの地域問題の他、環境保全や持続可能性など、環境を題材にした作品が多かった。

今年は100選を対象とした社会課題分析であったが、設定していたカテゴリーに該当しない作品も多数あり、卒業設計という設計者が自ら課題を設定する多種多様な作品を分析するのは容易なことではないことを改めて感じた。来年以降は分析項目や分類するカテゴリーを見直し、分析の精度を高めるとともに、過去のSDLと比較するなど、年ごとの特徴をさらに詳しく分析していきたい。

（正橋 香織）

分析者：清水 玲耶、相馬 悠、瀧津 創太、正橋 香織（企画運営局SDL分析企画チーム）
分析期間：2023年2月17日（金）〜3月6日（月）
分析対象：SDL2023 予選「02_100選出審査」、セミファイナル「02_10選出審査」の選出作品と審査
分析の指標：[100選（予選通過作品）分析] ①計画の分類（新築／リノベーション〈改修〉／コンバージョン〈用途転換〉）、②作者の出身地と計画敷地、③建物カテゴリー分類（15種類）、④取り組んだ社会課題
　　　　　　[10選（ファイナリスト）分析] ①模型の有無 ②セミファイナルにおける審査員の発言
分析方法：出展者が出展登録時に回答したアンケート、ポートフォリオ、セミファイナルの審査における審査員の発言を分析。
結果公開方法：仙台フォーラス7階に、分析結果を掲載したA1判パネル3枚を展示。
結果公開期間：2023年3月6日（月）〜12日（日）10:00〜20:00。

[人気投票企画] 来場者投票賞──あなたのお気に入りの作品見つけに来ませんか

ファイナル（公開審査）まで進めなかった出展作品の中にも、すばらしい作品がたくさんある。そこで、一般の人々に100選（予選通過作品）を評価してもらう場として、本企画を立案した。

SDL2022に実施した第1回はコロナ禍の影響で、来場者はインターネット上のフォーム作成ツール「Google Forms」を利用してQRコードから投票し、結果をSNS上で発表した。そのため、投票の結果は投票者や出展者に周知されず、盛り上がりに欠けてしまった。

そこで、今年は100選を展示した展覧会会場で実施し、来場者は場内で気に入った7作品と特に気に入った3作品、計10作品を選び、各展示作品に付けた名札（キャプション）へシールを貼る投票方式に変更した。各作品の得た評価が一目でわかるため、企画として大いに盛り上がった。

最多得点で「来場者投票賞日本一」を獲得したのは、若井 咲樹『ヴィーナスに棲まう』[ID187]であった。

今後も、出展作品に対して多くの人から評価が得られるよう、いろいろな企画を模索していきたい。

（小湊 祐奈）

来場者投票賞日本一[ID187]

来場者投票賞日本二[ID414]

投票用シールの貼られた出展作品の名札。

日時：2023年3月6日（月）〜12日（日）10:00〜20:00
場所：仙台フォーラス7-8階
投票方法：来場者は、入口の受付で投票用シールを受け取り、気に入った7作品（1票1得点）と特に気に入った3作品（1票3得点）、計10作品を選び、展示されている出展作品の名札（キャプション）にシールを貼り付ける。投票後、空のシール用紙を出口の受付に渡すと、くじ引きで特典を受け取れる（当たり：図書カード／ハズレ：菓子）。
投票者数：シール台紙配布764人（内、くじ参加者495人）
総投票数：6,091票
最多得点作品：550得点
結果発表：SNS（Social Networking Service）の「Instagram」「Twitter」の公式アカウントで報告
受賞作品：来場者投票賞日本一 若井 咲樹（京都大学）『ヴィーナスに棲まう』[ID187]
　　　　　来場者投票賞日本二 川本 航佑（工学院大学）『MADE IN HONG KONG』[ID414]
　　　　　来場者投票賞日本三 林 飛良（長岡造形大学）『ケンチCube：あなたもなれる、ケンチキューバーに。──建築をひらくためのゲーム制作』[ID275]

投票する来場者。

SDL2023実行委員長より それでも日本一を決めるということ

SDL2023の準備は会場探しから始まった。SDL: Re-2020を除いた過去20回のSDLでは、出展作品の展覧会はすべてsmtで開催されてきた。しかし今年は、smtの改修工事が会期と重なり、例年、出展作品を展示していた会場が使用できなかった。代わりとなる会場を探したが、限られた予算内で、模型を含めた約400の出展作品を1週間展示できる会場を見つけるのは容易ではない。そのため、展覧会を諦めて公開審査のみを実施する案が浮上した時期もあった。しかし、その度にSDLの意義を確認し、SDL2023で何を実施すべきか、学生会議内で何度も話し合いを重ねた結果、関係者の協力もあり、100選（予選通過100作品）に限定してではあるが、仙台フォーラスという商業ビルで出展作品を展示できることになった。

商業ビルの一部を建築模型などの展示物が侵食する、特殊な様相の展示空間、会期中に、同一階の別会場でカードショップによるポケモンカードのイベントが開催される

など、SDL史上見たことのない、異色で賑やかな展覧会となった。結果として、建築学生だけでなく、他の店舗を訪れた多くの来館者にも展示作品を見てもらえたことは、SDL2023の大きな成果である。

卒業設計は通常の設計課題と異なり、敷地も規模もテーマも、すべて作者が設定できる、自由な設計である。特に近年は、技術の進化によりテーマや表現方法の選択肢が格段に増えているため、卒業設計はますます多様になってきている。それらを審査し、順位をつけることは簡単ではないだろう。絶対的な評価軸などないし、明確な優劣などない。しかし、それでも日本一を決める。日本一を決める過程での審査員による議論や言葉から、我々学生が建築の本質を学び、考えることこそが、SDLを開催し続ける意義である。

（SDL2023実行委員長 金山 侑真）

ファイナリスト──栄光のその先　第8回

SDLは今年で21回めを迎え、これまでに数多くのファイナリスト（上位10選の出展者）が誕生してきた。本企画は、過去20大会で誕生したファイナリストたちのその後の活躍を取材し、会場やインターネット上で大会当時の逸話や現在の様子を映像とともに紹介してきた。

今回は、「都市と人、コミュニティ」というテーマにスポットを当て、都市と人の関わり方に注目した過去のファイナリスト2作品を選定。その作者2人の現在に迫った。

1人めは、SDL2007日本三『余白密集体』の桔川卓也氏（当時は日本大学に在籍、現在はNASCAに勤務）。卒業設計で、木造住宅密集市街地において、建替えをしない都市のリノベーション（改修）を検討した。都市の中に無作為にできる多数の余白を新たな空間ととらえて活用することで、人々の記憶を留めながら、都市を持続させていく更新手法の提案である。

2人めは、同じくSDL2007日本一『kyabetsu』の河野桃子氏（旧姓：藤田。当時は京都大学に在籍。現在、つみき設計施工社に勤務）。卒業設計では、住民の生活空間がキャベツの構造のように層状に重なり、彼らの暮らしが街の風景となる集合住宅を提案した。人々の生活が都市へと滲み出しながら、都市と人が深く関わり合う暮らし方について考えている。

SDL2007以降は、東日本大震災（3.11）や新型コロナウイルス（COVID-19）の流行などもあり、都市と人の関係性やコミュニティのあり方は多様に変化してきたと言える。桔川氏が当時予見していたとおり、現在、木造住宅密集地域では建築物の耐用年数は限界を迎えつつあり、河野氏の提案していた「生活が都市へと滲み出していく暮らし方」の魅力が、実感を伴って私たちに訴えかけてくるようになった。

2人には、こうした時代の変化を踏まえて、現在のコミュニティのあり方や、これからの時代における建築の役割などについて、どう考えているかを取材した。取材映像を通して彼らの認識を知ることで、視聴者に、身近なコミュニティに対する新たな発見や考えが生まれるのではないだろうか。

その他に建築学生への期待や、卒業設計に関するアドバイスなど、過去のファイナリストからのメッセージが、1人でも多くの建築学生へ届くことを願ってやまない。

(相馬 悠)

建築学生へのアドバイス

元気にさせるような建築を作ってほしいなと思います。

SDL2007日本三の桔川卓也氏

建築学生へのアドバイス

自分を信じて、

SDL2007日本一の河野桃子氏

◆本編および過去第1〜7回の映像
時間：本編19分25秒
＊YouTubeの仙台建築都市学生会議公式チャンネルの「再生リスト」で視聴できる。
URL = https://youtube.com/@usr-hr4tz1xy3p

せんだいデザインリーグ
卒業設計日本一決定戦
共同開催

🎬 せんだいメディアテーク

📖 仙台建築都市学生会議

建築を学ぶ有志学生
東北大学
東北学院大学
東北芸術工科大学
東北工業大学
宮城大学
宮城学院女子大学
山形大学
仙台高等専門学校
東北電子専門学校
（2022年度：119人）

定期的な情報の受渡しと
アドバイスの享受

アドバイザリーボード

五十嵐 太郎／市川 紘司／小野田 泰明／小杉 栄次郎／
齋藤 和哉／櫻井 一弥／佐藤 充／槻橋 修／佃 悠／
恒松 良純／友渕 貴之／中田 千彦／西澤 高男／
濱 定史／福屋 粧子／堀口 徹／本江 正茂　＊氏名は50音順

SDLを共催、運営する
仙台建築都市学生会議とは

仙台建築都市学生会議とは、仙台を中心とした建築に興味のある有志の学生が学校の枠を超えて集まり、せんだいメディアテーク（以下、smt）を拠点として活動する建築学生団体である。2001年のsmt開館を機に設立されて以来、建築やそれを取り巻くデザインに関するさまざまな活動を続けている。主な活動として、週1回smtで実施する定例会議、模型ワークショップ、即日設計、SDLで実際に使用する椅子や看板を作るshopbot企画などが挙げられる。そして毎年3月には、設立と同時期にスタートしたSDLをsmtと共同開催している。SDLは、全国規模では初となる卒業設計展であり、出展者や審査員、来場者が出展作品を通して対話し、これからの建築を考え、新たな価値観を発見する場である。ここでの議論はその年の世界や建築の潮流を表していると言われる。　　（笹原 優伽、佐藤 朋香）

団体名：仙台建築都市学生会議
設立年度：2001年
活動拠点：せんだいメディアテーク
毎週木曜日に定例会議を開催
2022年度代表（SDL2023副実行委員長）
　秋葉 美緒（東北工業大学3年）
副代表　阿久津 麟太郎（東北大学3年）
SDL2023実行委員長　金山 侑真（東北大学3年）
http://gakuseikaigi.com
✉ info@gakuseikaigi.com

＊所属や学年はSDL2023開催時点のもの。

せんだいデザインリーグ2023
卒業設計日本一決定戦
Official Book

Credits and Acknowledgments
［仙台建築都市学生会議アドバイザリーボード］

小杉 栄次郎（秋田公立美術大学）／堀口 徹（近畿大学）／槻橋 修（神戸大学大学院）

五十嵐 太郎、市川 紘司、小野田 泰明、佃 悠、本江 正茂（東北大学大学院）

櫻井 一弥、恒松 良純（東北学院大学）／佐藤 充（東北芸術工科大学）

福屋 粧子（東北工業大学）／中田 千彦、友渕 貴之（宮城大学）／濱 定史（山形大学）／齋藤 和哉、西澤 高男（建築家）

［仙台建築都市学生会議］

金山 侑真、志賀 美春、生天目 千颯、成田 啓悟、古田 涼人、山田 竜誠、渡辺 芽（東北大学）／
秋葉 美緒、及川 悠也、荵原 佳太、兜森 れいな、加茂 賢登、斎藤 賢、笹原 優伽、佐藤 朋香、白井 愛莉、
田中 堅太郎、田中 晴翔、日野 優奈、八島 美怒、山下 雛、山田 祐翔（東北工業大学）／
安住 天希、小笠原 叶乃、加藤 唯花、黒森 景一、小湊 祐奈、相馬 悠、土屋 香花、正橋 香織、松本 芽生（宮城大学）／
鴻巣 陽菜、清水 玲耶、橋本 明日香、畠山 みなみ（宮城学院女子大学）／
大沢 季代（山形大学）／小栗 昂大（仙台高等専門学校）

［せんだいメディアテーク］

清水 有（企画・活動支援室）

With sincere thanks to:
伊東豊雄建築設計事務所

Editorial Director
鶴田 真秀子（あとりえP）

Co-Director
藤田 知史

Art Director & Designer
大坂 智（PAIGE）

Photographer
伊藤トオル、越後谷 出

Editorial Associates
髙橋 美樹／長友 浩昭／宮城 尚子／山内 周孝

Producer
種橋 恒夫、三塚 里奈子（建築資料研究社／日建学院）

Publisher
馬場 圭一（建築資料研究社／日建学院）

Special thanks go to the persons concerned

せんだいデザインリーグ2023
卒業設計日本一決定戦 オフィシャルブック
仙台建築都市学生会議 ＋ せんだいメディアテーク 編

2023年9月25日 初版第1刷発行

発行所：株式会社建築資料研究社
〒171-0014 東京都豊島区池袋2-38-1 日建学院ビル 3F
Tel.03-3986-3239 Fax.03-3987-3256
https://www.ksknet.co.jp

印刷・製本：シナノ印刷株式会社